时任江苏省政协副主席吴冬华与稻盛和夫在出席第二届中日企业经营哲学国际研讨会期间亲切交谈（2002.5.20，南京）

稻盛和夫在第二届中日企业经营哲学国际研讨会上作题为"人生的意义"的主题演讲（2002.5.20，南京）

吴瑞林副省长在第二届中日企业经营哲学国际研讨会上作演讲（2002.5.20，南京）

省企联、企业家协会副会长陈华蔚主持第二届中日企业经营哲学国际研讨会（2002.5.20，南京）

江苏远东集团总裁蒋锡培与稻盛和夫交流学习材料（2002.5.20，南京）

本书主编陈华蔚出席盛和塾第10次全国大会，在报到处留影（2002.9.6，日本京都）

第二届中日企业经营哲学国际研讨会开幕式（2002.5.19，南京）

参加盛和塾第 10 次全国大会期间，中方代表团与稻盛和夫合影留念，前排左 2 为林永宁，2 排左 1 为陈华蔚，后排左 5 为曹岫云（2002.9.6，日本京都）

天津企管培训中心原主任张世平和江苏企联副
会长陈华蔚率领中国企业家代表团赴日本京都
参加盛和塾第 10 次全国大会（2002.9，日本
京都）

稻盛和夫在第二届中日企业经营哲学国际研
讨会期间接受江苏电视台采访（2002.5.20，
南京）

中方代表团成员访问日本盛和塾事务局（2001.9，
左 4 为时任事务局长福井诚）

时任江苏省经贸委主任仇中文在出席第二届中
日企业经营哲学国际研讨会时与稻盛和夫亲切
握手（2002.5.20，南京）

参加盛和塾第 9 次全国大会的中国代表团成员访问京瓷公司下属的工厂（2001.9.6，京都，右 3 为
本书主编，右 5 为张世平）

2002年5月19日創刊．季刊

創刊號

智道
稻盛和夫 經營 論壇

- 稻盛和夫與盛和塾
- 稻盛經營秘訣
- 稻盛經營哲學
- 稻盛講壇
- 中國的稻盛研究
- 稻盛哲學心得交流

①

爲中國CEO企業家學習稻盛和夫經營哲學的專業性交流內刊
熱烈祝賀第二屆中日企業經營哲學國際研討會勝利召開特刊

中國天津智道管理科技咨詢有限公司
China Tianjin Wisdom Management Consultant Co.,Ltd.

"中国企业家学习稻盛和夫经营哲学的专业性交流内刊"创刊号封面

德是业之基

当代日本经营之圣
稻盛和夫的经营哲学

陈华蔚○编著

人民东方出版传媒
东方出版社

图书在版编目（CIP）数据

德是业之基：当代日本经营之圣稻盛和夫的经营哲学／陈华蔚 编著. —北京：
东方出版社，2021. 11
ISBN 978-7-5207-1831-8

Ⅰ.①德… Ⅱ.①陈… Ⅲ.①企业管理—经验—日本 Ⅳ.①F279. 313. 3

中国版本图书馆 CIP 数据核字（2021）第 207517 号

德是业之基：当代日本经营之圣稻盛和夫的经营哲学
（DE SHI YE ZHI JI: DANGDAI RIBEN JINGYINGZHISHENG DAOSHENGHEFU DE JINGYING ZHEXUE）

- -

作   者：陈华蔚
责任编辑：钱慧春 王 萌
责任审校：谷轶波
出   版：东方出版社
发   行：人民东方出版传媒有限公司
地   址：北京市西城区北三环中路 6 号
邮   编：100120
印   刷：北京汇瑞嘉合文化发展有限公司
版   次：2021 年 11 月第 1 版
印   次：2021 年 11 月第 1 次印刷
开   本：880 毫米×1230 毫米 1/32
印   张：14. 375
字   数：290 千字
书   号：ISBN 978-7-5207-1831-8
定   价：68. 00 元
发行电话：(010) 85924663 85924644 85924641

- -

版权所有，违者必究
如有印装质量问题，我社负责调换，请拨打电话：(010) 85924602 85924603

敬天愛人

稲盛 和夫

二〇〇九、二

稻盛和夫先生为本书的题词

借鉴稻盛经营哲学

发展企业 贡献社会

吴冬华

二〇〇一年五月

江苏省政协原副主席、省工经联/省企联会长

吴冬华先生为本书的题词

学习稻盛哲学，提升经营理念，实现心物两荣。

赵曙明 二〇〇八年五月

南京大学商学院院长赵曙明教授为本书的题词

再版感言

20 年前的 2001 年 10 月 28 日，受江苏省企业家协会负责人陈华蔚先生的推荐和派遣，我参加了国家经贸委在天津举办的第一届中日企业经营哲学国际研讨会，首次见到了稻盛和夫先生，聆听了他"经营为什么需要哲学"的讲演。从此，我的人生轨迹开始转变。

天津培训中心主任张世平，副主任杨达民，魏爱琴教授，天津一轻集团董事长林永宁，以及江苏的陈华蔚等人，都是把稻盛哲学导入中国的先驱者，功不可没。正是他们卓越而有效的努力，才让我和许多中国企业家有了接触稻盛先生的机会。

特别是陈华蔚先生，他不计报酬，花了一年半时间，辛勤编著了《敬天爱人 以德经营》这本书（再版更名为《德是业之基》）。被他的热情和无私的精神所感动，我配合他，把我翻译的九篇稻盛讲演也无偿贡献出来（书中除"人生的意义"一文以外，都由我翻译、陈华蔚校正）。

后来，稻盛先生敬天爱人的利他哲学为什么会在中国大受欢迎？我想以 2004 年我给稻盛信中的两段话来回答。

2004 年 4 月 6 日，稻盛先生应邀在中共中央党校讲演。接着，稻盛先生在回国后的讲演中，谈到了 "'实事求是' 是中国的 '国是'"。读到这两次讲演稿之后，我给稻盛先生写了一封信。不料稻盛先生居然把此信的全文刊登在日本《盛和塾》杂志第 63 期的《心之研究》专栏。在文中有如下两段话：

现今中国社会最缺乏的不是先进技术，不是法律条文，也不是其他东西，而是像稻盛哲学一样，正面、积极、深刻、质朴、利人、利世的高尚的价值观。这才是从中国现状亦即 "实事" 中，应该 "求" 得的最大的 "是"。

有一说称，哲学是自然科学和社会科学的结晶。因其深刻，而超越国境，超越民族，超越时代，超越社会制度，还超越经营、经济、政治、教育、医学、体育等所有专业领域，所谓一通百通，与天地自然之理相合，乃宇宙之普遍真理。我相信稻盛先生及稻盛利他哲学不只限于企业经营，而且迟早将在更广阔的层面上，在世界范围内发挥历史性的伟大作用。

曹岫云

2021 年 10 月

推荐序二

再版感言

当世界正在发生百年未有之大变局的今天，在我国的改革开放事业在习近平新时代中国特色社会主义思想指引下站在新的历史方位大步前进的新形势下，12 年前由南京大学出版社出版，由陈华蔚先生编著的以介绍当代伟大企业家稻盛和夫的人生与经营的《敬天爱人　以德经营》一书，应广大读者之需，又以《德是业之基》再版发行了。这是一件令人可喜又引人思考的好事。

20 年前，在国家经贸委的支持下，稻盛和夫经营哲学以"中日企业管理交叉借鉴国际研讨会"和"中日企业经营哲学国际研讨会"的形式引进我国，并加以宣传推广，之后又由曹岫云先生等稻盛经营哲学践行者作为学习推广稻盛经营哲学的志愿者深耕细作，使稻盛经营哲学之树在我国东西南北的大地上扎根结果，如今已是硕果累累。一大批企业经营者在"提高心性，拓展经营"的实践中改变了自己，改变了企业，为社会作出了贡献，不断释放出推动社会进步的正能量。我和陈华蔚先生、曹岫云先生一样，都是引进、宣传、推广稻盛经营哲学的参与者和见证者。此书再版之际，我感到无限欣慰，感慨良多。

我国的改革开放，自始至今乃至长远，其势如滚滚长江黄河，汹涌澎湃，不可阻挡，奔向大海，其中有的人和事适应潮流，傲立潮头，尽染时代风采；有的人和事则是昙花一现，如匆匆过客；有的人和事竟逆潮流而动，身败业毁，如大浪淘沙。发人深思的是，在开放的大潮中，稻盛和夫经营哲学却日甚一日地进入了我国的经济生活中，显现出不竭的生命力和真理的光辉。究其缘由，不仅在于稻盛经营哲学在日本所创造的企业奇迹，更在于其所蕴含的中国优秀传统文化的精髓而为国人所接受所仰慕所借鉴。从一定意义上讲，稻盛经营哲学是中国优秀的传统文化跨越了时空而为人类重新认知所共享的"海外版"，其以"知行合一"的实践宣言净化了人们的灵魂，开启了人们的心智，引导人们把企业经营的过程作为体现真善美的时代价值观和人类进步和谐共享的时代要求的过程，何其大哉！

中国人曾以"道冠古今，德配天下"赞誉中国优秀传统文化的代表者——圣人孔子，稻盛和夫先生也被世人称赞为"当代经营之圣"。凡为圣者，总有相通相似之处而为人所景仰，虽不能至而心向往之。正所谓："稻盛哲学在，光焰万丈长。人生与经营，相融共辉煌。吾侪见贤齐，虽凡亦荣光。古今功德事，敬天爱人彰。"

以上是我的再版感言，难免不当，敬奉读者。

张世平

2021 年 10 月 20 日

序

（摘自《经营之圣》序）

我既不是哲学家，也不是企业家。但是，我对这两个行当都非常敬重，敬重他们能做一些我自己绝对做不到的事情：究天人之际，为生民谋福利。

根据我七八十年来的观察，既是企业家又是哲学家，一身而二任的人，简直如凤毛麟角，有之自稻盛和夫先生始。

稻盛和夫先生是当今日本的一位企业家，成绩卓异，里程辉煌，已经取得了令人刮目相看的成功，名震遐迩。他从来没有自命为哲学家。然而，我读了他的著作《经营之圣》，却感到书中到处是哲学。他讲他成功的历程，讲他对人生的看法，讲许多与他的本行制陶有关或无关的问题，到处洋溢着表面浅显而实则极深刻的哲学思维，说来头头是道，娓娓动听。我真是大为吃惊。

……

在本书中，稻盛和夫先生利用他那企业家的经验和哲学家的头脑，对人生，对社会，对许许多多的问题，都发表了很多有价值、能引起人们深刻反思的意见，简直到处是零金碎玉，美不胜收。限于篇幅，我无法一一列举了。

　　总之，我认为，这是一部很有价值的书。我乐于为它写这样一篇短序。

季羡林

于 1995 年 11 月 13 日为《经营之圣》一书作的序

让敬天爱人的理念发扬光大

日本著名大企业家稻盛和夫一生培育了两个世界 500 强企业，被誉称为当代的松下幸之助。稻盛先生不仅是一位卓越的企业家，还是一位企业思想家，从企业家上升到思想家是他成功之根本。他的经营哲学集中到一点就是"敬天爱人"，这对企业家们很有启发，使其深受教育。

所谓"敬天"，就是按事物的本性做事。这里的"天"是指客观规律，也就是事物的本性。他坚持以将正确的事情以正确的方式贯彻到底为准则，提出了十二条经营原则，即：①明确事业的目的、意义；②设立具体的目标；③心怀强烈的愿望；④付出不亚于任何人的努力；⑤销售最大化、经费最小化；⑥定价即经营；⑦经营由经营者的意志决定；⑧燃烧的斗魂；⑨临事有勇；⑩不断创新；⑪有同情心、真诚待人；⑫始终怀抱梦想和希望。这十二条都是基于事物的本性要求，按这些本性要求去做事，则无往而不胜。

所谓"爱人"，就是按人的本性做人。这里的"爱人"就是"利他"，"利他"是做人的基本出发点，利他者自利。要从

"自我本位"转向"他人本位"，以"他人"为主体，自己是服务他人，辅助他人的。对于企业来说就是"利他经营"，这个"他"是指客户。广义的客户包括顾客、员工、社会和利益相关者。要从"企业本位"转向"客户本位"，全心全意为客户服务。当然首先要为顾客服务，一切从顾客的角度考虑问题，满足顾客的要求。只要为客户创造了价值，企业也就可以从中分享价值。

稻盛先生在各种艰难、复杂的决策面前，始终坚持"作为人，何谓正确"这个根本的判断基准即出发"原点"，"敬天爱人"就是稻盛经营哲学的原点。事物的本性、人的本性往往是最简单的，是"归零"的，这就是"道"。万"术"不如一"道"，公平、公正、正义、诚实、勇气、谦虚、博爱、勤奋等都是最根本的"道"。守正于道，真心通天。

华蔚同志长期从事稻盛和夫经营哲学的研究和传播，在繁忙的工作之余，潜心研究并热心宣讲稻盛经营哲学，积极组织江苏企业家与日本盛和塾的交流互访，并把近十年来中日企业家相互学习、交流借鉴稻盛哲学的资料和图片做了精心选编。这是一件很有意义的事情，对广大企业家提升经营理念、拓展经营会很有帮助。我愿向企业界和学术界的朋友推荐这本专集，相信这本书能对广大企业特别是奋进中的中小企业以及企业家队伍的健康成长发挥积极的作用。

2008 年 6 月

目　录

第一部分

学习原作　领悟真谛

第二部分

借鉴交流　贵在应用

第三部分

深入研究 升华理念

第一部分

学习原作　领悟真谛

以德为本的经营

——稻盛和夫在天津中日经营者交流论坛的讲演

今天，我想用"以德为本的经营"为题目，来谈一谈我自己半个世纪以来的经营体验。

如何治理组织，同在政治和外交领域一样，存在着"以力而治"和"以德而治"两种方法。换句话说，集团的统治管理，存在着基于德的"王道"和基于力的"霸道"这两种方法。

"王道"和"霸道"这两个词，是中国民主革命的先行者孙文在 1924 年访问日本神户作讲演时论述的。当时，日本在日俄战争中获胜，接着在第一次世界大战中，日本所属的协约国又取得胜利。日本开始采取帝国主义的国家政策。而当时在中国，孙文决心发动革命，推翻清王朝，建立新中国，为寻求援助，访问日本。孙文向日本人提出了这样的问题："西方的物质文明是科学的文明，而今演变为武力文明来压迫亚洲。这种做法，用中国的古话说，就是'霸道'文明。我们东亚有比霸道文化优越的'王道'文化，王道文化的本质是道德、仁义。""你们日本民族在吸收欧美霸道文化的同时，也拥有亚洲王道文化的本质。日本今后面对世界文化的未来，究竟充当西方霸道的看门狗，还是成为东方王道的捍卫者，取决于你们日本国民的认真思考和慎重选择。"

遗憾的是，日本没有倾听孙文的忠告，结果一泻千里，陷于霸道而不能自拔，持续所谓"富国强兵"的国策，对包括中国在内的亚洲各国发动侵略战争。这不仅给亚洲人民带来巨大伤害，也使很多本国人民成为牺牲品，大半国土化为废墟，国家陷入悲惨境地。日本最终于1945年无条件投降。

孙文所说的"王道"，是指"以德为本"的国家政策。所谓"德"，中国自古以来用"仁""义""礼"三个字来表示。"仁"指的是慈悲之心，"义"指的是合乎道理，"礼"指的是知晓礼节。"仁""义""礼"三者兼备之人被称为"有德之人"。"以德而治"，意思是依靠高尚的人格来对集团进行统治管理。

我认为，这个道理在企业经营中同样适用，企业要持续繁荣，要保持"和谐"，经营者必须贯彻"以德为本"的方针。经营者具备高尚的品德，获得员工们由衷的尊敬，才能有效建立"和谐企业"，这正切合本届论坛"建设和谐企业"的主题。

欧美多数企业以霸道即"力量"来管理企业。比如，运用资本的逻辑决定人事权、任命权，或者通过金钱刺激来驱使员工。

以"力量"统治企业的象征，是经营者与员工之间极为悬殊的收入。欧美企业的经营者们的收入，包括股权在内的收入，与普通员工的收入相比，往往高得出奇。美国大企业的经营者，年薪高达数十亿日元的屡见不鲜。

无论经营者如何高明，光靠领导者的战略，企业经营不可能顺利展开。大企业拥有几万名员工，只有每个员工每一天在每个岗位上拼命工作，企业才能正常地运行。企业的销售额和利润是他们汗水的结晶。因此，将企业的经营成果归于经营者个人，使其收入高于普通干部、员工数百倍并不公平。可是许多经营者却心安理得。而越是优秀的经营者，往往越倾向于靠"力量"来统治企业。

然而，依靠权力来压制别人或者依靠金钱来刺激员工的欲望，这类方法无法建设"和谐企业"。这样的经营，即使能够获得一时的成功，但终将招致员工的抵制，露出破绽。企业经营必须把永续繁荣作为目标，我认为只有"以德为本"的经营才能实现这一目标。另外，这种"以德为本"的理念，不仅在组织内部适用，在与客户商谈交涉的时候也很必要。比起玩弄手段、抓住对方弱点讨价还价、以势压人等办法，以"德"也就是以"仁、义、礼"为基础，用合理的、人性化的方法进行协商交涉，成效将更为显著。

年轻时，我也曾拿着自己开发的产品向客户推销。人们常说："做生意信用第一。"这种说法自然没错，但我认为做生意还有比这更高的境界，那就是客户不仅信赖你，而且从内心尊敬你、佩服你。如果客户尊敬我、佩服我，那么他们就不会计较价格高低，而会无条件地购买我的产品。获得客人的信赖乃至尊敬，才是生意人的理想境界。要与客户建立这种美好的关系，要管理好企业，前提是经营者必须具备高尚的品格。随着经营者人格不断提升，企业就会不断发展。

上述观点换句话来表述：企业经营决定于领导者的器量。不管你主观上多么想把企业做大做好，实际上"螃蟹只会比照自己的壳的大小挖洞"，企业发展的水平取决于经营者的品格，也就是经营者"器量"的大小。比如，企业规模小的时候经营成功，然而随着企业规模变大，经营者掌握不住经营之舵，导致公司破产倒闭。因为经营者没能随着企业规模扩大而拓展自己的"器量"。企业要发展壮大，首先要求经营者相应地扩展自己的"器量"，也就是说，经营者要有意识地作出努力，不断提升自己的品格、哲学理念和所谓"思维方式"。

我年轻时也不具备优秀经营者所需要的那种"器量"。年轻时，许多方面都不成熟，但我有点自知之明。尽管改正缺点很难，我还是每天努力，使自己有所进步，有所成长。有一位经营者曾对我说过这样的话："20多年前，您回顾自己的前半生时说过，这半辈子的每一天，就是'不断提升理念的每一日'。"这位经营者说："您说的不是提高经营技巧，而是每天不断提升经营理念、哲学思想、思维方式，这一点让我深受感动。"

从年轻时起，我就习惯在枕边放上几十本有关哲学和宗教的书籍，每晚临睡前都要翻阅几页，不管多晚回家，都要翻上一两页。这样做完全是为了提高自己的品性，我每天都坚持学习圣贤们留下的教诲。读书时，我常深受感动，不能抑制，以至无法往下读。在动心的句子下面画线，反复体味，有时读一页要花上三四十分钟。我认为，要把书中的至理名言血肉化，成为自己的一部分，就应该这样孜孜以求。我想，正因为年轻时每天努力学习和反省，所以我把自己的前半生的每一天概括为"不断提升理念的每一日"。这样拼命努力的，绝不止我一个人，很多经营者都一样，在中国也享有盛名的"松下电器产业集团"的创业者松下幸之助先生，创立了"本田技研工业"的本田宗一郎先生也同样如此。

30多年前，"京瓷"顺利成长发展，开始考虑上市。当时"京瓷"还是一家中小企业，也许不太谦逊，我去拜会一家日本有代表性的大银行的总裁，希望聆听他的经营理念，以此来判断是否与其建立业务关系。我谈到平时经常阅读松下幸之助先生的著作，非常尊敬他，自己也想拥有像他一样的人生观，像他一样工作、经营企业，说了许多自己的想法。

那位银行总裁年轻时便认识松下幸之助先生，所以我想他一定会附和我，不料他却说："松下幸之助先生年轻时可任性呢，胡闹得厉害，哪像你这么少年老成。"话语中带着讥刺。听了这话，我决定不跟这家银行开展业务。人在年轻时难免有很多缺点，关键是能否在实践中不断提升自己的人格。那位银行总裁对此不感兴趣，因为和他缺乏共同语言，所以我决定不跟他的银行做交易。

后来在松下先生晚年时，我有幸获得了与他对谈的机会。名不虚传，他果然具备高尚的人格，富于真知灼见，不愧为举世罕见的经营者。我想，他定是倾其一生，不断努力扩展自己的"器量"。正因为如此，"松下电器产业集团"才能发展成为世界上屈指可数的高科技企业。

本田宗一郎先生也是如此。本田宗一郎先生开始不过是一家汽车修理厂的老板，据说年轻时脾气非常暴躁。现场有人工作马虎，铁拳和扳手什么的马上就会"飞"过来。据传他本人公开说过："年轻时为了赚钱才当老板。为什么赚钱呢？就是为了玩乐。"他每天晚上招来歌女，饮酒唱歌，喧闹不已。

我在本田宗一郎先生功成名遂后的晚年有幸与他相会。那年本田宗一郎先生、索尼的创业者井深大先生，还有我都被选为瑞典科学院的外国委员，应邀一起参加相关活动。在一个星期左右的日子里，我和本田先生、井深大先生一同巡游瑞典各地，同吃同住，切身感受到本田先生的高尚人格。他柔和谦虚，富有同情心，难以相信他年轻时的那些逸闻。我想，本田先生正是由于不断提升了自己的人格，才能赤手空拳创建"本田技研工业"，并使之发展成世界顶级的汽车工厂。

对于经营者的人格与企业的业绩同时提升的现象，我用"提高心性，拓展经营"这句话来表述。这句话道出了经营的真髓。你想拓展经营吗？那么先决条件是，作为经营者，你必须提高自身的心性，提升自己的人格。如果能够做到这一点，企业业绩就会提高。

"提高心性"，重要的是，不仅把圣贤的教诲作为知识来学习，还要加以实践。我小时候曾学过《日新公伊吕波歌》，那是日本封建时代的领主为教育子弟，方便记忆而作的"数数歌"。开头第一句就是："圣贤之道，听了唱了却不做，于你如浮云。"这句话的意思是："无论你读过、听过多么好的道理，不亲身实践就毫无意义。"用中国的"读《论语》而不懂《论语》"这句话表达也许更贴切。为提高心性，从圣贤们的著作中寻求真理，乍一看，尽是理所当然的、太简单的道理。很多人往往用头脑理解后，就自以为已经掌握了，那些道理已经成了自己的东西了，其实不然，他们并没有真懂，因为他们不想将这些真理付诸实践。将正确的为人之道付诸实践，是一件难事。圣人君子或许做得到，而我们普通的凡人，无论学了多少先贤的教诲，都很难实践。因此，自古以来就有"数数歌"，作为劝诫传唱至今。

一个理想的自己，应该是怎样的形象？要经常在自己心中描绘，然后不断省察自己的行为，不懈努力，力求接近这个理想的自己。想着去接近却接近不了，想着去实践却实践不了，然而即便如此，我们还是要认真去思考，认真去实践。在实践中不断反省，就是在这样反复的过程中，我们才能提升自己的精神境界，提高心性，做一个高尚的人。

关于"提高心性"，还有一点很重要，就是人格是变化的。运动员为了保持其体能，必须天天锻炼。人的精神也是如此，必须努力陶冶才能保持良好的状态，即使一时人格得到了提高，一旦懈怠，就会堕落。追求高尚的人格，并将它始终维持在理想的状态，需要付出相应的努力。努力克制私利私欲，那就要反复学习，每天反思自己的行为，反省自己的言行是否有违为人之道。必须通过这样的反省，反复向自己诉说："应该这样做人做事才对啊！"不做这种努力，不做反复深刻的反省，我们就很难维持自己高尚的人格。

我认为，人格由两个要素构成，一个是与生俱来的先天的性格，另一个是后天的、在成长过程中学到的哲学。在跌宕起伏的人生道路上，我们既会遭遇各种灾难，也会受到幸运的眷顾。在这个过程中，我们可以通过努力，提高心性，改变自己与生俱来的性格，也就是说，通过后天的努力塑造出高尚的"第二性格"。如果忽视这一点，即使一时取得巨大成功的经营者，也难免没落的命运。经营成功，当初似乎很优秀的人，早则10年，晚则30年，往往开始走上衰退之路。这是因为，当初他们埋头工作，提高了人格，但在功成名就之后，疏于反省，没有继续维持自己高尚的人格。

有这样一种说法：人到了一定的年龄后，要对自己的面相负责。这并非指美丑，而是针对人的心灵而言。通过提高心性、涵养品德，人的相貌和气质会发生变化。"应当成为气质高贵的人"，自古以来人们常这样说。没有人一生下来就具备高尚的人格和卓越的见识。只有在人生的历程中经受考验，不懈努力，才能塑造高尚的人格。尤其是我们经营者，担负着很大的社会责任，因为我们雇用了众多员工，要对他们的生活负责。孜孜不倦，坚持学习，终生努力，不断提高自己的人格，是经营者应尽的义务。为了能成为这样的人，我至今仍然每天努力工作，钻研不息。

以德为本的经营，还有一个要点，就是要求领导者在企业内树立明确的判断基准。我们经营者，常常要对各种事情作出判断，经营就是日常判断的积累，判断的对错不仅影响公司的业绩，有时甚至决定企业的命运。这样，在我们的内心之中，需要有一个能够作为判断尺度的明确的基准，那么这个基准究竟是什么呢？为了作出正确的判断，这个基准必须堂堂正正，不可动摇。

我认为，这个判断基准可以概括为"作为人，何谓正确"这么一句话。提出"作为人，何谓正确"这一问题，然后自己找出答案，将正确的事以正确的方式贯彻到底。这句话就是我的判断基准，我还把这句话写入"京瓷哲学"，努力让全体员工理解，并在实践中一起贯彻。

正因为确立了这样的判断基准，作为经营者，我在经营过程中才不会困惑。组织机构扩大后，担任各部门领导的干部，也因为有了这样的基准，才不致作出错误的判断，并在各自的岗位上，把握经营的方向，分担相应的责任。为什么能做到这一点呢？我想，因为"坚持去做作为人应该做的正确的事"这一判断基准具有普遍性，所以员工能从内心产生共鸣，接受并应用这个基准去做人做事。

"作为人应该做的正确的事"，无非是坚持正义、公正、公平、勤奋、谦虚、正直、博爱等。这是自孩童时代起父母和老师教导的，可以说是最原始的伦理观，也就是做人应该坚持的崇高的"道德"。以这种最基本的伦理观、道德观为基础从事经营活动，员工不仅能用头脑理解，而且能从内心产生共鸣并由衷接受，进而努力提高自己的思想境界。另外，京瓷公司在开拓海外事业时，在进入其他行业时，在收购别的企业时，也同样如此。把具有普遍意义的正确的判断基准作为企业的经营哲学，各方都能认同，没有抵触情绪，全世界的京瓷工厂及事务所的员工都接受，都在实践中贯彻。

很多人说，京瓷的成功是因为拥有先进的技术，或是因为赶上了时代的潮流，但我决不这么认为。正是因为我们的经营判断基准，不是"作为京瓷，何谓正确"，也不是"作为经营者的个人，何谓正确"，而是"作为人，作为人类，何谓正确"。因此，这一基准超越国境与民族，从经营者到员工，都能理念一致，步调一致，不犹豫，不动摇，这才是京瓷成功的根本原因。正因为京瓷集团的员工有这么一个统一的判断基准，我们才能在超过半个世纪的社会变迁与经济起落中，从未出现过一次赤字，顺利地持续地发展成长。"提高心性，才能拓展经营"，京瓷的历史证明了这个真理。

现在我又进一步认识到，"提高心性"不仅是为了"拓展经营"，也是我们人生在世的基本目的。通常，人生的目的往往会被认为是追求财富、地位和名誉。但是，这些都只限于今生今世，无论积攒了多少，一点儿也无法带往来世。今生的东西，只能在今世清算了结。如果说，人生中存在什么不灭之物，我相信那就是人们所说的"灵魂"。在死亡到来时，我们不得不抛弃今生奋斗得来的地位、名誉和财产，只能带着"灵魂"，踏上新的旅途。如果是这样，我认为，人生的目的不是别的，就是让与生俱来的灵魂，经历现世风浪的洗礼和磨炼，变得更加美好。让死亡时的灵魂，比出生时的灵魂更为美丽，带着更为美丽的灵魂去踏上新的旅程，这就是我的人生观。

人生在世往往苦大于乐。有时，人们甚至会怨恨神灵，为什么只让自己如此辛苦。比如，患病、事故或是事业失败，人只要活着，就难免遭遇各种各样的灾难。如果把苦难看作考验，看作磨炼"灵魂"的机会，那么就应当认识到，所有这些都是上天为了塑造我们的灵魂、磨炼我们的心智而赋予我们的机会。

既然是机会就不必回避，而要勇敢面对，照样不懈努力，这样做就是磨炼心智。

回顾自己的人生，我有深切的感受。1955年朝鲜战争结束，日本处在所谓"就职难"时期。经过许多周折，我总算进了日本古都京都一家小小的电瓷瓶制造厂。但是，这家公司连年赤字，每月的工资也不能按时发放。同期入社的人聚到一起，总是牢骚不断，"没想到是这样的破公司，早点儿辞职算了"。但是，我没能如愿调离，不得不留在那里继续工作。同期进厂的人全都离去后，我寂寞悲鸣，仰望夜空，叹息不止，"为什么我的命运这么差劲"。我12岁时曾经患上肺结核，这一疾病当时被称为绝症。之后中学、大学的入学考试、毕业后的就职考试都屡遭挫折，青少年时代很不走运。除了继续在这家破公司工作，我别无选择，这种情况下，能改变的只有自己的心态。意识到这一点，我就下决心拼命工作，我的人生由此出现了转机。

我在行将倒闭的公司研究室从事精密陶瓷的研究开发，废寝忘食，全神贯注，终于成功地开发出新型陶瓷材料，并以此为契机，成立了京瓷公司，也才有了今天的局面。这件事说明，即使身处逆境，即使遭遇不幸，也要把它当作考验正面迎击，不懈地努力。这样的人生态度非常重要。

从常识看似乎不利的事，却成了打开幸运之门的良机。如果我当时有幸进了一家著名的大公司，就不会有今天的我，不会有京瓷这个企业。从这个意义上讲，对于步入社会时遭遇的苦难，真该由衷地感谢。

回顾少年时代，父母常说"千金难买少年苦"，我当时却反驳说"有钱不买少年苦"。就职当时，身处不幸的低谷，拼命工作不过是想摆脱不幸。如果当时我就能理解人生的真理，把困难当机会，当初就具备这种智慧的话，也许我会走上更加辉煌的人生之路。在这里，我希望在座的各位经营者，不管遭遇怎样的苦难，都要把它当作提高自我的绝好良机，进而付出不懈的努力。

还有，考验人的不只是苦难，成功和幸运也是考验。有的经营者在事业成功后得意忘形，变质堕落，忘了谦虚，傲慢不逊，溺于私利私欲，结果走向没落。不懂得成功也是考验的话，沉醉于小小的成功，结果自掘坟墓。越是成功时，越是不能忘记感谢周围的人，同时应该谨记"我还应该做得更好吧"，这样的虚心反省非常重要。

什么是幸福，什么是不幸？看似幸运的事情却是不幸，看似不幸的事情却与幸运相连。人生遇到的灾难和幸运都是考验，如何接受考验，将决定你的整个人生。企业也是如此。经营过程中会遇到各种问题，甚至会遭遇意想不到的灾难，也会遇上繁荣期，会有意想不到的好运眷顾。经营者面对幸运和不幸的态度才是关键，人生和经营可以说是考验的连续，以怎样的心态来应对考验，决定了一切。

回首往事，我埋头经营，将近半个世纪。在这期间，我身先士卒，从早到晚拼命工作，比谁都刻苦。年轻时根本没空玩乐，也没有什么个人的兴趣。从这个意义上讲，我一生没有余暇，为企业牺牲自己，人生是悲哀的。可是，下面一段话，抚平了我的心灵，让我获得了精神上的救助。

　　活跃在20世纪初期的英国哲学家詹姆斯·埃伦，他说的话，似乎就是针对我，针对为了工作而牺牲自我的人："不能获取成功的人，是不肯牺牲个人欲望的人。想要获得成功，必须付出相应的自我牺牲。想要获得大的成功，必须付出大的自我牺牲。想要获得最大的成功，必须付出最大的自我牺牲。"

　　年轻时代，谁不想玩乐？但为了工作，我个人不得不作出自我牺牲。可是，我既然当了经营者，为了使京瓷成长发展，付出这些代价理所当然。读到詹姆斯·埃伦这番话，我获得了安慰，同时我再次深刻地感到"京瓷之所以发展到今天这样的规模，作为经营者，我付出了自我牺牲，以我的牺牲为代价，企业得到了顺利发展"。对我来说，这才是至高无上的幸福，这也是经营者的最大的光荣。

　　以上，我总结了自己半个世纪以来的经营体验：经营者应该不断提高心性；要将学到的先人的教诲付诸实践；靠时时反省来维持高尚的人格；确立做人做事的正确的判断基准；在遇到考验时敢于正确面对。我坚信，这才是"以德为本"的经营，是建设"和谐企业"最确凿的方法。

　　我们日本人在与中国的长期友好交往中，在中国各种典籍中，学到了"德"。中国古典指明了正确的为人之道，阐明了我们在日常生活和企业经营中应该遵循的重要的道德规范。可是近年来，这样的道德规范在日本被渐渐遗忘。因此，事业取得小小的成功就沾沾自喜，忘却谦虚，骄傲自大，一味追逐私利私欲，结果断送了来之不易的成功的经营者层出不穷。不只是日本，这也是富裕的发达国家共同的问题。中国在涌现出众多成功人士，实现了许多的"中国梦"之后，或许也开始出现了同样的问题。希望在座的各位，重新认识企业经营中的哲学思想和思维方式，也就是"德"的重要性，重新学习中国圣贤们的智慧，以此建设和谐的企业。

(本文由曹岫云翻译、陈华蔚校正)

企业发展为何需要正确的经营哲学

——稻盛和夫在无锡市盛和企业经营哲学研究会成立大会上的讲演

我是刚才被介绍的稻盛。首先我对"无锡市盛和企业经营哲学研究会"的成立表示衷心的祝贺。

以曹岫云会长为中心，在这里，也就是无锡，成立了中国第一个以我的哲学思想为基础来学习企业经营的"无锡市盛和企业经营哲学研究会"。今天，我看到如此多的来宾，与特意从日本赶来无锡祝贺的100多名塾生一道，在此举行盛大的开课仪式，感到非常高兴。

我演讲的题目是《企业发展为何需要正确的经营哲学》。在开始演讲前，我想向初次相识的"无锡市盛和企业经营哲学研究会"塾生们，做一下自我介绍。

我于1932年出生在日本西南的鹿儿岛，大学的专业是无机化学，毕业后于古都京都的碍子制造会社，担任技术员。但是我另有抱负。在1959年，27岁的时候，我创办了京瓷公司，从事精密陶瓷零部件的生产。

创业时可谓赤手空拳，不过我所开发的精密陶瓷材料受到业界的广泛欢迎，京瓷也不断地拓展业务领域。

近50年来，京瓷的业务领域不断扩展，从生产发挥精密陶瓷特性的各类零部件，扩展到太阳能电池、医疗器械材料，进一步延伸到手机、打印机、复印机等终端产品的生产，京瓷已成长为能够代表日本最高水平的零部件制造商之一。

在中国，京瓷先后在上海市、东莞市的石龙镇和天津市建立了生产基地，从事电子零部件、打印机、复印机和太阳能发电板的生产。

特别是上海的工厂，其总建筑面积达到10.4万平方米，拥有员工7 600名，现在主要生产电容器等电子零部件，是京瓷集团在华的主要生产基地。

另外，在日本还有一家由我创办公司，那就是KDDI公司，京瓷是其第一大股东，从事长途电话和移动通信业务。KDDI公司在通信行业的新准入企业中位居首位，现在已成为日本国内第二大通信运营商。

除此之外，京瓷还有酒店以及经营咨询业务等企业群。从材料到零部件和元件，从机械设备的制造到通信、服务，像这样业务领域如此广泛的企业，我想在全球也是屈指可数的。

京瓷集团2007年3月期的合并销售额达到45 000亿日元，税前利润约5 000亿日元。

在日本，有很多中小型骨干企业的经营者希望学习我的经营之道，于是我从1983年起，通过盛和塾的方式，义务传授我的经营方法。

盛和塾主要集中在日本国内，现在已经发展到了57家，约

有 4 200 名塾生。另外，我还受到了中国方面的邀请，就是今年
7 月，在无锡开设的首家在华的盛和塾。

如上所述，京瓷与中国关系深远，因此，我得以经常访问
中国，而每次到访都能目睹发展迅猛、充满活力的中国经济，
每一次都无比惊叹。

在目睹中国取得日新月异发展的同时，我回想起在二战时
期遭受毁灭性打击的日本克服战后的混乱和贫困，举国上下团
结一致向着经济高速增长迈进的情境。

战后，在自由竞争的环境中诞生的许多日本企业通过互相
切磋交流，推动了经济的发展。而且每一个日本国民出于对富
裕生活的渴望而不遗余力地勤奋工作，因此在战败之后不到 20
年的时间里，日本成长为世界上屈指可数的工业国家。

虽然拥有了物质上的富裕，但是许多日本企业却在经济高
速增长的背景下无视国民生活和地球环境，只图一己之利，从
而使社会出现了巨大的扭曲。

其中之一就是公害问题。二战结束后的 20 年时间里，产业
活动导致了公害问题的凸显。无视自然环境、一味追求经济效
益的产业活动，使得原本山清水秀的河川、大海少有鱼类的踪
影，导致工厂周围的天空整日被浓黑的烟雾笼罩。

这一公害问题成了严重威胁国民生存的一大社会问题，之
后通过官民并举，现在终于有了一定程度的改善。

但是，一味追求自身利益的社会风气愈演愈烈。国民对于
"富裕"的渴望被无限制地放大，人们都只顾一味追求自身的利
益，以致一种逐利享乐的空虚心态在企业经营者和普通国民中

蔓延。

结果就导致了十余年前的"泡沫经济"。在这股风潮中，不仅是众多企业经营者，甚至普通百姓都疯狂地跻身股票和房地产投资，看着日益膨胀的资产喜形于色，夸耀着"日本人的资产可以把整个美国买下来"。

这种狂妄和欲望一发而不可收拾，最终以财界、政界的官僚们层出不穷的贪污、丑闻的形式曝光出来。

当然，泡沫经济不可能一直持续下去，最终以破裂而告终。日本经济也从泡沫经济一下子跌入资产紧缩的深渊，一直到近几年都还在饱尝战后未曾经历过的经济萧条。

这也就是失控的资本主义深陷泥潭的表现，但是资本主义原本并不是只将人类的欲望作为发展的原动力。

回顾历史，不难发现资本主义源自基督教的社会，特别是在伦理道德方面要求极为严格的新教徒社会。也就是说，早期资本主义的旗手就是那些虔诚的新教徒。

根据著名的德国社会科学家马克斯·韦伯的解说，他们为了贯彻耶稣倡导的与人为善的精神，将"尊重劳动、生活尽量简朴，把产业活动创造出来的利润用于推动社会的发展"作为座右铭。

同时，企业必须以正确的为人之道，光明正大地追求利润，其最终目的是为社会作出贡献。换而言之，"为社会、为人类"就是这些新教徒以及早期资本主义的伦理规范。

距今 300 年前，也就是商业资本在日本兴起的江户时代中期，诞生了一位名叫石田梅岩的思想家。

他认为"经商追求利润无可厚非，绝非一种罪恶行经。但是经商必须正直，绝不能采取卑鄙或欺诈的手段"。他向我们阐述了经商伦理观的重要性，同时他还认为"经商必须是双方共赢"，买卖必须是互惠互利的。

所以，在资本主义尚处萌芽时期的日本，"企业应该维护社会正义，企业经营者必须具备崇高的伦理观"这一思想已经被广为接受。

无论是在欧美还是在日本，作为早期资本主义旗手的经营者们通过他们的经济活动，履行社会职责，为人类社会的进步与发展作出了贡献，构建了"有利于社会发展的体系"。而且由于具备了这样一种崇高的伦理观，资本主义经济取得了飞速的发展。

但是，具有讽刺意义的是，原本应该作为资本主义发展动力的伦理观却随着经济的发展而逐渐淡薄，企业经营的目的和个人的人生目的在不知不觉中堕落成"自扫门前雪"的自私思想。心灵道德规范的丧失，结果导致了发达资本主义国家的整体颓废。

特别是日本，因为没有欧美国家的基督教背景，在战后一味追求经济富裕的过程中，道德、伦理、社会正义迅速遭到了忽视。因此，尽管已经实现了经济的富裕，但社会却变得混乱无序。

即使是资本主义社会，也不能为了赚钱而不择手段。只有具备了严格的道德规范，资本主义才能发挥其正常的功能。

特别是在经济界，作为资本主义旗手的经营者必须重新认识支撑资本主义发展的伦理、道德的重要性，必须确立公认的、正确的经营哲学，必须严于律己。

中国一贯坚持社会主义体制，同时引进市场经济机制，实现了高速的经济增长。中国的众多经营者开展着与资本主义社会极为类似的自由经济活动，谱写着经济的繁荣。

与象征资本主义经济的美国梦同样，现在，在商业、制造业等领域已经诞生了一个又一个中国梦。每一个人都有成功机会的这一事实，以及各种成功人士的案例刺激着众多中国人渴望获取成功，而他们的这种动能推动着中国的发展。

如果中国能够继续保持住这种国民动能，维持现在的增长势头，我深信在不久的将来，中国一定能够成为世界上屈指可数的经济大国。但是，为了实现这一目标，中国的经营者不能只是学习欧美和日本的最新经营经验，还应该学习我刚才介绍的资本主义的经营出发点，也就是"不仅为己，更要为社会谋求利益"的最根本的哲学思想。

如果做不到这一点的话，那么就很有可能重蹈日本和欧美发达国家的覆辙，使经济增长停滞不前。

通过倡导这种崇高的哲学思想，整个社会充满正义和公平、公正，国民充分意识到谦虚和关爱的重要性，到那时中国就能够让所有国民感受到幸福，成为一个真正富强、伟大的国家。

我从自身走过的人生之路中，切身体会并认识到这种哲学思想和思维方式对集体、组织的发展同样是最为重要的。接下来就让我介绍一些我的个人经历。

刚才我已介绍过，我在 27 岁时创办了京瓷，乳臭未干的我不可能有什么经营经验，技术员出身的我甚至对企业会计等经营知识都一窍不通。但是，一旦创业之后，我作为一个经营者必须对层出不穷的各种情况作出判断。

虽然只是一个有着区区 28 名员工的小公司，但是经常会有部下来问我"这件事该怎么办""那又该怎么办"，等着我对各种各样的情况作出决定。缺乏经营经验和知识的我，作为一个经营者不得不对部下的请示作出判断和决策，因此我对于该以什么作为判断标准而烦恼不已。

当时，京瓷是一个真正的零散企业，因此哪怕出现一次判断失误，都会立刻影响到企业的生存。一想到这些，我就夜不能寐，充满烦恼，最终有了以下领悟。

正因为自己对经营一无所知，所以我决定把"何为正确的做人准则"作为判断基准来开展经营。也就是把"作为一个人什么是正确的，什么是不正确的"，以及"何为善、何为恶"作为经营的判断基准。

"正与邪""善与恶"是最基本的道德标准，而从中引申出来的正义、公正、公平、勤奋、谦虚、正直和博爱等都是从小被父母和学校老师教导过的最基本的伦理观。

对于这些思想，我有自信能够融会贯通，因此我决定把"何为正确的做人准则"作为判断基准来经营京瓷公司。

现在回想起来，我深刻地体会到，正是用这样一个基于人类最基本的伦理观和道德标准来开展经营，京瓷才能取得现在的成就。

之所以这么说，是因为这种思想既非源自经营者的私心私欲，又能够获取员工的共鸣，因此员工会从内心给予理解。哪怕是在创业之初，公司规模不大，也不知道公司发展前景的情况下，员工们也达到了一种为公司的发展而不遗余力勤奋工作的境界，而且，在公司不断发展壮大之后，仍然如此。

无论是进军海外，还是涉足不同的行业领域，甚至是收购企业，京瓷都坚持这种具有普遍性的、正确的经营哲学，让遍布在全球的所有京瓷工厂和企业员工共享这一思想，并在各自的工作岗位上加以实践。

有很多人认为京瓷的成功是因为拥有先进的技术，或是正好赶上了时代的潮流，其实不然。真正的原因在于，京瓷在企业经营过程中所采用的经营判断基准，不只是针对于京瓷或是作为经营者我自身来说是否正确，而是一个对人或人类社会都适用的真理。因此，这个经营判断基准，或者说是公司的理念就具有了普遍性，使得全体员工达到了共识。

为了便于理解这种思维方式或哲学思想是何等重要，我提出了一个"人生·工作方程式"。下面我就想给大家介绍一下这个方程式。

该方程式就是"人生·工作的结果＝思维方式×热情×能力"。长期以来，我一直按照这个方程式来开展工作，而且我认为只有这个方程式才能诠释自己的人生和京瓷的发展。

我出生在一个并不富裕的家庭，年轻时在中学、大学的升学考试以及就职考试中都遭遇了失败。经历多次挫折、只具备凡人"能力"的我，在反复思考如何才能取得超越凡人的成就之后，想出了这个方程式。

　　反映人生结果或事业成就的这一方程式的三大要素包括
"思维方式""热情""能力"，在这之中"能力"多是先天性的
因素，例如父母遗传的智商、运动细胞或健康状况等。天生的
这种"能力"因人而异，如果用分数来表示，可以显示为 0～
100 分。

　　除了"能力"之外，还有一项要素是"热情"，也可以把
"热情"说成是"努力"。

　　关于这一点，有些人缺乏干劲和抱负，没有朝气，而有些
人对工作和人生充满火一般的热情，不遗余力地付出努力，每
个人之间"热情"的程度都不尽相同，所以也可以用 0～100 分
来表示。

　　但是与"能力"不同，"热情"是由自身的意志决定的。因
此，我首先是最大限度地发挥自身的这种"热情"，从京瓷创业
直到现在，持续不断地付出了"不亚于任何人的努力"。

　　"付出不亚于任何人的努力"极为关键。很多人都自认为自
己已经尽力了，但是在商界，如果对方付出的努力超过了你，
那么你就只能失败。只付出与他人相同的努力是没有任何意义
的，如果不付出不亚于任何人的努力，那么也就无法在严酷的
竞争中立足。而且这种努力不能只是转瞬即逝的，必须是持续
不断、永无止境的。周围人经常劝告我说"这样下去你总有一
天会支撑不住而倒下"，但是我从创业以来，一直不分昼夜、全
身心地埋头于工作。

　　如果用马拉松来作比喻，就像是用短跑冲刺的速度来跑完
42.195 公里。任何人对此都会觉得不可思议，但是我们京瓷就

是一直在这样冲刺。虽然京瓷在陶瓷领域属于后起的企业，但是终于有一天，历史悠久、起步在先的企业进入了我们的视野，然后被我们一口气超越，现在京瓷已经成长为全球首屈一指的精密陶瓷制造商。这完全是由我们的"热情"，也就是努力换回的成果。

最后我想谈一下"思维方式"。这里所说的"思维方式"，就是刚才我讲过的"人生·工作方程式"中最为重要的要素，它极大程度地决定了方程式的结果。

先前的"能力"和"热情"可以用0~100分来表示。与之相比，"思维方式"，既有错误的思维方式也有正确的思维方式，所以应该用更大跨度的-100~100分来表示。

按照我的这个人生方程式，人生和工作的结果是"思维方式""热情""能力"这三大要素相乘而得出的。因此，如果"思维方式"是负值的话，会对人生和工作结果产生负面的影响。

假设有一个人身体健康且非常出色，他的"能力"是90分，但就是这样一个"能力"高达90分的才子却由于对自己过于自信而不付出实实在在的努力，其热情只有30分。这样一来90分的能力乘以30分的热情，其得分只有2 700分。

而另外有一个人告诫自己说"我的能力只有60分，只比平均值高出一点，因为没有什么出众的才华，所以必须拼命努力"。于是他燃烧自身的热情，坚持不懈地发奋努力，那么他的"热情"就是90分。60分乘以90分，就是5 400分，与那个才华横溢却懒散的人所得到的2 700分相比，其结果有着成倍的差异。

刚才我说过，这个方程式的关键在于"能力"和"热情"的乘积上还必须乘以跨度从-100~100的"思维方式"。

如果是玩世不恭、嫉贤妒能、心态扭曲的人，他的"思维方式"就是负值，他越有"能力"、越有"热情"，那么他的人生和工作就会出现越大的负面结果。

那么，必须具备怎样的"思维方式"？刚才我已经谈到了一部分，在这里，再列举一些我认为是正面的"思维方式"。

态度积极向上，具有建设性；乐于与他人并肩工作，具有协调性；开朗、肯定、充满善意；有关爱之心、为人和善；认真、正直、谦虚、努力；不自私自利、不贪得无厌、知足；具有一颗感恩之心等。

我认为正面的思维方式就包含上述这些内容。那么另一方面，负面的思维方式又是指哪些呢？我认为就是与上述正面思维方式相反的内容。在这里我也一并列举出来。

态度消极消沉、否定、没有合作精神；阴险、充满恶意、心术不正、一心想要陷害他人；不认真、爱撒谎、傲慢、懒惰；自私自利、贪得无厌、满腹牢骚和不满；嫉贤妒能等。这些都是负面的思维方式。

自己的思维方式是正还是负，该数值是高还是低，是决定这个方程式结果的关键。

我把这个方程式一五一十地展示给员工，向他们说明"思维方式是何等重要，思维方式决定了人生和工作的结果"。同时，我也时刻鞭策自己，力求使该方程式的数值最大化。

　　我就是这样把"何为正确的做人准则"作为判断基准，采取"准确地贯彻正确事物"的态度，把日常工作中发现、注意到的细节——记录在记事本和笔记本上。

　　不知不觉中记事本里已经记满了内容，我把其中的一些想法归纳为"京瓷哲学"，把它作为自己的行为指南，并且时刻努力让员工共同拥有这一企业哲学思想。在这里，我介绍一下"京瓷哲学"中的一部分内容。

　　首先一条是"脚踏实地，坚持不懈"。

　　拥有远大的梦想和愿望固然重要，但即使制定了宏伟的目标，还是必须在平时脚踏实地埋头于看似平凡简单的工作。因此，人们有时会为"自己的梦想与现实存在巨大差距"而感到烦恼。

　　但是，无论是哪个领域的工作，要想取得卓越的成就，不可或缺的是不断地进行改良和改进、进行基础性实验并收集相关数据、用自己的双腿去跑客户、接定单等日复一日、脚踏实地地付出一步一步的努力。

　　人生亦是如此。在人生的旅途中，没有喷气式飞机可以载着你轻易地抵达目的地，每个人都只能像只螟蛾的幼虫一样一步一个脚印地不断前行。

　　但是我们一般都会感到自身所描绘的目标与现实存在巨大的差距，会觉得"每天这样孜孜不倦地做这些平凡的工作什么时候才是尽头，光是这样就真的能使梦想成真吗"，并因此而焦躁不安。

　　实际上，我也为此而烦恼过。希望把公司建设得更加出色，但实际上却在逐一解决眼前所遇到的问题，每天都在重复着非常平凡的工作。就这样周而复始，公司能够做大吗？为此我曾经焦虑苦恼。

企业经营不是靠经营者一个人的能力，而是靠与员工们的齐心协力。我终于意识到了一个人的能力是有限的，要想成就伟大的事业，就必须与志同道合的伙伴们团结一心，坚持不懈地付出脚踏实地的努力。

因此，我提醒自己，为了让部下能够与自己的想法保持一致，就必须敞开心扉与他们进行充分的沟通，让他们拥有与自己相同的愿望，构建一个拥有统一方向的集体，团结所有人的力量来开展日常工作。我认为有必要造就一个全员都能够付出不懈努力的基础。在此基础上，为了使付出的努力卓有成效，我又想到了一种方法，那就是"钻研创新"。

钻研创新，听起来好像不是件容易的事情，其实就是做到明天胜过今天、后天胜过明天，不断地进行改良和改进，不是重复相同的劳动，而是今天用这种方法，明天尝试更加有效的方法。即便是平凡简单的作业，只要能够不断地进行钻研创新，就一定会取得巨大的飞跃。

京瓷是从一家零部件生产企业起步的，而如今还制造手机和复印机等终端产品，在广泛的领域拥有各类尖端技术。最初京瓷并不具有开发制造这些机械设备的多领域技术，即使是精密陶瓷，在创业之初也不具备尖端技术。

从创业至今的半个世纪里，全体员工在各自的岗位上每天作出一点钻研创新，涓涓溪流汇成滚滚洪流，这样的日积月累才使现今的京瓷拥有众多的尖端技术。例如，京瓷在创业之初生产电视机显像管的绝缘材料——U字形绝缘体，为松下电子工业公司供货。当时的松下从荷兰的菲利普公司引进技术开始生产显像管，其核心零部件使用我开发的U字形绝缘体。

因为显像管的电子枪要通过高压电流，所以具有高绝缘性能的U字形绝缘体可以说是电视机的核心部件，而这一产品也奠定了京瓷发展的基础。

但是就在U字形绝缘体供不应求、利润丰厚的时期，我却把目光转向了正在逐步兴起的电子工学领域，开始了各种新产品的开发，其中还包括U字形绝缘体的替代产品。实际上，之后不久，U字形绝缘体就遭到了淘汰，取而代之的就是开发的替代产品。

如果当时没有钻研创新精神，只是因为利润丰厚而一味地满足于单一生产，京瓷很有可能在创业不久后就陷入进退维谷的境地。

从此，我进一步地追求陶瓷所具有的一切可能性，我认为陶瓷的应用不可能仅仅局限于电子工学领域，并积极地探索在其他产业领域的应用。例如陶瓷耐高温，其硬度仅次于钻石，而且不易磨损。既然这样，陶瓷不就可以应用于磨损严重的地方了吗？带着这样的想法，我需要找到耐磨损零部件的企业。

当时纺织行业刚刚开发出了尼龙化纤。尼龙非常坚韧，在编织工序中尼龙线需要高速穿梭，而尼龙线穿梭部位的金属就会立刻出现磨损，以至于无法使用，这一问题一时难以得到解决。

于是，我想如果用陶瓷部件取代金属材料，这个问题或许能够得到解决，并着手进行开发。就这样，之后的纺织机械中采用了许多陶瓷部件。这次的成功使我备受鼓舞，我越发积极地探索有没有其他地方也可以用到陶瓷。

就在我开拓美国市场的时候邂逅了晶体管，我承接了用陶瓷来生产被叫作"标头"的零部件的业务。虽然这需要很高的技术，但京瓷最终还是成功地开发出了这一产品，并曾经一度包揽了全球晶体管标头的生产。

之后不久晶体管又被 IC 取代，而那时京瓷早已开发出了陶瓷 IC 封装。伴随着之后半导体行业的飞速发展，陶瓷 IC 封装使京瓷获得了巨大的飞跃。

我其实并没有预见到技术的进步，只是不满足于现状，对任何事物都进行钻研创新，敢于向新的领域发起挑战，这才得以造就了现今的京瓷。不断地钻研创新和不断从事创造性的工作，才是使事业取得发展的最基本手段。

大概在各位之中，有些人或许会因为现在的工作没有进一步发展的希望而想从事新的工作，但由于缺乏人才、技术和资金而半途而废。其实不然，只要在现在的工作中不断地钻研创新，不懈地追求新的可能性，就一定能取得卓越的发展。

绝不能漫不经心地重复与昨天相同的作业。在每天的工作中必须时刻思考"这样做是否可行"，同时带着"为什么"的疑问，坚持今天胜过昨天，明天胜过今天，持续不断地对工作进行改进和改良，那么就一定能取得辉煌的成就。

甚至可以断言，付出不懈的努力、每天钻研创新、不断地进行改良和改进，不仅能够提升技术实力，而且能使中小零散型企业成长为大型企业。这是唯一行之有效的方法，我认为京瓷的发展就是一个有力的佐证。

在京瓷哲学里还有一条是"开展玻璃般透明的经营"。自创业以来，我一直牢记"以心为本的经营"，为了建立起与员工的信赖关系，经营必须做到"透明"。也就是说，对于现在有多少订单、现在的进度比计划落后多少、产出了多少利润、这些利润又是如何使用的等公司的现状，不仅要向干部，而且必须向基层员工公开，力求"开展玻璃般透明的经营"。

把公司所处的环境、高管在思考什么、要达到何种目标都准确地传达给员工，这一点至关重要。如果能够通过把公司的现状、遭遇到的问题、努力的方向等准确地传达给员工，以此来统一员工的方向，凝聚所有人的力量，那么就一定能够实现远大的目标，克服任何前进中的阻碍。

另外还有一点，"开展玻璃般透明的经营"，关键就是高层必须以身作则，亲自带头保持光明正大的工作作风，绝不能允许经营高层挪用公司经费和滥用公款。如果发生了此类事情，那必然会招致员工的背离。道德标准的崩溃会在转瞬间蔓延到整个组织，从而动摇企业的根基。

为了防止这些现象的发生，京瓷哲学把经营所应具备的正确姿态归纳为"光明正大地追求利润""坚持公平竞争的精神""要注重公私之别"等条文。我作为经营者，不仅严格贯彻这些朴实无华的精神，而且还努力让全体员工共同拥有这些意识。

如果没有这种哲学思想，那又会怎样？如果经营者不具备这种明确的哲学思想，那么就会只为利润增长而片面地追求合理性和效率。那么无论做什么，只要能够赚钱就行的风气会逐步蔓延至整个公司，最终会培养出采取不正当的手段追逐利益的员工和干部。

即使是轻微的不正当行为，如果对其行为视而不见、放任自流的话，也会导致整个公司的道德伦理在顷刻间丧失，在这样一个充斥着堕落气氛的组织里，即便是正派规矩的人也不会认真踏实地工作。其结果就是公司风气急剧恶化，业绩大幅滑坡。

现实中，高速成长的企业在一夜间破产倒闭的案例，无论在日本还是在欧美，甚至在中国都不胜枚举。

我相信"性本善"的说法，人生下来就有着好的性格，而且是善良的。但是，人又是软弱的，往往无法战胜自己的欲望，无法抵御周围环境的影响。为了面子而轻易作出违背道德的事情，这也是不争的事实。

正因为如此，当一个人陷入迷茫彷徨的时候就需要有哲学思想，并以此作为判断的标准。特别是聘用了众多员工、肩负重任的经营者就更需要确立经过崇高伦理观验证的经营哲学，以此进行自律的同时，获得员工们的共鸣。

为使事业取得成功，为使组织能够正常运转，领导自身所持有的"思维方式"是最为重要的。在拓展事业、保持企业繁荣的进程中，经营者以普遍正确的想法和高尚的经营哲学来推动经营同样至关重要。

京瓷之所以能够取得成功，就像刚才我所讲过的，是因为有了一个明确的经营哲学思想，而且并不仅仅停留在纸面上，而是包括我在内的所有员工都一丝不苟地不断加以实践，对此我深信不疑。

这些道理，如果追根溯源的话都来自中国。我们日本人在日中友好的漫漫长河中，从贵国学习到了这些哲理。

中国自古就有"德胜才谓之君子，才胜德谓之小人"的说法，说明了德的重要性。另外，像"积善之家，必有余庆"告诉了人们"行善事"的重要性；"谦受益，满招损"则告诫人们必须谦虚谨慎等，类似的精彩教诲举不胜举。

这些都昭示了人类正确的生存方式，都是我们在日常的生活和事业经营过程中必须加以重视的道理。遵循这些道理并基于人类正确的思维方式采取行动是成功的必要条件。反之，就不会取得成功，即使取得了成功，也难以为继。

但是，我在开头部分也介绍了，现在的日本正在逐渐淡忘这些重要的道理。所以，因些许的成功而沉醉、丧失了谦虚的态度、目中无人、为所欲为，使好不容易取得的成果付之东流的经营者层出不穷。

但这并不是日本独有的现象，而是富裕的发达国家所共同面临的问题，或许在中国也有同样的现象。

希望在座的"无锡市盛和企业经营哲学研究会"塾生以及参加开课仪式的各位，能够对哲学和思维方式在企业经营过程中的重要性加以重新认识，并在此基础上最大限度地提高自身的"热情"，不断地付出不亚于任何人的努力，同时发挥出100%的"能力"，以此来开展出色的经营。

这样，不仅能够取得事业上的成功，而且能将成功长期保持下去，进而为无锡市及其他地区的发展，乃至为中国的整体经济的发展作出更大的贡献。

最后，祝诸位身体健康，事业蒸蒸日上。

（本文由曹岫云翻译、陈华蔚校正）

人为什么活着

——稻盛和夫在日本滋贺县的讲演

今天讲的题目是"人为什么活着"。我想，任何一个人都有幸福生活的义务，不是权利，而是义务。一个人如果没有过上幸福的生活，是因为他没有作出应有的努力，没有为幸福而努力奋斗。

我这个人并没有什么了不起的能耐，但就像我这样的人，尚且能够创建两家企业，并且让它们发展到了今天这个规模。

下面向大家介绍我的人生轨迹，希望对诸位今后的人生有所启示或参考。

一、少年时代不幸多

我出生在九州的鹿儿岛，兄弟姐妹七人，我排行老二。上学前我是一个任性又内向的孩子，做什么都离不开母亲，老是抓住母亲的裙子跟东跟西，以至母亲不耐烦地说："这孩子怎么到哪儿都要跟着我。"

在家里虽然调皮，一出家门就腼腆甚至会哭泣。记得小学的入学典礼，去时兴高采烈，仪式结束要上课了，发现母亲要回家，感到孤独而立即放声大哭。一年级学生中，哭泣的只有我一个。那一天，别人的家长都回去了，只有我母亲一人站在教室后面，一直等到放学。母亲又尴尬又难为情。

第二天，要一个人去上学，我坚决不干。没办法，父母只好派人送，差不多一个月，都由叔叔、婶婶轮流陪我上学。后来，总算可以单独上学了。习惯以后，上学就很快乐，而到了六年级，我就成了学校里的调皮鬼、孩子王。

父母亲都只上过小学，在我的孩童时代他们从不督促我读书，我正好与小朋友们游戏打闹，所以成绩自然不好。因为平时调皮捣蛋，学习不认真，初中升学考试名落孙山。从前，小学毕业考不上初中的，一般都进高等小学，学习两年后就参加工作。

我因为没考上旧式初中，只好进高小。第一年快结束时，身体出现异常，低热不退，十分难受。去医院一查，发现患上了肺结核。当时住在我家的大叔、大婶，以及小叔，都因肺结核相继去世。因为三位亲属都死于肺结核，13 岁的我患上这病，当然担心自己也会死。当时肺结核是绝症，又是传染病，所以病人一出门，就会遭到周围人的指责。据说当时就有人说："这孩子这么小就患这种病，恐怕小命难保。"

当时二战临近尾声，但美军的空袭愈加激烈。这时候，班主任老师扎着防空头巾来到我家："稻盛君有特长，有培养前途，小学毕业就工作，未免可惜，应该去上中学。"他苦口婆心说服我父母并代我提交了升学申请书，并说道："过几天就要考试了，你身体不好由我来照顾，我陪你一起复习。"

　　鹿儿岛最好的一中又没考上，托这位老师的福，我总算去一家私立中学就试，被录取了。我虽然好不容易考上了，却因连日轰炸，根本无法上学。空袭暂停时去义务劳动，空袭来临时就奔走逃命。这样紧张奔波之间，我在不知不觉中竟恢复了健康。

　　战争结束后进行了学制改革，旧制初中变为新制初中，并有了新制高中。进新制初中读三年可以毕业，也可以不考试直升高中再读三年。但是我家的房屋在空袭中被炸毁，父母及兄弟姐妹七人，生活极度贫困。条件不允许我继续升学，但我还是说服父亲让我上了新制高中。

　　过去念书不用功，进了高中后就感到懊悔。从这时起我开始认真学习，因为对学习有了兴趣，高三时的成绩在年级中领先，老师就动员我毕业后考大学。我答道："家里穷，我上不了大学，准备高中一毕业就到本地的银行做事。"这位老师赶到我家，恳切地说服父亲允许我考大学。

　　志愿是大阪大学医学部，但同初中升学考试一样，又失败了，结果只考进了本地的鹿儿岛大学工学部应用化学专业。家里拿不出一分钱学费，只能靠奖学金，靠夜里到百货店当警卫、当家教来挣钱交学费。

　　大学时代，我珍惜可贵的学习机会，拼命用功，成绩优秀。毕业前，老师介绍了许多好企业，我赶到东京、大阪等地接受面试，可惜没有一个单位肯录用我。1955年朝鲜战争结束不久，正是"就职难"的时代，我因没有门路找不到工作，而我的亲戚中有头有脸的人物一个也没有，也没有熟人帮忙介绍。家里穷加上弟妹还年幼，我想以劳动所得补贴家用，但成绩好也不顶用，照样找不到工作，我十分痛苦。一位任课老师看我可怜，特地跑到他的一位亲戚家里请求帮忙，那位亲戚在京都一家陶瓷厂工作。靠这位老师斡旋，我总算有了出路，可以去京都上班了。我满怀希望地从鹿儿岛出发，准备好好干一番。

离开鹿儿岛时，在"国铁"做事的哥哥特地为我缝制了一套西装，我就穿着这身西装踏进了公司。进去了才知道，这家公司战后10年连续亏本。第一次发工资，就要推迟1~2周。尽管经济不景气、"就职难"，同期毕业一起进厂的五名大学生，仍然有三人先后辞职，最后只剩两位。

和我一起留厂的是一位京都大学的毕业生，也出生于九州。我们商量，在这个破公司待下去没有前途，不如去考自卫队。于是两人一起到自卫队干部候补生学校应试，都考上了。但是家里不肯把自卫队需要的户口本寄来，结果那一位顺利进了自卫队，五人中只剩下我一个孤家寡人。

二、想法改变，人生转机

只剩我一个人，已经走投无路。既然只好留在这个公司，牢骚满腹又有何用，倒不如沉下心来，专注于新型陶瓷的研究。我决定改变自己的想法。

公司有员工宿舍却没有食堂，每天回到宿舍我淘米煮饭做酱汤。埋头研究后就没空回宿舍，为了将往返宿舍的时间也节省下来，我就把灶、锅搬进研究室，干脆吃睡都不离研究室。

当全身心投入研究时，我就感到研究很有趣，因为有趣，我又更加投入，从事这样有趣的研究昼夜不分也不觉得苦和累。如此一年下来，就有了出色的成果，公司也表彰我。不久我又开始把科研成果事业化，将它转化为产品推向市场。

1957年上半年开始，日本电视机逐步普及，松下知道了我开发的新型陶瓷作为绝缘材料可用于电视机显像管，因而给我们下了订单。我不仅在研究室开展研究，而且在车间负责批量生产陶瓷元件，率领众多部下，担负研究和制造两方面的重任。大学毕业不足3年，我就被推上了这样的位置。

研究很有趣，工作很有趣，我感觉到了生命的价值。这时候，工资迟发一两周，对于我来说已经不是什么问题。我聚精会神、夜以继日拼命努力，工作很快乐，也很顺利。

三、"京都陶瓷"公司的产生

那时还是真空管时代，既没有晶体管，更没有IC。当时日立制作所正在开发小型陶瓷真空管，他们要求使用我发明的新型陶瓷材料来开发这个新产品。上述新型陶瓷材料美国的GE公司首先合成成功，我用不同方法开发成功，是世界第二。日立制作所指名要我做，说明他们承认了我的技术成果。现在要用这技术制造世界第一的陶瓷真空管，我非常兴奋，热情燃烧，投入研究开发之中。

然而，令人遗憾，试验一次又一次，预想的东西总是做不出来。我的技术水平不足是一个原因，另一个原因，亏本企业买不起必要的仪器设备，开发条件实在太差。正当我因研究不顺利十分焦急之时，新任的技术部长对我说："稻盛君，按你的能力，实在难为你了，这项研究让其他技术员干吧，你歇手吧。"虽然是一个破公司，但名牌大学毕业的高才生倒不在少数。技术部长的言下之意，是我这位地方三流大学的毕业生能力不行。

是我从零开始一手开发的新技术，稍遇挫折，就被认为不行，简直是对我开发出来的技术的一种侮辱。我不假思索，当即回道："那好，我辞职。"

周围的人为我的前途担心，另外，我辞职，就有人商量要为我筹建一家企业。1959 年我 27 岁，"京都陶瓷"（现叫京瓷）诞生了。资本金 300 万日元。为我筹建公司的一位朋友，还用自家房产抵押，从银行借来 1 000 万日元，用来购置设备等。

为了报答出资者的深情厚谊，新公司一成立，我就付出了比过去更高的热情。原来的七名同事一起参与创业，又新招了二十名初中毕业生。如果事业失败，公司破产，这二十七名员工都将流落街头。无论如何都要成功。我感到责任重大，常常夜不能寐。

四、追求全体员工物、心两面的幸福

创业之初，公司的定位是：让稻盛和夫的技术问世。就是说，前面那家公司的技术部长贬低我的技术，现在京都陶瓷是我们自己的公司了，我们自己当家作主了，不必听别人的闲话，受别人的牵制，我们可以不需任何顾虑，让稻盛和夫的技术问世、堂堂正正、努力把企业经营下去。大家都这么讲，但这么多员工，公司一旦开始运行，先要让大家都吃上饭，必须按时发放每位员工每个月的工资。

说心里话，公司开始运行时，我连会计的"会"、经营的"经"都不会写。每月要按时发工资，年末还得发些奖金，光做到这些就不容易，真是不当家不知道柴米贵。

同时，员工中传出"我们将来会怎样"的声音，要求公司承诺，为他们将来的生活提供保障。我的父母还在鹿儿岛，弟妹还在上学，想尽量多寄点钱帮助他们尚且做不到，而刚建立公司，刚招进的员工，都是非亲非故，但我却必须对他们的生活负责。似乎命运在跟我开玩笑。所以当员工提出"将来会怎样"时，我不禁叹息。

建立京都陶瓷的初衷，确实是要"让稻盛和夫的技术问世"，但再仔细思考，既然公司已经开始运行，最优先的事情，应该是追求员工物、心两面的幸福。因此，在公司建立后的第三年，我把京瓷公司做了如下的定位：京瓷公司不是显耀稻盛和夫个人技术的场所，而是"在追求全体员工物、心两方面幸福的同时，为人类社会的进步发展作出贡献"的地方。我把这句话定为公司的经营理念，就是说，公司的目的不是显耀个人技术，而是怎样才能让员工得到幸福。我当时就做了这样的决定，并付诸实践。

在第一次向员工发放年终奖时，我内心的激动至今记忆犹新。按照上述经营理念，我不能让员工下岗失业，必须追求员工物、心两方面的幸福。我总是把这一理念挂在心头，所以当有条件向员工发放奖金时，我心里就特别高兴。创业第四年有能力建设新工厂了，公司的基础得以巩固。这年年末，我亲自把奖金交到每个员工手上，然后我说道："由于大家的共同努力，企业有了效益，可以发年终奖了。但是世上还有不少穷人，他们过年连年糕也吃不上。所以，如果可以的话，大家从自己的奖金中拿出哪怕是一小部分，公司也拿出同样金额的钱，来帮助那些穷人。员工们，你们说好不好!"

员工们被我的话感动，都很高兴地把奖金的一部分贡献出来。京瓷岁末慈善活动从此揭开序幕，贯彻至今，并根植于京瓷的传统之中。这也是实践京瓷的经营理念中"为人类社会的进步发展作出贡献"这个宗旨。

无论如何都要维护员工的利益和幸福，同时，用我们汗水的结晶为社会作贡献、做好事，抱着这种想法拼命地工作，公司果然就不断发展壮大。公司设立第一年就有利润，这几十年中有过几次经济萧条，但是不管外面如何不景气，京瓷四十多年来从未出现过一次赤字亏本。

五、作为人应该做的正确的事，以正确的方式贯彻到底——设立稻盛财团

刚才已经谈到，当初我在企业经营方面既没有经验，又没有知识，也不懂怎样才能搞好经营。员工们不断提出问题要我决断，什么要做、可做，什么不要做、不可做，我必须作出判断。但是事实上，究竟怎么做才好，怎样做才正确，我自己也不知道。

最后，我决定用下面这句话作为判断事物的基准，"不管经

营企业也好，做其他事也好，都要以正确的方式去做作为人应该做的正确的事"。经营企业这种难事我不懂，但是作为人应该做的好事和不可做的坏事，我能分得清，这是小时候父母和老师教我的。我想就用这作为基准去经营企业不就行了吗。

但是，就这么讲，用词上似乎太幼稚，我就修饰了一下，这么对员工们说："作为人应该做的正确的事，以正确的方式贯彻到底，这并不是难事。孩童时代父母教导我们，什么是作为人该做的好事，什么是不可做的坏事，我们只要遵守这单纯的教诲就够了。我们就把它作为公司判断事物的基准。"这个基准很管用（虽然很简单），用它来做经营判断，我们从没犯过错误，公司因此不断成长发展。

从大约 20 年前开始，我又做了两件事。第一件，我想公司之所以能够顺利发展成长，不仅仅是靠我们自己的努力，也靠周围各方面的支持援助。因此我们绝不可以独享经营成果，我们应该回报世人，回报社会。出于这种考虑，我将自己拥有的"京瓷"股份拿出一部分，设立稻盛财团。稻盛财团以"京都奖"的形式褒奖在尖端技术、基础科学、思想艺术方面有杰出贡献的人，每年一次，彰显他们的功绩。

关于设立稻盛财团的宗旨，我做过如下表述：我抱有一种信念，我相信"为世人尽力，为社会尽责，这是人最高尚的行为"。这就是我设立财团的目的。稻盛财团主办的"京都奖"这项表彰活动，到今年已有 18 个年头。

六、动机至善、私心全无——第二电电的创业

另一件事就是"日本第二电信电话公司"（现叫 KDDI）的

创立。

明治时代以来一直垄断日本通信市场的"日本电电公社"（现叫 NTT）在 20 年前开始民营化。因为一直垄断独占，所以日本的通信费用比欧美各国高出许多。

自由化意味着民营企业可以参与通信事业。但大企业没有一家敢于挺身而出，因为向营业额几万亿日元的巨大的 NTT 发起正面挑战，风险非常大，都不免心虚。

我想，照这样下去，谁也不肯参与，通信费用依然会居高不下，日本进入高度信息化社会就会变得渺茫。我鼓足勇气，毅然决定打破僵局，创建第二电电。

当时"京瓷"虽然有了一定规模，但要展开电信事业这种国家性的大项目，实力远远不够。许多人认为我的决定未免鲁莽，会导致好不容易发展起来的"京瓷"陷入被拖垮的危险境地。仅仅出于降低国民的通信费用这一单纯的动机，出于正义感就作出这么重大的决定，这真的妥当吗？我心里很烦恼。

每天晚上临睡前，我心中有另一个自己发问："你说，你参与通信事业是为了降低大众昂贵的电话费用，你真的是这么想的吗？不是为了对'京瓷'更有利，让'京瓷'更出名吗？不是为了博得大众的喝彩，不是为了沽名钓誉吗？""创办第二电电不是你自己想作秀表演吧！嘴上讲得漂亮，说什么为了大众，其实还是为了赚钱，还是出于私心才去挑战通信事业。真的是动机至善、私心全无吗？"总之就这样自我逼问。

有半年时间，每晚我反复自问自答。最后思考清楚，确认自己"动机至善、私心了无"，才正式宣布创立第二电电。

我鼓起勇气报名参与，但世人并不看好，他们认为日本有代表性的大企业尚且望而生畏，不起眼的"京瓷"有什么能耐，参与了也肯定失败，正如堂·吉诃德挑战风车一样。

"京瓷"举手报名以后，国铁（现在的 JR）认为，既然"京瓷"都敢参与，也报名参与。国铁可以沿东海道新干线侧沟铺设光缆，从东京、名古屋、大阪很容易形成通信网络。同时日本道路公团与丰田汽车结成联盟，也宣布参加。他们也可从东名·名神高速公路侧沟铺设光缆，形成通信网络。与这两家公司比，"京瓷"不具备任何通信方面的基础设施。舆论都认为参与的三家之中。最先败退的必是"京瓷"。实际上，第一个举手的虽然是我，但是怎样才能构筑通信网络，我那时还没有具体的方案。

当时我曾拜访了国铁的总裁，我要求"沿新干线再铺一根光缆，两根光缆并铺"。因为国铁属于国家的财产，我们也有权利用。他却一口拒绝："因为是国铁的子公司我们才协助铺设光缆，我们同你没有任何关系，为什么要让你们利用呢？"我反驳说，从公平、公正、社会正义的观点讲，国有财产只让一家特定企业利用是不对的。但结局是他不理睬，我也无可奈何。

此路不通，只好考虑用无线网络来联结东京、名古屋、大阪。但日本上空有许多无线网络，除 NTT 使用的无线网络之外还有自卫队和美军等用于军事目的的无线网络，不允许任意架设无线通信网络。正当我犯难的时候，当时的电电公社总裁真藤恒伸出援助之手："我们还有一条空余的线路，可以提供。"真是所谓"给敌人送盐"（日本典故）。

真藤出手帮忙，就可以沿东京、名古屋、大阪的山峰架设抛物面天线，建立无线通信线路。但实施并不容易，冬天积雪无法登山，器材要靠直升机搬运；夏天作业时要承受蚊虫叮咬。另外，国铁沿新干线、道路公团沿东名·名神高速公路铺设光缆的作业很简单。我们虽然从零开始搞基础设施，但推进速度不亚于上述两家公司，与他们在同一时间完成了东京、名古屋、大阪间的通信线路。

开业之初，以企业为专门服务对象。因为其他两家公司分别有国铁或日本道路公团、丰田汽车为背景，有许多关联企业，而以"京瓷"为背景的第二电电在这方面处于绝对劣势，以法人为对象的营业活动遭到惨败。

于是我们开始转向，从以企业为专门服务对象变成为一般大众的市外电话服务为主。这个市场规模大。我们强化了这方面的营业体制，同时向民众诉说，创立第二电电就是为了降低大家的长途电话费。这种努力很快开花结果，在市外电话服务方面，第二电电在三家新公司中遥遥领先。由于获得民众广泛的支持，第二电电的业绩始终领先，发展顺利。

七、利人利世的价值观导致成功

"京瓷"初始的资本金只有 300 万日元，经过 43 年的运行，销售额达到 1 兆日元。商社或流通行业销售额超过 1 兆日元不算稀奇，但制造业，特别是以零部件生产为主的制造企业，销售额超过 1 兆日元的，日本大概没有第二家。

被讽刺为堂·吉诃德的第二电电，现在叫 KDDI，销售额已达到 3 兆日元。"京瓷"和 KDDI 合计，销售额达 4 兆日元，这是一个巨大的数字。

前面说到，我小时候任性、内向，不爱学习，是一个极为普通的少年。生长的家庭环境、社会环境都不理想，就职时又进了一家经营状况很糟糕的亏本企业，因此我不得不拼命工作，付出不亚于任何人的努力。在成立和经营公司时，因为几乎什么都不懂，只能将小时候父母和老师的教导，就是去做作为人应该做的正确的事情，作为判断一切事物的基准。用不正当手段赚钱不叫经营，付出努力，将正确的事情贯彻到底从而获得利润，这才可称作经营。企业经营成功，在我们自己获得幸福的同时，必须回报社会，为社会作贡献。从岁末慈善金的募集到设立稻盛财团，创设京都奖。我这样一个普通得随处可遇的少年、青年，因为有了这些想法、这种价值观，加上持续拼命努力，就达到了今天这样的成就。

八、度过美好人生的秘诀——六波罗蜜

今年我已经 70 岁了，回顾自己的人生，有如下深刻的感受。

释迦讲，人要开悟需要六项修行，称作"六波罗蜜"。所谓"开悟"，就是完善人性、提升人格，也就是纯化心灵、净化心灵。磨炼心志、美化心灵就可以达到悟的境界，同时人生道路也会顺畅。而要达到这种境界，作为修行方法，我向大家介绍释迦的教导。

"六波罗蜜"就是布施、持戒、忍辱、精进、禅定、智慧，

这六项十二个字。致力于这六项修炼，会使心志得以磨炼，人性得以完善，人生就会顺利。

这六项中，"精进"特别值得注意，意思就是要拼命工作。"拼命工作"其实就是磨炼心志、净化灵魂最有效的方法。

拿我来说，为了各位出钱出力而设立的"京瓷"公司不致破产倒闭，为了不使员工们流落街头，当时的我虽然还不晓得"精进"这个词，但我从早到晚、夜以继日拼命工作。这种努力，其实不仅仅是为了公司、为了员工，拼命工作也磨炼了我自己的心志。

日语中有"情不为人"（意思是你对他人有情，他人必会对你有意，结果对你也有利。所谓好心好报，行得春风有夏雨。——译者）这种说法。一心一意为员工而努力奋斗，结果也成全了我自己，完善了人性、净化了灵魂。我想事情就是这样。

在当前严峻的经济环境之中，为什么要那样辛苦、那样拼命工作？许多人都这么想。"拼命工作"不仅是为了突破目前的困境，更是为了提高自己的心性，而后者特别重要。

"持戒"也很重要。所谓"持戒"就是遵守戒律。这不可为，那不能做。释迦所讲的事情，其实并不难，比如不可贪欲，不可偷盗，不可损人利己，人人都能做到。释迦讲的就是这些。

因为我对经营一无所知，就以父母讲的什么是作为人应做的好事，什么是不可做的坏事，这么单纯的教导作为经营判断的基准。这实际上就是释迦讲的"持戒"，一点都不难，也不复杂。按照"作为人，何谓正确？"这一单纯的教导做下去，就是释迦所说的"持戒"。

实际上，我这样随处可遇的乡下青年，在生存的奋斗中，不知不觉地实践了释迦所说的"精进""持戒""布施"这三项修炼，即拼命地工作，不做坏事，为世人、为社会尽力。就这样我创建了两家公司，并发展到了今天的规模。

"六波罗蜜"中还有"忍辱"。"忍辱"就是要忍耐、坚忍不拔。按释迦的说法，我们在人生中遭遇的各种事情都是不确定的，今天幸运，明天就可能倒霉。

我们眼前发生的现象是变幻不定的，所谓人生就是"诸行无常""波澜万丈"，这就是人生。"既然诸行无常，人生就是苦难。"这是释迦的话，忍受这苦难就是"忍辱"。

我想在座各位都有较高的思想境界，但各位或许家庭中有病人，或许经营不太顺利，或者在公司里工作得不开心。总之会面临许多问题和烦恼，或叫作"苦难"，拼命忍住这类"苦难"，不被"苦难"压垮，用积极向上的心态对待这类"苦难"，就是为今后创造幸福。

"京瓷"和KDDI发展至今，道路绝不平坦，在这个过程中我遇到过许多难对人言的困难，但不管什么苦难我都忍受。"忍辱"这一条，在不知不觉之中，我或许也已经实践了。

还有"禅定"。我们生活在现实中，常常会生气、发怒，这时心就会变得粗糙、粗野。心处于这样的状态就谈不上提高和完善人性。这种情况下，为了把心镇静下来，释迦教我们坐禅。但现代人可能没有时间坐禅，即使不去坐禅，把心镇住，腾出片刻工夫，静静地思考今天一天中发生的事情，应该做得到，我想能这样就行。

释迦说，如果能致力于"布施""持戒""忍辱""精进""禅定"这五项修炼，就会产生"智慧"。所谓"智慧"，就是掌管整个宇宙的"智慧"，就是支配宇宙的原理原则。到达获得"智慧"的境界，人就不再会有慌乱和不安。"六波罗蜜"说的就是这些道理。

九、人生的目的在于磨炼灵魂

5 年前，我开始考虑：人的一生，从出生后开始的前 20 年，是为踏进社会做准备的时期；20～60 岁这 40 年是在公司里拼命工作的时期；如果活到 80 岁，那么 60 岁后的 20 年就是为迎接死亡做准备的时期。

那么应该怎样来迎接死亡呢？在死亡到来之际，你今生创造的一切东西都必须留在现世。名誉、地位、财产，一切都只能放弃，只剩灵魂，灵魂开始新的旅行。这就是说，人从生到死这期间，怎样把灵魂变得纯洁，才是人生的目的。

人有成功，有失败，有幸运，有灾难，会遇到各种各样的事。人生中的风浪磨炼人的灵魂，在迎接死亡之际，重要的不是此生是否有过显赫的事业和名声，而是作为人父、作为人母，是否有一颗善良的心，是否有一个纯洁而美好的灵魂。能够拥有善良的心、纯洁而美好的灵魂去面对死亡，我以为这应是人生的追求。

十、思善行善就能改变命运

四百多年前是中国的明代，在日本是丰臣秀吉活跃的年代，有一个叫袁了凡的人写了一本叫《阴骘录》的书。借助这本书中的故事我谈一些自己的想法。

作者袁了凡，小时候叫袁学海，祖上世代行医。学海幼年丧父，和母亲一起生活。

一天傍晚，少年学海正在游玩，有一个自称"南国修易"的白发老人与他搭话。易就是"易经"，是中国很热门的关于命运的学问。

人类从古代起就不断思考一个问题：我究竟会度过一个怎样的人生呢？人生来就有命运存在吧。如果人真的有命运，那么人们就想知道自己的命运，就会进行研究，中国的易学是其中之一，同样在印度、欧洲，占星术也很发达。

老人对学海说道："我奉天命来找少年袁学海，向学海少年传授易经真髓。今天请让我在你家借宿一晚，我要与你母亲好好谈一谈。"

那晚老人就对学海的母亲讲述了学海的命运："妈妈想叫儿子学医，但这孩子不会当医生，他将成为一个优秀的官吏。"当时的中国，要做官，必须通过"科举"考试，考试分几个阶段，先是县，然后是府、道、省，经选拔后进入中央级的考试。

"这个孩子几岁参加县里考试，成绩在多少人中排第几位，然后是府里考试，又排第几，道里考试第一年没考上，第二年考上了，在多少人中排第几。"老人瞥了一眼坐在旁边的学海，继续说道，"最后这个孩子通过了京城的考试，很年轻就当上了地方上的长官，后来结婚，可惜命中无子，天寿53岁。这就是他的命运。"

之后，少年学海果然如老人所言，哪一年参加哪种考试、在多少人中排名第几，最后当上了中央官吏又被派往地方做官。

学海当官的地方有一家有名的禅寺，听说里面有一位高僧名叫云谷禅师。学海到任不久就去拜访这位禅师。禅师请学海一起坐禅，看到学海打坐时气定神闲，禅师非常佩服："你如此年轻，坐禅时却不动声色、毫无杂念，你曾在何处修行？"

学海答道："正如老师所言，我确实没有杂念妄念。倒不是因为经过特别的修行，我小时候遇到了一位白发老人，他讲述了我的命运，至今为止，我一直按老人所言，走着我的人生之路。命由天定，我53岁就要辞世，因此我没有必要考虑多余的事情。这种心境在您看来或许就是六根清净了。"

禅师听罢此言，不禁怒从中来："我本以为你悟性很高，很了不起，原来你不过是一个大笨蛋。如老人所言，人确有命运，但命运是可以改变的。如果把命运比作人生的经线，那么纬线就是因果报应的法则，即想好事、做好事就有好的结果，想坏事、做坏事就有坏的结果。而且因果报应法则比命运更有力量。因此，即使因为命运不佳而处境不好，只要坚持好的思想和行为，就能使人生出现转机。"

学海是一个非常正直的人，听禅师这一番话，很感动，回到家里就把禅师的教诲告诉夫人："从今天起，我要思善行善，待人诚恳，哪怕是小事，也要多为别人着想，多做对众人有益的事。"于是夫人也说："那么让我们一起做善事吧，想了好事、做了好事我们就画圈，想了、做了坏事我们就打叉。让我们努力，多多画圆吧。"

局面由此一变。"儿子啊！在遇到云谷禅师之前，爸爸一直顺着命运度人生。但受到禅师的叱责和教导之后，我和你妈就一心一意思善行善，结果，本不可能出生的你出生了，本来我只能活到53岁，但现已年过70，还如此康健。这是由于因果报应法则改变了原来的命运，这叫作'立命'。因为我弄懂了这个道理，所以我才能有这样美好的人生。"

《阴骘录》中云谷禅师的话单纯之极。确实，人有命运，由于命运的作用有人快乐有人痛苦，但人的命运可以因为人的心态的改变而改变。

想好事、做好事就会有好结果，如此而已。就是说，只要改变心态就能改变原来的命运，创造幸福美满的人生。这就是这本书教给我们的真理。

十一、不相信"因果报应法则"的理由

然而，这么简单的道理，我们为什么就不明白呢？其实我们明白，但我们并不相信。如果想好事，立即就有好的结果，做坏事，立即就有坏的结果，那么我们当然会相信。但是结果往往并不立即就出现，所以谁也不相信因果报应这个法则。

原因和结果之间有一个时间差。为什么产生结果需要时间呢？答案是命运之波的存在。在命运太坏的时候，即使做一点好事，也不会很快出现好的结果，因为做好事的效应被厄运抵消。相反，命运处于强势时，稍微干点坏事，也不会马上产生坏的结果。

"那样的恶人，怎么偏偏就发了财？""这么令人讨厌的东

西，为什么运气就那样好？"相反，"如此善良、如此亲切的人，为何贫困？"因为想不通，所以谁也不肯相信因果报应的法则。

从一个较短的时间段观察，事情或许真是这样。但从10年这样较长的时间段观察，因果就大体相合。如果10年还不够，请看20年，20年还不够，请隔30年再看，30年间因果不符的，可以说几乎没有。个人如此，企业的盛衰也一样。

我创业以来已经过了43年，在这期间，一时红得发紫的企业，其股票迅速上市看起来十分优秀的企业，因为忘乎所以，忘记了自己的初衷，在30年间持续成长发展的，几乎没有。人生也好，企业经营也好，从长时段看，"因果报应"准得很。

听我这么讲，有人仍然不相信因果报应的法则，把我这一套说成是迷信。因为他们还有一个理由。

明治维新后，日本结束了锁国政策，看到欧美立足于科学技术，建立了具有强大实力的文明国家，列强诸国与日本之间差异之大，日本人颇为震惊。于是，为把日本建设成一个近代国家，明治政府确立了以科学技术立国的国策，因此科学合理的思考方式占了上风，教育也进行了革新。同时，把我刚才讲到的因果报应的法则、命运之类的说法，作为迷信抛到一边。但是，我认为事实上存在着命运和因果报应的法则，而且这是宇宙最根本的法则。例如，"京瓷"以惊人的速度发展，达到1兆日元的规模，科学技术也许是原因之一，但仅仅强调科学技术，缺乏说服力。在人生和经营里面，人心的作用影响巨大。赤手空拳的我、白手起家的"京瓷"之所以成功，主要原因正在于此。

十二、怎样使人生变得美好

人有命运，但算命却没有必要。与其占卜，与其烧香拜佛，不如与人为善，为别人多做好事。只要这样做，人生就能变得美好。

不管你多么富有，多么有名，死亡到来时，只有灵魂可以走向新的世界。这时候，你一生的辛苦，在多大程度上磨炼了你的灵魂，净化、美化了你的灵魂，这才是最重要的。

现在，不管碰到多大的困难，不管遭遇怎样的灾难，都要忍耐。相信自己的人生会充满光明，首先自己的心情要开朗。最要紧的是为身边的亲人、朋友、同事多做好事。小事也行，要有一颗为他人作奉献的心，这样你的人生一定会有转机，一定会变得美好。

通过"盛和塾"，一贯以来，我对中小企业经营者讲的不是什么经营的诀窍，而是如何提高心性。"盛和塾"诸位也提出建议："希望不是只教我们经营者，还要向更多社会上的民众讲述这些道理。"很冒昧地讲了上述许多话，希望对大家今后的人生有所参考。

（本文由曹岫云翻译、陈华蔚校正）

经营者必需的三种力量：
一种"自力"，两种"他力"

——稻盛和夫在纽约例会上的讲演

"自力"顾名思义，是指经营者自身具备的能力或力量。

"他力"有两种：一种是指经营者的得力助手，左膀右臂，以及企业员工的力量；另一种"他力"是指宇宙、自然的力量。

一、"自力"就是经营者忠实地实践"经营十二条"的能力

怎样判断"自力"即经营者自身具备的能力呢？用一句话来讲，就是经营者是否能够全面践行"经营十二条"。问你是否具备经营者的能力或素质，如果你回答，你能够忠实地遵循和实践"经营十二条"，那么你就充分具备了作为经营者所必需的素质。

二、经营者应该践行的"经营十二条"

下面简单解释"经营十二条"。

1. 明确事业的目的、意义

为什么办企业，从事这项事业的目的到底是什么？这个问题自己必须想明白，不明白就必须不断地自问自答。这里的要谛是：必须树立光明正大的、高尚的事业目的。如果办企业只是为了满足个人的私利私欲，员工就会讲"经营者为了自己赚钱来驱使和剥削我们"，他们就不肯由衷地协助你，企业就很难办好。

为了唤起员工的共鸣，使他们全力以赴地努力工作，就需要经营者超越一己私利，树立高层次的事业目的。

话虽然这么讲，但在美国，创办企业就是为了自己赚钱，就是为了满足个人的私欲，这种情况相当普遍。为了得到干部的协助，他们会说"我把你当合伙人，只要你尽力，我就给你高薪"，就是说用金钱和利害来构筑公司内的人际关系。

那么即使摆平了公司上层，一般的员工仍难免牢骚满腹。特别是工会力量强的地方，就会不断发生各种冲突。所以，越是像美国这样讲究利害得失的社会，就越应该树立符合大义名分的事业目的。

2. 设立具体的目标

"这个月销售额多少，利润多少？"必须设定每个月的具体计划，并向员工们做说明，让计划与员工们共有。"社长，我们明白了，我们就来努力完成这个计划吧！"让大家有一个明确而具体的目标，就能凝聚合力，促使大家千方百计达成目标。

3. 心怀强烈的愿望

这里着重强调"必须持续抱有渗透到潜意识的强烈愿望"。就是说经营者在树立高尚的事业目的，设立了每个时期必须完成的具体目标后，心中就要抱有不管碰到什么困难，无论如何都必须达成目标的强烈愿望，朝思暮想。

在经营京瓷公司的时候，我曾遭遇各种困难和烦恼。在这个过程中，我意识到缺乏强烈愿望，就无法解决难题而成就事业。有一年年初刚上班，我就向全体员工提出当年的方针，用一句口号表达："为完成新的计划目标，不屈不挠，一心一意，开动脑筋，千方百计，全力拼搏。"

4. 付出不亚于任何人的努力

每天的工作都是实在而非虚浮的。比如跑推销的，要不断拜访客户，即使被拒绝也要想尽办法拿到订单。必须一步一步、踏踏实实地作出持续不懈的努力。

5. 销售最大化、经费最小化

利润不靠主观追求而来，利润是努力工作的结果，就是说，你尽力做到销售最大化、经费最小化，作为结果，利润就自然产生。而且只有这样才能形成高效益的企业体质。

6. 定价即经营

产品定价不适当，那么不管你如何努力，到头来可能仍然没有利润。定价往往就是定死活。

产品的卖价、原材料的进货价，不是由自己单方面决定，往往由市场和对手决定。但是否以对方的出价为准，最后判断还是经营者自身。定价太高卖不动，定价太低，即使卖得好也没钱赚。定出某种价格，就会卖出多少数量，这样的预测非常困难。但经营者必须在正确认识自己产品价值的基础之上，以利润最大为定价原则。价格应由经营者亲自决定。

7. 经营由经营者的意志决定

经营必须有不屈服于任何阻力的、洞穿岩石般的坚强意志。为了实现第2条所说的具体的目标，就需要这种不达目标誓不罢休的坚强意志。

8. 燃烧的斗魂

经营者需要不亚于任何格斗士的激烈且昂扬的斗志。经营必然伴随竞争，在严酷的竞争中脱颖而出，使企业不断成长，经营者就必须有这样的斗魂。

9. 临事有勇

领导人如果有卑怯的举止，就会腐蚀整个组织，组织里的不良行为就会像野火般蔓延。勇气来源于强烈的使命感和坚定的信念，统率众多员工的经营者必须率先垂范，具备勇气，把正确的事情以正确的方式贯彻到底。

10. 不断创新

十年如一日，重复同样的工作，企业不可能发展。但是创新，不是嘴上强调就能做到的事。今天胜于昨天，明天胜于今天，天天钻研，天天改善，持之以恒，就能不断创新。

11. 有同情心、真诚待人

做生意必须双赢，所谓"利他自利"，有同情心、真诚待人，就是在买卖中顾及对方，让对方也获利。客户满意，就自然给你带来利益。

12. 始终怀抱梦想和希望

保持开朗的心境，抱着向前看的态度，不失纯朴之心。经营会遭遇接二连三的难题，如果缺乏良好的心态，就会被困难所压倒。越是艰苦，经营者越要保持开朗的心境和向前看的态度。怀抱梦想和希望，不失纯朴之心，这是经营者必备的基本的人生态度。

经营者如果不能践行上述十二条，经营就难以顺利进展。这是经营者需要的三种力量中的第一种，是经营者的"自力"，就是说，经营者具备践行"经营十二条"的能力，是经营成功的必要条件。

三、第一种"他力"——得力的搭档及全体员工的力量

1. 得力的搭档

"本田技研"的本田宗一郎的专长是开发和制造，因为有了精通财务、善于经营的藤泽武夫作搭档，两人珠联璧合，才有了今天"本田"这个世界级的企业。

同样，松下幸之助懂制造会经营，同时理解人心，但也因为有高桥荒太郎这位财务专家鼎力相助，才有后来的顺利发展。

经营好比重担，如果只有经营者一个人单肩独挑，弯着腰走上坡路，未免太吃力。如果把这副重担放在中间，有两个人一起来扛，"嘿哟嘿哟"互相鼓劲，自然轻松得多。

我创办企业时没有本田、松下那样幸运。我是搞技术出身，但又必须学懂财务，事无巨细都要躬亲，是不得已，不足称道。在繁忙和苦恼中我想到孙悟空，拔毛一吹，就会出现许多小孙悟空，好比自己的分身，这位帮我去跑客户，那位帮我算账搞财务……希望有许多与我理念相通的人尽力帮助我，这就是后来想到的"阿米巴经营"，尽量划小核算单位，实行各部门独立核算制度，让各部门负责人都成为经营者，共同经营企业。

我是在事必躬亲、繁忙之极的苦恼中，才意识到个人的力量即"自力"的局限。独木不成林，"人"这个字就靠相互支撑，经营也一样，靠个人单打独斗，难成气候。经营者需要好搭档，搭档关系不能基于利害，重要的是同心同德。

话是这么说，但在美国要找到可靠的合作伙伴相当困难。

大家发言中谈到了这一点，有美国朋友邀请你出资合作，说有赚钱的商机。但你一旦出资，他又不认真经营，经营不善，资本金又不肯返回。

人种不同、宗教信仰不同，又只谈金钱上的利害得失，在这种人际关系基础上进行商业合作，就是美国式资本主义。所以在美国寻找信得过的合作伙伴十分困难。

然而日本也有类似的情况。昨天还很信任的干部，竞争对手出高薪就可以拉过去，越是有技术、有能力的干部，对手就越拉拢。一旦被拉过去，昨天为止还一起共事的同僚，明天突然成了竞争对手。他们还会把企业的重要情报全部带走，让对方抢得先机。这种情况日本虽不及美国严重，但这样尴尬的事情同样存在。

经营者个人力量总有限度，小企业或许管得过来，一旦做大，无论如何都需要可靠得力的搭档或伙伴相助。

在美国常用出让原始股等办法，就是用金钱刺激来巩固人际关系，最近日本也在学。但这种以满足物质欲望来构筑的关系，归根结底难以持久。可靠的伙伴关系一定是心连心的信赖关系，当然利害也应当一致，但根本还在人心。

"京瓷"的发展靠的就是这种心连心的人际关系。当时虽然我有一点技术，但经营企业根本上还要靠志同道合的伙伴，我坚信企业经营必须"以心为本"。

虽说人心难测，人心易变，但翻阅历史，对自己信服、尊敬的人不惜以死相报，所谓"士为知己者死""刎颈之交"这类故事不胜枚举。难测的是人心，易变的也是人心，但人的心和心一旦相通，心心相印，就无比可靠而且强大。创业之初，我已经领悟到这个重要道理，决定要以这种心心相印的人际关系为基础，去经营企业。

为了做到这一点，首先自己对企业经营必须抱有崇高的使命感，然后将这种使命感用明确的语言，告诉可能成为自己的搭档的干部："我要以这种人生观度过自己的人生，我要以这种哲学来经营企业，您能赞同我的观点吗？"真心诚意，谆谆相告。对方就会说："如果您真的这么想，那么我愿意相助到底。"

结成这种美好的心心相印的关系，除了要将自己的观点坦诚相告之外，经营者自己必须言行一致，为人可靠，值得别人信赖。在具体工作中，在日常的待人处事中，用行动清晰地体现自己的信念。你真心待人，别人也会真心相报。也就是说，首先是经营者构建自己的哲学、理念，然后用它来感化干部，引发共鸣，促使他们成为可靠的合作伙伴。

这种心心相连的伙伴出现一个，增加到两个、三个……如果经营班子有六人，六人都有同样的理念，彼此心心相印，团结奋斗，企业就能顺利发展。对于能够实践"经营十二条"就是具备"自力"的经营者而言，这些可靠伙伴就构成"他力"，支持、支撑经营者的蓝图大业。

2. 取得全体员工的信赖和协助

不仅是干部，而且要全体员工同心协力。要在公司内营造一种气氛，让全体员工都能自觉地积极地工作。办法是通过酒话会等形式，把公司的经营情况和企业的方针告诉员工，提高透明度，同员工们推心置腹："我按照这样的理念经营企业，对员工们有这样的要求，结果就能为大家带来这样的福利。"让员工们理解并产生共鸣："为了这样的社长，我们拼命工作，值！"

四、第二种他力——宇宙、自然之力

1. 相信因果法则，就能借到宇宙、自然之力

简单归纳一下，经营必需的第一种力量，是经营者自身的力量，即"自力"，经营者必须具备全面实行"经营十二条"的能力。

经营必需的第二种力量，是他人之力，即"他力"。包括两个方面：一是与经营者匹配的搭档、伙伴，或者重要干部。经营者要物色、提拔和培养这样的人才，让他们全力协助自己。二是接受公司理念，努力奋斗的全体员工。

经营必需的第三种力量，也是"他力"。但这种"他力"与第二种"他力"不同，不是他人之力，而是伟大的宇宙之力、自然之力。如果能够借用到这种"他力"，幸运就会光临，就是说时来运转。这样说似乎有点神秘，实际很单纯，就是我经常跟大家讲的因果报应的法则。

思善行善，持之以恒，命运就会向好的方向转变；相反，想坏事、做坏事，命运就会向坏的方向转变。善因生善果，恶因结恶果，这样的因果法则，乃是宇宙的真理，俨然存在于冥冥之中。相信因果法则，思善行善，就能得到好的结果，伟大的宇宙之力、自然之力就能为你所用，成功将不可阻挡。

2. 所谓"善"就是感谢和利他

要获得宇宙之力、自然之力，就必须遵循因果法则，思善行善。

那么"善"是什么，什么是"好事"呢？简单讲就是感谢和利他。利他就是有利于他人，就是同情、慈爱，就是佛教所说的慈悲。

这种利他心，与感谢之心紧密相连。只有感觉到自己是幸运的，才会对周围抱有感谢之心。对森罗万象的一切事物抱感谢之心，本身就是美好之心，就是良心、善心，有这种感谢之心，自然就会利他，产生慈爱之心。

什么是"善"？不必使用烦琐的词语来解释，只要有感谢心和利他心就够了。

所谓"恶"与此相反，充满利己心，只要对自己有利，可以不择手段，比如贪欲之心就是"恶"。

总是抱着利他心、感谢心去工作和生活，就能获得宇宙之力的帮助，得到好运。相反，一切从利己心出发的利己主义者，往往做什么都不如意，不顺利，最终是不可能成就事业的。

（本文由曹岫云翻译、陈华蔚校正）

我的经营哲学实践——人生的意义

——稻盛和夫在南京第二届中日企业
经营哲学研讨会上的讲演

今天，日本经营哲学研究会的成员们从中国各地集聚这里，济济一堂。能够在这样的盛会发表演讲，我感到无比的荣幸。

首先，让我对江苏省企业管理协会的陈华蔚理事长表示感谢，为了这次会议的召开，陈理事长作出了巨大的努力，同时我对日本经营哲学研究会的诸位成员也表示衷心的感谢。

日本经营哲学研究会已在江苏、天津、山东成立，今后还将在中国各地陆续成立，我衷心希望涌现出更多的优秀企业家，为各地区乃至中国的发展作出应有的贡献。

在去年的第一届中日企业经营哲学研讨会上，我以《企业发展为何需要正确的经营哲学》为题，就经营理念、经营哲学的必要性做了发言。今天，我想换个话题，以《人生的意义》为题，讲一讲我的人生观。对于肩负众人人生的诸位经营者，如果我的发言能够为大家提供一点参考的话，我将感到十分高兴。

因为有些与会代表是初次见面，所以请允许我做一下简单的自我介绍。

我于1932年出生在日本最南端的鹿儿岛，大学时主修无机化学，曾经作为一名技术员，在日本京都的一家电磁制造公司就职。然而，由于我自己有一些其他的想法，所以在我27岁的时候，创办了专门生产精密陶瓷零部件的"京瓷公司"。

虽说创业时白手起家，但是我开发的精密陶瓷材料被产业界广泛接受，所以我力求在各个领域加以运用。

经过了40多年，今天的京瓷从生产各种精密陶瓷零件、电子零件到生产通信设备、打印机、照相机等，已成长为在日本具有代表性的厂家之一。

在中国的上海市、东莞市石龙镇，还有贵阳市也设立了生产基地，制造电子元件、照相机、打印机、复印机、便携电话等产品。

在日本，还有一家我创建的KDDI公司，京瓷是其最大的股东，从事长途电话和移动通信业务。在新加入的通信企业中居于首位，目前在日本国内仅次于NTT，成长为第二位的通信企业。此外，在企业集团中还有宾馆业、经营咨询业、娱乐业等企业群体。

就这样从原材料开始，到零部件和设备、机械制造乃至服务业等一条龙展开，形成了世所罕见的企业群体。

如果将我所经营的企业集团的销售额合计起来，2001年3月期的年度销售额达到4兆日元（约2 500亿人民币）左右，实现税前利润约5 000亿日元（约312亿人民币）。

另外，在日本，由于很多中小、中坚企业的经营者之中有想要学习我的经营哲学之愿望，因此从 1983 年开始，我就以义务奉献的形式创建了传授经营哲学的经营塾——盛和塾。现在，这个盛和塾以日本国内为中心已经发展到 55 个，塾生扩大到 3 000 人左右（截至 2002 年）。

同样在中国也承蒙邀请，我参加了在天津和乌鲁木齐召开的企业管理国际研讨会，并有幸做了主题讲演。去年天津、江苏、山东的日本经营哲学研究会的诸位在天津联合举办了第一届中日企业经营哲学国际研讨会，今年是第二届，我都参加了。

在上述研讨会的讲演中我曾说过，我认为在经营中至关重要的，是确立企业的理念和思维方式，并且使其为全体员工所共有。

一般说来，人们往往只注重资金和技术能力，以及先进的设备和优秀的人才，容易轻视理念。因此，仅凭这些来凝聚员工们的力量并引导企业走向成长发展，是很困难的。

为了充分调动全体员工的积极性，统一全体员工的前进方向，凝聚所有的力量，就必须拥有一个得到全员理解、从内心里感到共鸣的企业理念。

现在回想起来，在创业不久时便确立了这样的经营理念，并力求使之为全公司所共有，才有了统一方向推进企业各项活动的结果，使无资金、无技术和设备、人才又很欠缺的京瓷，能够发展到今天。

我想，人生也是同样，在人生中也有引导人们走向成功并使之长久持续下去的思维方式。

接下去要讲的"命运与立命"的话题，是我作为技术者，也作为经营者，在面对各种各样的困难并努力将其克服的人生之路中体会出来的，是我的人生观。

虽说只不过是邻国一个经营者的体验，但是起源于"为人之最基本姿态"的我的人生观，如果能够得到会集于此的将肩负中国未来的诸位经营者的理解，我将感到无比荣幸。

我认为"命运"是人们各自与生俱来的。命运之中，既有个人的命运，也有其家庭的命运。另外还有其所居住的地区的命运、国家的命运以及地球自身的命运，在家庭、地区、国家、地球这些更为广泛的命运之上，漂浮着个人的命运。

在尊崇合理性、以科学技术为基础的现代社会中，这样的"命运"是容易被当作非科学而被拒绝接受，很多人对命运的存在表示怀疑。

但是我们人类直到近代一直都相信命运的存在。于是，因为想要了解既定的自己的未来的强烈欲求，而创造出了各种各样预知未来的方法。比方说，中国自古以来"易学"便很发达。在欧洲占星术很发达，在印度也是如此。

生活在科学技术发达的现代社会的我们，追求着事物的实证，因此一直受到这样的教育，即人生所遭遇的各种事情现象，并非命运所造成的，而是偶然的产物，可以用概率论来说明。偶然重叠起来的结果遭到交通事故，偶然被细菌侵袭而生病，所谓人生就是这样的偶然集聚而成的。

然而，人生至此，我开始渐渐地意识到：如果理解了我们的人生中自身的命运俨然存在的话，岂不是更能准确无误地度过人生？出生之时，自己独自的命运便已存在，如果这样思考的话，不是能够更为努力地度过人生吗？我开始这样想。

"在不为自己所预知的命运中，只有拼命努力前进"，无论自己命运如何，姑且接受，在此基础上尽力而为，这样能够使人生好转，使其过得更加美好。关于这一点，我想在后面加以详细说明。

我将命运比作编织人生的经线（纵坐标），而纬线（横坐标）则是"因果报应的法则"。所谓"因果报应"，指的是想好事、做好事，就会产生好的结果，想坏事、干坏事，就会产生恶果。这种见解是以佛教思想为基础的，构成人生的纬线。

在"命运"的经线和"因果报应"的纬线所交织而成的人生中，我认为与命运相比，因果法则影响人生的作用更为强烈。也就是说，我认为运用因果报应的法则，命运也能够改变。

有一本中国的古典著作，浅显易懂地说明了用"因果报应的法则"可以使人生得以改变。这本书叫作《阴骘录》。《阴骘录》是一个名叫袁了凡的人在距今 400 年前的明代所著，但是给了我们这些现代人非常宝贵的启示。

我向大家介绍一下这本书的大致情节。

袁了凡幼年时期，做医生的父亲去世，母子二人相依为命。在一天的傍晚，了凡遇到一位行游老人、这位老人对他说："我受天命要将易经的真髓传授给你，因此从南方专程来找你。"因为老人要求借住一晚，于是了凡将老人带回家。这天晚上，老人在了凡的面前，开始对他母亲说："虽然你希望这孩子成为医生，但他不会成为医生。随着长大他将参加仕途的科举考试，走上仕途。"

　　袁了凡多大年纪参加何种考试，于多少人中以第几名被录取，年轻时便被任命为地方官员，从此飞黄腾达，结婚但无子，最终于 53 岁时去世，老人这样向了凡预言了他的未来。不可思议的是，这以后，了凡确实走上了如老人所预言的人生之路。

　　终于当上地方长官后，了凡听说南京近郊有座栖霞寺，其中有位称为"云谷禅师"的了不起的长老，于是去拜访这位长老。长老邀请年轻的地方长官"一起坐禅"，于是两个人一起盘腿打坐。了凡无念无想，坐禅非常出色。云谷禅师非常钦佩，这样对他说："您的坐禅真是太出色了，连一点利己心和妄念杂念都没有，是在哪里修行的呢？能够达到这种豁然的心境，想必是经过很艰苦的修炼吧？"

　　了凡回答说："不，没有在哪儿修行过，只不过小时候听过一位行游老人的话，人生直至今日都如他所预言的那样，因此事到如今，从未想过要去做这做那。人生如同那位老人说的一样，所以没有必要去费心苦恼。因为结了婚也不会生儿育女，到 53 岁寿命就到头了。"

　　听了了凡的话，云谷禅师勃然大怒："我本以为你年纪虽轻，却有着毫无利己之心的美好心性，真是杰出之人，没想到你竟然是一个糊涂虫。人虽然有所谓命运，但绝不是无法改变的。命运并非宿命，而是可以改变的。"

　　云谷禅师这样说着，开始向了凡讲解可以改变命运的因果报应的法则："如果能够想着对他人、对社会有益的事情，多做好事的话，你的人生一定会改变的，而不是行游老人所说的那样。即使从现在起也还不迟，请立刻这样去做吧。"

了凡是个坦率的人，他把云谷禅师的话转告给妻子："今天在寺院被长老训斥了，他说命运是可以改变的。我想从今天开始为他人、为社会多做些好事。"

妻子似乎也是一个纯朴的人，赞同他说："可是，你一个人来做善事难免没有把握，让我和你一起来做吧。"于是两个人每天都做下记录，相互勉励，努力做善事。

结果，本来说是命中注定无子，可是两个人不仅生下了孩子，了凡也很长寿，活到了70多岁。基于这样的经验，了凡写了《阴骘录》这本书。对于命中注定没有的孩子，了凡这样说：

"孩子呀，在遇到长老之前，不但你没有出生，我命中注定在53岁也将死去。可是像长老所教诲的那样，做好事，想好事，结果生下了你，我现在70多岁，身体还这么结实。命运真的不是宿命，而是可以改变的，这就叫作'立命'啊。"

如同刚才所说的那样，命运作为人生的经线而存在，纬线则是因果报应的法则。想好事、做好事，就会产生好结果，想坏事、做坏事，就会产生恶果。通过利用这条"因果报应的法则"，命运也将会得到改变。

虽说我举了这个例子，但是大家可能会想：实际在社会上，即使做善事，不也是常常不会出现好的结果吗？的确，放眼世上，有的人虽然拥有美好的心灵，却看不出他有多幸福。反过来，大家认为是坏人的，却往往变得非常有钱、非常有名。碰到这样的事情，就会觉得"因果报应的法则"是不可信赖的了。

我自己在年轻时也经常这样想。如果"因果报应的法则"就像1+1＝2那样，有一个单纯明了的整合性的话，谁都会相信它，并努力去做善事。但是正因为看不出来，所以谁也不想相信其法则的存在。

为什么没有出现与思想和行动一致的结果呢？这就是因为有命运的存在。比方说在命运极其恶劣的时期，即使想好事、做好事，也不会产生好的结果。命运的坏影响与因果报应的法则产生的好处相互抵消，结果没有发生什么变化。

另外，有的时候，在命运特别施以恩惠的时期，即使想一些坏事、做一些坏事，但命运一方也会带来非常好的结果。由于这样，"因果报应的法则"便不被人所信赖了。

"因果报应的法则"不被人所信赖，另外还有一个重要因素。这就是在"因果"即原因与结果之间，存在着时间上的偏差。因为今天所想所做的事情，不一定明天马上就会呈现出结果，所以"因果报应的法则"十分不易被人所信赖和接受。但是从长期的角度来看，"因果报应的法则"是成立的。

注意到这一点，是在我读了《西尔弗·帕奇的灵言集》这本书的时候。在英国的医师召开的降灵会上，自称为西尔弗·帕奇的印第安灵魂常出来谈各种各样的教训。在那里关于因果报应的法则，西尔弗·帕奇是这样说的：

"你们不太相信存在因果报应的法则吧，也就是说不相信想好事做好事就会出现好结果，想坏事干坏事就会出现坏结果。可是，在我这样存在于另一个世界的人看来，这是分毫不差的，干坏事的人会有恶果，做好事的人会出现好结果。把现实和那个世界合在一起看的话，一点都不差地完全一致。"

读到这一部分的时候，我心中积攒多年的疑问被解开了，心中豁然开朗。人生中存在着"命运"与"因果报应的法则"的相互作用，进而加上出现时间的偏差，因此看上去并没有整合性。但是如果把那个世界包含进来，从长期的角度来看，因果即原因和结果一定是符合的。

我从事经营 40 多年了，如果回顾这期间遇到过的经营者们，做过坏事的人还真是会遭到报应，思善行善的人过着美好的人生。

以 5 年或 10 年的跨度来看，会出现这样的情况，那么坏的人怎么会过得那么一帆风顺呢？那么懒的人怎么居然会取得成功呢？但从 30 年、40 年的跨度来看，大体上还都合乎道理。纵使年轻时获得成功，极尽荣华富贵，忘记谦虚，傲慢无礼的人，基本上都走向破灭，这是十分清楚的事实。"命运"与"因果报应的法则"所交织而成的人生，如果不从长期的角度来看，是不会发现它的真实状况的。

那么，"命运"与"因果报应的法则"相互交织，如果我们的人生是这样被决定的话，我们应该采用什么样的态度来面对人生呢？

"命运"与"因果报应的法则"所交织而成的我们的人生，释迦牟尼是用"诸行无常"这句话来表现的。自己面前发生的所有事物都是千变万化，变幻无穷的。比方说，就像本以为身体健康却突患大病一样，人生波澜万丈，万事万物都不会长久，这就是所谓"诸行无常"。

"因无常而生烦恼"，因为人生并非一成不变，而是波澜万丈，所以释迦说人生充满着苦难，度过人生就是一种苦行。那么我们应该抱着怎样的想法、采取什么样的态度来对待这样变化莫测的人生呢?

人生既有遭遇残酷苦难之时，也有令人钦羡的幸运惠顾之时。无论何时，最重要的乃是"抱有感谢之心"。无论遭遇苦难，还是有幸运惠顾，对此表示感谢是最为重要的。

在遭受灾难的时候致以感谢，这是很难做到的事。一般说来，人总是首先会怨气满腹："为什么偏偏是我遭到这样的不幸呢?"对赋予自己悲惨和灾难的上天与神灵表示感谢，这不是轻易能够做到的事情。

但是，无论遇到什么样的命运，都应该不哀叹，不怨恨，不沮丧，不抱怨，而要一直豁达地向前看，谦虚而不骄傲，更加坚持努力，以感谢之心度过每一天。以这样的心情对待人生是非常重要的。

被幸运惠顾的时候，也许大家都会认为应该感谢，但实际上并非如此。即使被幸运惠顾，认为是因为自己付出了相应的努力，遇上好运气也是应该的，有时还会认为凭自己的能力，获得成功是理所当然的，甚至觉得还远远不够，认为应该更富裕，应该更出名，这就是人的可悲之处。

另外，遇到好运时，感谢上帝和神灵的恩赐，应该抱着尽量与周围的人一起分享自己的幸福心情才对。但是，实际上并非如此。人的欲望是无止境的，总想进一步扩大自己的欲望，这就是所谓的人性。

近来在日本，往日展开宏大的事业、作为著名经营者受到社会尊敬的人，晚年走向没落的例子在报纸上屡见不鲜。每当看到这样的新闻时，我便感到十分痛心。

人生中获得成功之时，应以什么样的方式来对待呢？正是因为对此不了解，沉醉于成功，迷失自己，沉缅于荣华富贵后走向没落。

我想这种情况不只存在于经济界。掀开古往今来的历史，许多英雄豪杰都是在极尽荣华富贵、咏叹繁荣之时，由于骄傲自满而埋下了衰败的种子，从而走上没落之途。

我们虽通过历史对此有所了解，却在自己的人生中忘记了这些。人生只有一次，本应必须度过美好的人生，可是却沉醉于成功的美酒，让自己沦落到悲惨的境地。每当看到这样的人，我都会想："为什么不去学习人生的法则呢？"对此深感痛心。

人生中最重要的就是，无论遭到什么样的灾难，遇到什么样的好运，都应该谦虚地以感激之心接受，豁达地努力生活下去，只需如此。只要牢记这一点来生活，就一定能够度过美好的人生，可是人们却往往最终采取一意孤行的生活方式。

为何思善事、行善事就会产生好的结果，思恶事、行恶事就会导致恶果呢？因为我自身是一个技术者，所以就把此原理联想到宇宙开辟之时的状况，做如下理解。

一小块超高温、超高压的基本粒子经过大爆发，形成了今天的宇宙。宇宙至今仍在继续膨胀，这已是现代物理学的定论，即大爆炸理论。原本只不过是基本粒子的物质经过大爆炸，在膨胀的过程中反复结合，实现成长发展，这就是宇宙开辟的情形。

物质中最小的原子是氢原子，它的构成是这样的。原子核的外侧有一个电子在转动，原子核是由一个质子、一个中子和一个介子而构成。

通过介子的力量，质子和中子结合在一起构成原子核，而质子和中子以及介子也是由复数的基本粒子所结合而成的。也就是说，基本粒子结合起来构成质子、中子和介子，再由它们构成氢原子核，在此捕捉到一个电子，这就是最初氢原子的产生。

接着，宇宙中最先形成的氢原子发生核聚变，产生氦，然后接连不断地发生核聚变，形成稍重的原子，这样就形成了周期表中的一百多种原子。

接下来原子相互结合构成分子，进而分子也相互结合形成高分子，在此遗传因子 DNA 也被带进来，原始生物出现了。生物进一步不断进化，直至产生人类。

原本宇宙的起源只不过是基本粒子，将原子拆开最后得到的最终的物质就是基本粒子。宇宙中开始虽只存在基本粒子，却以大爆发为契机，基本粒子相结合形成质子、形成中子、形成介子，这些相结合构成原子核，在此一个电子被捕获从而生成氢原子。氢原子发生核聚变，变成更重的原子，再进行核聚变再变成更重的原子。原子也相互结合构成分子、高分子，就这样直至出现高等生物人类，这就是宇宙。

即使是基本粒子和原子这样的无生物也在进化成长，这样思考的时候，就不得不承认宇宙中存在着这样的法则，如果用拟人的说法，宇宙间有这样的意志存在。

从原本只存在的无生物，诞生了有机物，孕育了生命体，直到产生人类。如果宇宙中没有怜爱万物，促使其发育、成长的强烈"意志"存在，对这种现象是无法作出说明的。也有人将其形容为"宇宙之中爱是无所不在的"。也就是说，宇宙中流淌着怜爱万物、促使其发育成长、充满温柔的"意志"。

我认为，我们的思想是否与这种"宇宙的意志"相一致，这决定着事情的结果。当我们抱有"愿他人都变好"这样的好想法时，就会与怜爱万物、促使其发育成长、充满温柔的"宇宙的意志"相一致，带来好结果。自己好就行，别人鄙视也好，拖后腿也好，只要自己好就行，这样的邪念，在宇宙中是不存在的。基于这样的邪念的行为，是与宇宙的潮流背道而驰的，会招致悲惨的结果。思善事、行善事就会产生好的结果，这条"因果报应的法则"的成立，我认为是起源于宇宙的存在方式。刚才所说的，通过"立命"能够改变自己原本与生俱有的"命运"，这就是因为有效利用了宇宙的这种强大的力量。

这样一来，就会出现这样的问题：宇宙中存在的人类是为何生于这个世界呢？人生的目的、人所存在的意义何在呢？

本来，人并不是自诞生起就拥有自己的意志的。父母双亲赋予了生命，在不知不觉中来到了这个世界。也许有人认为，生于这个世界是一种偶然，人生并不存在什么目的，而且并不是每个人都有其存在的意义。

但是，我并不这样认为。我认为，人的存在是必然的，在人生中存在着明确的目的和意义。

我想学物理的人都了解所谓的"能量守恒定律"。就是说，无论发生什么样的物理或化学变化，宇宙全体的能量都是永恒不变的。也就是说，即使是一块质量微小的石头，对于保持宇宙微妙的平衡来说，也是必不可少的存在，宇宙之中不存在毫无价值的物质。

而且，在生物学中有"食物链"。例如，草食动物以在光合作用下生长的植物为食物，肉食动物以草食动物为食物，而肉食动物最终又回归于土地，促进植物的生长。假如构成食物链中的一种动植物灭绝的话，食物链整体将被破坏而不再存在。食物链正是以这样一种微妙的平衡为基础，绝不存在不必要的动植物。

总之，从自然科学的观点来看，宇宙中存在的万物，都有其必然性，万物存在本身就有一定的价值。何况人拥有深奥的智慧、坚强的意志、丰富的感情，从事着高度的精神活动。如果连路边的石头尚且有它存在的意义，我想人定会有其更高层次的存在意义。

人存在的意义究竟是什么？富有出色的智能、能够建筑高度文明的人类，应该有着与其相应的崇高的存在意义，我想这个意义就是对于宇宙万物施以善行。只要认为是对社会对人类有益的事就毅然地去实践，我想正是这样一种致力于利他、友爱、慈悲的行为，才使得人的价值得以进一步升华，使人生更富有意义。

比如，即使牺牲自己也要为家人为朋友而尽力；为那些无依无靠的老人、不幸的儿童做一些力所能及的事情；或是从事企业的经营，为众多的员工获得精神和物质两方面的幸福而努力；通过增加雇用和纳税，或者通过促进科学技术的进步，为国家和社会的发展作出贡献等诸如此类。

但是，人往往易把出人头地作为自己的人生目的。进入一流的大学，就职于高官、政治家等社会高级职位，想立于他人之上。而且，在学术界、艺术界也希望得到学会的高度评价，期望得到社会的广泛认可。诸如此类，人首先以"追求功成名就"为人生的目的。

然而，无论怎样功成名就、出人头地，获得了多高的地位、充裕的财产和社会名誉，终究要有一死，不能把它们带到黄泉路上。我想，人在死后放弃肉体后唯一留存下来的只有灵魂。

若是只有灵魂能存留下来的话，我希望留存一个丰富、美好的灵魂。我想这不正是人生的目的吗？建立地位、赚取财产、赢得名誉等也很重要，但这些绝不是人生的最终的目标。

随着年龄的增长，当走到了人生的最后阶段时，如果被认为"那人与年轻时比较起来，人品变好了，成了非常高尚的人"，我想这难道称不上人生中的真正的功绩，真正的勋章吗？

也就是说，在人生中，应该为"提高心境""净化心性""纯洁心灵""磨炼心志"而努力，应该让美丽的灵魂、高尚的人格得以升华。如未加工的矿石一般，经过后天的磨炼而成为人格高尚的人。我认为这正是人生的意义。

那么，如何磨炼自己呢？那必须经过人生的考验。我不知道有哪一位获得成功的伟人未曾经受过考验。使日本走出封建社会的变革明治维新的功劳者之中，有一位名叫西乡隆盛的人。

这位西乡在人生过程中经历了各种各样的考验。年轻的时候曾追随挚友投身大海，只有西乡一人生存下来。他曾经触怒君主，两次被流放孤岛幽禁。

但是，即使在那样的逆境之中，西乡依然通过阅读中国的古典名著，苦学"阳明学"，从未放弃提高自己。忍受苦难，甚至以苦难为食粮，不断地努力磨炼自己的人格。

在那以后，得到赦免出岛的西乡，作为一位兼备高尚品格和渊博学识的人物，终于赢得了人们的信誉和声望，成为革命的中心人物。这位西乡作为遗训留给后人这样一句古诗"几经辛酸方志坚"。他明白，人经过几番考验，人格就得到几番磨炼。

我想，就拿长眠于南京近郊中山陵的"中国民主革命之父"孙文先生来说也是同样。孙文年轻时曾立志革命，多次举兵都以失败而告终。然而，据说孙文先生即使遭受这样的考验仍旧满怀着救国的热情，至死顽强地追求着自己的理想，为实现理想而奋斗。

遭遇到考验和磨炼时，如何去面对，是人生中最为重要的。孙文、西乡的人生对此作出了最好的示范。面对苦难时，是被打败而妥协呢？还是做到克服苦难，加倍努力？我认为这是作为人，其人格能否成长的分歧点。

我认为，这种考验不仅仅只是刚才所说的一般的苦难。对于一个人来说，辉煌的成功也是一种考验。比方说，事业获得了成功，获得了地位、名声和财富。人们见此，投以羡慕的眼光。但是，这也是自然所给予的严格的考验。

成功之后，如果奢于地位，醉于名声，溺于财富，怠于勤奋，那么人就会走向堕落，断送掉人生。可是，如果能够以成功为食粮，朝着更高的目标谦虚地不断努力，人生将会更加辉煌。

正如中国的古典《尚书》所云，"满招损，谦受益"。虽说都是获得成功，但由于一念之差，以后的人生却有天壤之别。这真的就像是自然给予人一种成功的磨炼，用以考验他，我是这样认为的。

也就是说，人生是大大小小各种各样苦难和成功的连续，其每一件都是一种考验。事业顺不顺利，是健康还是总在生病，运气是好是坏，围绕我们四周的所有的环境，都是上天所安排的，是为了磨炼我们的灵魂而赐予我们的，应该这样来理解。从这个意义上来说，人生就是"灵魂修炼之所"。

作为经营者，我想大家曾为不期而至的灾难而愁苦，也曾为未曾预料的侥幸而惊喜。在这样的时候，我希望大家面对苦难，精心励志，对于成功也做到谦虚不骄傲，踏实认真地不断努力。我相信，经过这样日复一日的钻研，灵魂将得到磨炼，诸位的人生也一定会变得更为广阔。

我自己将人生分为三个时期。第一个时期，是从出生到踏入社会的 20 年的准备期间。第二个时期，是踏入社会努力从事工作的 40 年。第三个时期是为迎接死亡的 20 年的准备期间。

因为我认为所谓死亡，乃是灵魂之新的启程，因此将第三个时期的 20 年作为这次旅行的准备期。

那么现在我就在想，通过事业我获得了一些成功，变得有名气了，而且受到各种各样的褒奖，接受了荣誉，这些究竟有多少价值呢？创建庞大的企业集团，获得名誉，获得财富，这些果真是我人生的目的吗？

我曾为了"把京瓷建成优秀的公司、建成值得在全世界夸耀的公司"而废寝忘食地埋头于工作。年轻时，这就是目的。可是在达到这个目的的现在，想想看，这果真是我人生的目的吗？我感到并不是这样。

人生中最为重要的是，为他人为社会做了多少好事。努力从事这样的善举，这才是人生的目的。为社会、为他人作贡献，通过这样去做，心灵变得美好，提高自己的心性，磨炼自己的心志。我想，这难道不正是对生而于世所给予的勋章吗？

进而，正是因为度过了这样崇高的人生，当迎来死亡、灵魂朝向另一个世界出发的时候，我们才能够第一次确实地感受到"我完善了自己的人生"。

但是，我也只是懦弱的存在。尽管理解人生的目的在于提高心性、磨炼心志，可是却怎么也无法到达磨炼心志的境界。虽然我们认为磨炼心志、锤炼灵魂的这种最终境地，是释迦所到达的"悟境"，是崇高而美好的，但我们凡人却无法将灵魂锤炼到这种境地。

但是我想，如果死亡时的灵魂比出生时的灵魂，哪怕只有很少的进步，经过锤炼稍微变得美好一些，人生也是有价值的。还有一些人，带着比出生时的灵魂，变得堕落肮脏的灵魂向另一个世界出发。

与这样的人相比，如果能够多少提高自己的心性，我想就可以说是实现了人生的目的了，因此我虽然力量微薄，但是每天都在进行着努力。

我为了磨炼心志，平日就很用心地去做事情。我将其称作"六项精进"，用于每天的自戒。虽然只是很简单的事情，但我相信，如果认认真真地实行的话，灵魂将得到磨炼，能够度过美好的人生。

第一条，付出不亚于任何人的努力。

所谓"不亚于任何人的努力"，就是指在程度和时间上，付出无限的努力。也就是说，心无旁骛地勤于工作，不断付出无限的努力的工作态度。这是包括事业与人生的所有一切的根本所在。

第二条，谦虚戒骄。

一般来说，人们认为不知谦虚、"只要自己成功就行"这样专门利己的行为，排挤他人谋求生存、桀骜不驯的人能够成功。

绝不是这样的。就像刚才所说过的一样，这样的人，即使能够获得一时的成功，但是不知何时就会走向衰败。另一方面，只有那些虽然身体内蕴藏着燃烧的热情，却总是谦虚诚实地生活着的人，才能够得到上天的帮助，终有大成。

第三条，天天反省。

检查自己的行为与思想，如果是作为人，有不正当之处、感到羞耻的事情，哪怕只有一点也要深刻反省，尽力将其去除。

我自身在入睡之前，必须回顾这一天，自问自答：今天究竟"是否有过自私自利的行为""是否陷于傲慢""是否有过卑怯的行为""是否有过什么失礼的地方"等。

虽然我没有达到最终境界，但是通过这种做法，我想自己的灵魂也不断地得到了磨炼。

第四条，活着就要感谢。

我认为"报以感谢"这对于人生来说是非常重要的。人们常常感到不满足，因此总是存在着不平与不满，这是由于无止境的欲所不厌的欲望所引起的。

欲望本来就是人为生存而不可缺少的东西，但它决不能超度。我认为，我们应该想一想"知足"。我认为只有有了"这样不是足够了吗?"这一"知足"的想法，人才能够感到幸福，对于自己的生存，也能够从心里报以感谢。

第五条，积善行、思利他。

中国的古典《易经》中，有句话叫"积善之家，必有余庆"。意思是说世世代代积累善行的家庭，直到子子孙孙都会受到美好的回报。这正可以表明刚才所说的"因果报应的法则"。

有其果，则必有其因。哪怕很少，但只要思善事、行善事，就会积下善因，这样的人生总会带来美好的结果。

尤其是不断积累"为社会、为他人"，这样基于"利他之心"的作为人最崇高的行为，将会磨炼人格，与此同时人生也将更加辉煌。

第六条，不要有感性的烦恼。

我认为，不要因为活着或是因为拥有肉体，而产生的感性的烦恼来烦扰心境。

人生活在现实世界中，会遇到很多烦恼困惑的事情，被这样的事情以"情"即感性所困扰，是什么问题也解决不了的。越是艰苦，就越应该用理性来合理地思考解决办法。

　　为了解决问题，我自己也在苦思冥想作出对策，并果断地加以实施。如果做到了这一点，其结果只能是"尽人事，听天命"了。可是其中也有一些人作出对策并加以实施后，总想"能否顺利呢"。另外还有人因其结果是凶，而更加烦恼。

　　"泼出去的水，不复返"，与其纠结于过去的失败，不如面向下一步致力于更加积极作用的新事业，豁然地向前，付出超越至今的、坚持不懈的努力。如果真的如此努力的话，其"命运"必将趋向好转。

　　实际上，如果大家能够按照我所讲的"六项精进"每天付出努力，提高心性、完善人格的话，对于事物将会分辨得更清楚，这样就不会有什么失败，事业也会比较顺利向前推进。

　　比如说，利令智昏、一意孤行地从事工作的人往往会被轻而易举赚取暴利的话语所迷惑吸引，其实那些话里却有一个大陷阱。我们能够看到这样做很危险，可是利令智昏的人看不到这个大陷阱，果然陷入其中，蒙受莫大的损失。

　　另一方面，努力做到刚才所述的"六项精进"、提高心性的人，因能抑制欲望，能够清楚地看到赚大钱的前面隐藏着陷阱，因此可以避开陷阱，使工作一帆风顺。

　　再者，如果远离赚大钱的念头，坚持踏实努力的话，即使自己并不刻意去追求，从对方那里，也将会有重要的商机突如其来。这真是不可思议的事。

　　如果只考虑自己的利益，便会利令智昏，被蒙住视线。如果与欲望保持距离，以纯净之心观察，事物就会现出其真正的面目。那么，自己应该选择什么样的道路，这就十分明确了。

这样一来，即使"诸行无常"遭到各种各样的考验，始终能够作出正确的判断，并能够以美好的"航海"，一帆风顺地度过"人生之海"。

今天，我向大家讲了我所思考的"人生的意义"，这是我基于40多年经营实践而得出的东西，对于拥有众多员工并肩负其人生责任的企业经营者来说，如果能够起到一些指点的作用，我将感到非常高兴。

最后祝愿聚集在此的诸位经营者，今后进一步认真地从事企业经营，取得辉煌的业绩，为中国社会的经济发展尽心尽力。同时也祝愿诸位作为经营者进一步提高心性，不仅为自己，也为众多的员工带来物质与精神两方面的幸福。

以此结束我的讲演。

感谢大家静听。

如何构建"高收益"企业

——稻盛和夫关于构建"高收益"企业的专论

一、何为"高收益"企业

在书报上常看到"某企业是高收益"这种说法，但办企业利润率本该多少才合适，似乎没有人认真讨论。当然利润率越高越好，但利润率究竟多少才算"高收益"企业，好像没人能说得清。

有一种说法，是利润率与行业有关，某行业整体而言利润率高，个别行业就低。比如游戏软件一般被称为暴利行业，事实上，在畅销时游戏软件利润率确实很高，但过了畅销期，利润率却极低，所以不能一概而论说做游戏软件的企业都是高利润率。因此用行业来划分利润率高低不妥。

"京瓷公司"创业第一年，税前的销售利润率约10%。当时一般大型制造业的利润率只有百分之几，在经营环境变化很大的情况下，利润率低，企业就不稳定，疲于应付。所以我开始认真考虑，制造业本该有多少利润率才是合适的。

思考的基准是银行利率。当时我有一个好友是某银行的支行长，记得当初有这样的对话："银行真是赚钱的买卖，钱赚起来轻松愉快，不是吗？"我问这个支行长。一般的回答总是："哪有这回事啊！"可这位支行长是个爽快人，他直言不讳："是啊！稻盛君你也这么想呀！""如果没有准入限制的话，银行这买卖我个人也想干。"

当时看来，银行赚钱好比水老鸦捕鱼一样，把钱穿上线，让钱去游泳，一年一次将线收拢，那钱便带着5%以上的利息来到你跟前。只要把钱贷出去，你什么不干，那钱24小时不停地给你生利息。而另一方的制造业，却要调动所有人、财、物，从早干到晚，额头流汗，才能挣到钱。

当然，银行不可能什么都不干。借出去的钱不能回收就要蒙受损失，因此对贷款对象要详细审查，还有别的劳苦和烦恼。尽管如此，还是制造业辛苦，制造业拼命苦干，结果利润率比银行利率还要低，未免不公平。

"我们经营者运用知识和智慧，员工们运用技术和技能，额头流汗拼命干活，结果利润率只够银行利率，这不是冤枉而且有点愚蠢吗？我们企业的利润率至少要达到银行利率的一倍，也就是说我们应该创造10%以上的价值，才说得过去吧？"我开始这样思考这个问题。在公平的市场竞争条件下，产品价格由市场决定。所谓自由经济，会产生同行业企业间激烈的竞争，只要不是垄断，企业不可能随意用高价出售产品，相同的产品用既定的市场价格销售，企业要获得高收益，只有彻底降低成本。就是说这种条件下，要达到较高的利润率目标，企业除了拼命努力之外，别无他法。

我的结论也许有些武断，我认为办企业税前利润率至少达到10%才称得上经营，所谓"高收益"，利润率要在15%~20%。

那么制造业之外的行业，比如零售业呢？将产品买进卖出，其差价就是企业毛利。比如直接面向消费者的家电产品，要销售往往要做广告宣传，需要一定的库存量，所以毛利不能低于30%，这种情况下，把包括人工费在内的销售管理成本控制在20%之内，就可以获得10%的利润。

这样看来不管什么行业，只要在销售或生产方式上下功夫，认真努力，达到10%的利润率是可能的。

办事业获利润，这是人们汗水和智慧的结晶，只要是靠自己的辛勤劳动，即使利润率超过20%，也没有任何的不妥当。事实上欧美国家许多优秀企业、日本京都许多高技术企业都达到了这种水准。在公平竞争的条件之下，企业获得高收益，那是经营者的荣光，值得赞赏而不是非难。

二、怎样才能"高收益"

企业要获得高收益，应该遵循什么原则去开展经营活动呢？我认为只要贯彻一条非常简单的经营原则，那就是"销售最大化、经费最小化"，企业就能达到高收益。

"京瓷"创办初期，我缺乏经营的知识和经验，不知道怎样经营企业，把会计委托给一位其他企业来帮忙的财务部长。一到月底，我就抓住他，问他这个月收支情况如何，他的答复中夹杂了许多专用术语，让我这个技术出身的负责人十分头痛。

于是我就思考如何把事物的本质予以简化。"既然销售额减去经费剩余的就是利润，那么，只要将销售最大化、经费最小化，作为结果，利润自然就会增加。"想清楚这一点以后，我就一直把"销售最大化、经费最小化"作为经营的基本原则，并认真贯彻实践，结果使得"京瓷"实现并维持了高收益。

经营的常识并非如此，多数人认为销售增加，经费就会随之增加。但为了实现高收益，必须超越这类常识，彻底贯彻"销售最大化、经费最小化"原则，千方百计地去扩大销售，减少经费。

比如某企业现在销售额 100 万日元，为此有一定数量的员工及设备，假如销售额增加到 150 万日元，一般情况下，人员和设备要相应增加 50%。但这种加法式经营，不可能实现企业的高收益。

订单增加 50%，但下功夫提高生产效率，把人员和设备的增加控制在 20%~30%，就等于提高收益。另外当订单即销售大幅下降时，在费用成本上狠下功夫，就能控制利润的下降幅度。这样就能实现并维持企业的高收益。

另外，要做到销售最大，如何定价是一个要点。卖价定得太高，库存会堆积如山；定价低了，产品即使畅销也没有利润，不管如何降低成本，仍然入不敷出。

做生意的秘诀，就在于吃透行情，看出一个客户乐意接受、愿意购买的最高价格，定价是决定事业命运的重大判断，我想最终要由经营者来决断，我甚至强调"定价即经营"。

如果开发出划时代的新产品，因为行业中没有竞争对手，价格可由自己来定，这时就不必采用一般企业的做法，即成本加上标准利润等于价格，而是运用经营者的智慧，慎重地作出价格决断。

这种场合之下，定价基准在于新产品对于客户所具有的价值，就是客人出这个价格购买觉得满意，觉得物有所值，这个价格不必拘泥于成本的大小。独创性的产品中包含着我们的智慧和创造性劳动，包含着较高的附加价值，用与这种价值相对应的价格销售产品，企业就能实现高收益。

(本文由曹岫云翻译、陈华蔚校正)

让科学技术为世人谋福利

——稻盛和夫在日本高分子学会夏季大学的讲演

一、科学技术的功罪

今天我准备谈一谈我自己经历过的"人生与经营"的话题。同时，与诸位一样，我的专业也是化学，我还想谈一谈作为科技工作者，应该具备怎样的人生观。

我们这些与科学打交道的人，通过制造大量的"人工物品"构筑了现代文明。这类人工创造的物品，一方面给人类的生活带来了富裕和方便，但另一方面也造成了地球环境的破坏，大规模的环境破坏甚至可能毁灭地球。

举例来讲，我们合成的化合物氟利昂正在破坏大气的臭氧层。我们制造的农药、化肥污染了土壤、河川及海水。为了维持现代的文明社会所需要的能源，而燃烧能源产生的二氧化碳等气体带来了温室效应，使地球逐渐变暖，等等。

另外，由科学技术发明制造的物质，构成了对人类及各种生物的威胁。比如我们制造的各种高分子材料的废弃物，燃烧后产生剧毒的致癌物质；我们合成的某些化学物质带来了"环境荷尔蒙"，对生物造成危害；对 DNA 的操弄及细胞核移植的"克隆"技术，这一类追及生命本质的技术的发展，威胁到了生命本身的尊严。这些事实众所周知。

二、参与科学技术这一"神业"的科技工作者需要扪心自问

我将科学技术称为"神业"，就是说，本来只有"神"才能运用的高度的科学技术，现在可由我们人类自由利用。插手"神业"的人类，特别是我们科技工作者，需要扪心自问。自问什么呢？就是科技工作者的良心。

我们从事科技工作需要丰富的专业知识，需要具备卓越的研究能力，还需要超人的工作热情，需要做持续不断的努力。就是说，为推进专业领域的研究所必备的能力，再加上顽强的努力，科技工作者就能创造出色的成果。一般的人都这么想。

事情果真如此吗？能力加上努力就足够了吗？否！我们既已参与"神业"，那么我们的"心"，或者说我们的"思维方式""哲学"，或者进一步讲，我们所持有的"人生观"可以说更重要。

三、"思维方式"决定人生结果

我年轻时经常思考一个问题：为什么有的人能成就卓越的事业，有的人却不能？人生到底由哪些要素决定？我思考的结论是：人生及工作的结果由"思维方式""热情""能力"这三

个要素的乘积决定。由方程式表达为：

人生·工作的结果＝思维方式×热情×能力

一般认为，在工作中要取得出色的业绩，或者人生要成功，有充分的专业知识，有专业能力，有工作热情，肯不懈努力，也就够了。但我认为在"热情"和"能力"两项上必须再乘上"思维方式"这一要素。而且"思维方式"这个要素有正负之分。

也就是说，不管你有多大的能力、多高的热情，如果你的"思维方式"是负面的，是负数，那么作为三者乘积的人生的结果就是一个负值。而且能力越强，热情越高，这个负值就越大。比如说有一个人，他很聪明，做事很热情，但他不能理解这个充满矛盾的世界，他走歪门邪道，以偷盗为生，那么他的聪明和热情将带来悲惨的结局。

我年轻时，正值战后"日美安保条约"斗争激烈的时代，青年人充满正义感，对社会的腐败和矛盾深恶痛绝，他们将抗议的锋芒指向当时的政府。但随着时间的推移，一时的热情开始冷却，多数青年逐步顺应了社会的发展。但有少数青年，随着年龄增长却仍不放弃激进的态度，乃至敌视社会，采用暴力恐怖手段报复社会。这些人本来是优秀学生，后来却成了叛逆者被迫流窜世界各地。这些青年有"能力"、有"热情"，但思想没转过弯来，"思维方式"出了问题，使得可贵的人生陷入悲惨的境地。

可见我们的人生不是只靠"能力"和"热情"决定，特别是从长期眼光来看，"思维方式"极为重要。

前面提到，科学家创造的物质，破坏了地球环境，威胁到了生命的尊严。本来，发现新物质，开发新技术，是科技工作者的使命，科学促进社会进步，这是不应否定的。

但是现在科学技术触及了"神业"，科技工作者除了"能力"和"热情"之外，他们所持有的"思维方式"，也就是他们的人格和人生观就格外重要。如果这方面出了问题，他们将科学技术用来危害人类，就有可能导致人类的灭亡，这是极其可怕的。

四、如何建立人类正确的精神规范

物理学可以说是最基础的科学。所谓"物理"就是关于"物"的道理，物理学是研究有关物质的原理原则的一种学问。对于物质的无尽探索，使科学技术发达起来，也使人类的生活富裕起来。

但是我认为，物质的富裕如果没有精神的富裕相伴随，就不是真正的富裕。如果这样说没错，应该有一种学问来研究有关精神富裕的原理原则。

"精神"一词可用"心"这个词来置换，那么研究关于"心"的道理，相对于"物理"这个词，我们立刻会想到"心理"这个词。但是实际的心理学，只是一种研究精神的机能、作用的学问，而不是追究精神的本质，研究正确的精神规范的学问。

那么与物理学相对应的学问，就是说，研究与物质富裕相对应的精神富裕的学问，真的就不存在吗？思考这个问题时，在"物理""心理"之后，我又想起"道理"这个词。

我们常用"讲道理""讲通道理"这些说法，但在中国的道教里，"道理"指的是"天道"，"天道"探究人本来应该是怎样的，也就是指人应有的精神规范。可惜这种"道理"没有形成真正的学问，以致只停留在要"讲通道理"这类肤浅的说法上。

在探索人的精神本质的学问里，不是有"哲学"吗？在欧洲，从希腊哲学开始，哲学家人才辈出。但人究竟应该怎样去生活，正确的人生观对人类具有何等重大作用，这样重要的问题却仍然缺乏明确的答案。

中国的孔、孟思想里，提到了人应该如何去生活。但西洋哲学认为人的本质就在于思考，只要一味去进行"思考"就行了。所以有人这样定义"哲学"：进行思考的这种行为就是哲学。

但我认为，应该有一种学问来研究人类应有的正确的"精神规范"，或者叫"思维方式"。

五、正确的"思维方式"关键在于利人利世

"人本来应该是怎样的""人应该怎样去生活""人应该持有什么样的思维方式"，自古以来，论述这些题目的是宗教及道德。但随着近代文明的发展，人们的宗教信仰开始淡薄。

特别是日本，在第二次世界大战以后，社会出现脱离宗教的倾向，尤其是知识界的精英们，常常以"无宗教"来夸耀自己。

参加欧美有关学会活动的日本学者，常被问及是否有宗教

信仰，如果回答"无宗教"，似乎很丢脸。"下次我就说自己是佛教徒"，我多次碰到这样的学者，他们虽然自称为佛教徒，但从来没有学过佛教，至多在葬礼的仪式方面听听和尚的意见而已。

另外，日本有一段不幸的历史，战前的权势者们，曾经将"修身"这种道德教育作为工具，驱使国民去"忠君爱国"，去支持战争。因此，战后国民对"道德教育"就产生了强烈的逆反情绪。继宗教之后，道德对人在精神规范方面的教育作用，也遭到了唾弃。

换句话说，"人生·工作的结果 = 思维方式×热情×能力"这一方程式中的"思维方式"被忽略了。

持有何种"思维方式"，或者说价值观，这属于个人的自由。战后的民主主义社会非常强调这一点。人在本质上应该是自由的，因此"思维方式"也好，人生观也好，当然也应该是自由的，一百个人有一百条心，有一百种想法也不足为怪。我们将这种见解视作"金科玉律"。

就是说，"思维方式"不当，会给人生、给工作结果带来负值，如此重要的、决定性的要素，却被"个人自由"优先的原则所排斥。若对拥有正确的共同价值观和"思维方式"有所强制，就被视为"法西斯行为"。

但是，"思维方式"果真可以"各人各样"吗？每个人真的可以以"个人自由"为借口为所欲为吗？一开头我就谈到，我们科技工作者所创造的"人工物品"，构筑了现代文明，给我们的生活带来了富裕。但从反面来讲，科学技术又让地球患上重病，对 DNA 和细胞核的操弄甚至威胁到生命的尊严。想到这些，我们不得不对"思维方式"可以完全自由这种观点提出疑问。

当然"思维方式"可以各色各样，但在这各色各样的"思维方式"中，有一点必须是共同的，那就是"利人利世"。不管什么思想、什么哲学，"为他人、为社会尽力"这种"思维方式"必须成为人类共同的价值基础，这一点不容置疑。

特别是从事科学研究的人，在"思维方式"中，"为他人、为社会"，以至"为地球、为宇宙"的理念，今后将更多地被强调。

宇宙本身就具备"利人利世"的意识，宇宙具备让万物协调发展的能量，与这种巨大的能量是否"同调"，决定了我们的人生以及工作的结果，这是我的观点。

六、"为他人、为社会尽力"符合宇宙本身的意志

这个观点可以用最近的物理学的成果加以证明。

宇宙物理学中有关宇宙大爆炸的学说，已被广为接受。超高温、超高压的基本粒子的团块，经大爆炸形成现在的宇宙，而且它还在继续膨胀。

大爆炸后基本粒子结合起来构成质子、中子、介子，从而构成原子核，再同另一种基本粒子——电子组成氢原子，氢原子经核融合又成为更重的原子，就是现在我们从元素周期表中看到的各种各样的原子。原子组成分子，分子组成高分子，其中出现遗传因子 DNA，孕育出原始生命，生命从低级向高级进

化，直至诞生了万物之灵——人类。

宇宙并不是静止不动的单纯的无机物，如上所述，开天辟地 150 亿年来，宇宙不停地进化，方才形成现今这个多彩的世界。

宇宙中存在着促使万物进化发展的法则。换言之，不妨认为宇宙存在着"意志"，这种"意志"一刻不停地引导万物生长发展。基督教将这种"意志"称为"爱"，认为"世界充满着爱"。

"为他人、为社会尽力"，这是宇宙本身的意志。人们的"思维方式"尽管可以自由，但在其根底处，必须具备创造我们人类的宇宙所持有的普遍的"爱"，这种"爱"又可表达为"为他人、为社会尽力"。我们这样做就是遵循宇宙的意志。作为宇宙的产物，我们人类应该具备这样的理念，我从切身经验中坚信这就是人生的真理。

七、我参与通信事业为何能迅速成功

我 1955 年大学毕业，在朋友们帮助下在 1959 年创建"京瓷公司"，1984 年创建"日本第二电电"，接着又成立了子公司"赛露拉"，及移动电话公司。

后来又参与了卫星手机服务的"镭"计划。这个计划由美国摩托罗拉公司提出，我赞同后实施。这个项目投资巨大，总额达 6 千亿日元。利用通信卫星，世界各地都可接通电话，实现全球规模的通信服务。现在正在做最后准备，66 个低轨道卫星全部成功发射，无一失败，朝着开业的目标，各种准备工作都在有条不紊地进行。

像我这样一个没有多大能耐的人，从地方大学毕业，白手起家创立企业时，我手头只有 15 000 日元，正好是当时一个月的薪水。经过约 40 年，现在"京瓷"和"日本第二电电"销售额合计 1 兆 9 千亿日元，税前利润约 1 500 亿日元。连我自己也没有想到，企业居然发展到如此巨大的规模。

那么为什么我能获得这样的成功呢？

八、抱着"利人利世"的纯粹的动机投身通信事业

有人认为，我参与通信事业是出于利益算计，但事实并非如此。

当初，巨大型企业 NTT 垄断了日本的通信市场，为了改变这种格局，日本政府允许有新的企业参与竞争。当时日本的长途电话费贵得离谱，从东京到大阪的电话 3 分钟要花 400 日元。我们从京都往东京打公用电话，10 日元的硬币需要不间断地投入电话机。但是在美国，即使从加利福尼亚往纽约打电话，距离那么远，也只要很少的费用。高度的信息化社会即将来到，如果不能大幅降低通信成本，对日本国民将十分不利。我有一种强烈的忧患意识。

允许竞争，通信事业开始自由化，我期待以"经团连"为中心，日本大企业结成联盟来参与通信事业。但是，NTT 当时的营业额高达 4 万亿日元，而且从明治维新 100 多年来，NTT 在日本全国的角角落落都铺设了电话线路，拥有庞大的固定资产。与这样一个巨人对抗，谁都难免畏惧、犹豫。

在这种情况下，我意识到，日本的大企业即使结成同盟参与挑战，也不过造成一种形式，表面上稍微降价，实质上只是同 NTT 瓜分通信市场，分享利益。国民期待大幅降价，而且企业主要考虑自身的利益，这样就很难展开真正的有效的竞争。考虑到这点，我不由得产生一种冲动：别人不干我来干，我来承担这个使命，来降低日本的通信费用。

化学出身，连"通信"的"通"字也不识，却要参与通信事业，真可谓"有勇无谋"。但是，降低日本国民的通信费用，一心一意，充满正义感，勇敢挑战 NTT，我想日本现在需要这样的人物。

我拜访了 NTT 年轻的技术人员，"为社会、为世人"——志同道合的朋友开始聚集。我与十多位出身于 NTT 的年轻技术骨干夜以继日学习讨论。他们的话我越听越来劲，"无论如何也要干"，我下定了决心。

在"京瓷"的董事会上，我说："我打算参与国内通信事业，并无确凿的胜算。需要投资 1 千亿日元，一旦失败，投资将付之东流。"

当时"京瓷"有约 1 200 亿日元的流动资产，这是"京瓷"创业以来一点一点积攒起来的。尽管辛苦积累的宝贵资产可能丧失，我还是凭借坚定的意志，说服大家同意了我的意见。

可以参与了，这时我自己反而踌躇了，我不断扪心自问："你在京都或许算是成功了，但这回是国家全局性的事业，你是否想在这个大舞台上出风头呢，你成立第二电电公司，目的不是沽名钓誉吧!""你说你是为社会、为世人，是为了降低国民的通信费用。这是出于真心吗？你的动机难道不是为了获得更多的利益吗？"

就这样，有另一个自己每晚向我提问，整整 6 个月一天不缺，每晚临睡前自问自答："你的动机纯粹吗？你真的没有私心吗？"不断在自己内心作自我确认。

经过半年的自我追问，我确信自己动机纯粹，没有私心，就是要为社会、为世人尽力。有了这样的自信，我才正式举手，公开表态参与通信事业。

九、逆风中起步，NTT 真藤社长鼎立相助

举手表态后，社会的反应各色各样，出人意料的是，第一个鼓励我的，竟是竞争对手 NTT 的社长真藤先生。他突然打来电话："谢谢您，您报名参与，太好了。如果没一家肯干，NTT 只好自行肢解了。等了这么久不见动静，我很郁闷。现在您表态参与，真是帮了大忙了。"

紧接着在我后面表态的是当时的"国铁"。"国铁"为了调度列车，具备现成的通信组织，在铁路沿线有现成的通信线路，利用现有基础设施、现有专业人才、现有技术，只要沿着东京、名古屋、大阪的新干线铺设光缆，很快就可以形成通信网络，所以"国铁"也举手参与。

接着是以丰田公司为中心的道路公团及建设省。他们同样可以沿着东京、名古屋、大阪的高速公路侧沟铺设光缆，形成通信网络，所以他们也举手参与。

报纸及一般舆论都认为，上述两公司通信基础设施很快可

以搞定，而"第二电电"没有任何现成的基础设施，虽然第一个举手，但条件方面处于明显劣势，恐怕难免挫败。

如何开辟通信网络成了难题，又是 NTT 的真藤先生在关键时刻给了我们重要的启示。

日本列岛上空，无线的微波线路纵横交错，有 NTT 的，有政府机关的，有自卫队的，有美军的。可以设想从大阪到东京开辟新的微波通信线路，但为此要安装的大型抛物面天线却不是企业自己可以决定的。同时，所用微波的频率范围属于国家机密。新线路与现有的微波线路又不能互相干扰。所以由我们自己来开辟新线路可以说极其困难。

针对这一难题，报纸上刊登了真藤先生的谈话："NTT 尚有一条微波线路留着没有使用，NTT 今后准备铺设光缆，所以多余的这条线路不用也可以。"

就是说，真藤先生通过报纸发表谈话，向我们伸出援手。"第二电电"由此决定利用 NTT 的线路构建微波通信网络。

十、凝聚全体员工的合力才有"第二电电"的成功

依照上述决定，"第二电电"利用日本列岛仅存的这条线路，一座山峰接一座山峰，修建大型抛物面天线。夏天酷暑中承受蚊虫的袭击，冬天冒着冰雪严寒，年轻的员工们意气风发，夜以继日，居然与"国铁"顺新干线沿线、"道路公团"顺高速公路沿线铺设光缆这种简单作业相同的速度，完成了设置抛物面天线的艰苦工作。

"第二电电"一直被视为"劣势"，但结果不但与"国铁"

和"道路公团"旗下的通信企业同时开业，而且营业额、利润始终领先。

按理讲，"第二电电"既没有基础设施又缺乏技术，一开张就被淘汰也不让人意外。但"第二电电"就用"动机善、私心无"这个理念来规范自己的行为，就用"为社会、为世人"尽力这句话来凝聚全体员工的力量，因此获得了卓越的成功。对此，我感到由衷的自豪。

十一、"为社会、为世人"尽力，是人生的最高价值

人生只有一次，人生的最高价值在于"为社会、为世人"尽力，哪怕你只能尽微薄之力。

评价一个科学工作者，不能只看他的学问或业绩，即使他没有傲人的成果，但只要他具备高尚的人生观、人生哲学，只要他"为社会、为世人"作过贡献，我认为，这就是他的功勋，他的灵魂就应该荣获勋章。

在死亡到来之际，我们应得的勋章，不是因为研究成果，更不是因为财产和名誉，而是在现世，在仅有一次的人生中，我们做了多少好事，这才是授予我们灵魂最好的勋章。

十二、科技工作者应该不断严肃地追究自己的"人生观""良心""思维方式"

以科学技术为基础的现代物质文明，发达到了威胁人类自身生存的地步。这并不是说科技工作者干了坏事。他们作了杰出的贡献，构建了丰富的物质文明的现代社会，他们的道路没

有走错。但是科学技术已经发展到这样一种程度，就是说，如果我们把科学技术用错了方向，就会陷人类于万劫不复的境地。

现在我们已经插手"神业"，插手"神业"的科技工作者究竟具备怎样的"人生观""良心""思维方式"，这个问题事关重大。我们应该时时扪心自问，将"为社会、为世人"尽力的信条铭刻于心，我认为这必须成为我们一切研究工作最基本的出发点。

（本文由曹岫云翻译、陈华蔚校正）

如何克服经济萧条

——稻盛和夫在第七届北美组研讨会上的讲演

今天为了举办第七届北美组研讨会，大家从北美各地集中到一起，在此表示感谢。前年我们以《京瓷会计学的基本原则和成为高收益的企业之路》为题进行了讨论，去年我们就《阿米巴经营的目的及其要领》又展开了讲演。

现在，日美的经济环境非常严峻，北美组各公司被毫不留情的经营难问题困扰着。因此今天以《如何克服经济萧条》为本次讲演的题目，我根据自己的经验和京瓷哲学来跟大家谈一谈：不怕萧条的高收益经营。

在具体介绍克服萧条的方法以前，我想告诫大家的是在经济萧条还没到来的时候就要时刻铭记于心的几点。经济陷入低迷不振之后才来说这些可能为时过晚，但正是现在如此严峻的不景气的情况，才给我们提供了认真思考为了克服萧条平时我们应该做好什么准备的绝好机会。所以我想就这个问题谈一谈。

我曾在董事会和国际经营会议上对大家说过："最低也要取得相当于纳税前总销售额 10% 的利润才算得上是经营。我们必须成为利润率超过 20% 的高收益企业。"前年举办的第五届小组研讨会上，在讲义的最后我也以《成为高收益的企业之路》为题谈了要把公司变革为高收益企业，需要付出不亚于任何人的努力，一鼓作气地提高公司收益，也就是说要改变公司的地位。

为什么公司一定要成为高收益企业呢？经济越陷入低迷不振，大家对这个问题应该理解得越深。经济低迷不振，公司的营业额一般都会减少 10%、20%，甚至 30%。过去利润微薄的企业很难继续维持盈利，一变成为赤字经营。拿人体来打比方的话，利润率低的企业其体质是不健康的，病弱的。遇到经济萧条之类的环境的细微变化，就会感冒、得肺炎，马上被病魔折磨。

相反地，在京瓷集团中有利润率高达 20%、25% 的关联公司或事业部。这些高收益的公司和事业部，即使销售额减少了 30%、40% 也能避免陷入赤字经营的危机中。高收益企业的体质，好比那种即使被寒风吹了一会儿也不会得病的健康体质。换句话说，高收益意味着对抗经济萧条的强大抵抗力，具有顽强坚固的企业体质。

另外，高收益企业的内部预备资金也会增加，在公司里储存起不论什么时候都能使用的预备资金。这样一来，遇到经济低迷不振长期持续的情况，收益完全无法提高的状态延续下去的情况，公司也能靠内部积蓄下来的这些预备资金一直坚持到经济恢复。哪怕在饥饿难耐、漫长无期的艰苦时期，高收益企业也能靠积蓄下来的资金力量获得耐力，忍受住空腹的煎熬，坚持到收益终于再次提高的时候。

成为高收益企业，意味着具有不怕萧条的强大抵抗力，还具有萧条长期持续也能生存下去的耐力。因此，真正的萧条对策，不是经济低迷不振之后才采取的，而应该在经济状况好的时候就事先准备好的。换句话说，高收益才真正是对抗经济低迷不振的对策，是对抗经济低迷不振的准备。

但这是不是说不管用什么方法，只要能赚钱就行呢？绝对不是的。现在的美国经济有 IT（信息技术）泡沫经济已经崩溃了一说。20 世纪 90 年代的日本，泡沫经济崩溃，当时遗留下来的不良债务问题等后遗症现在还影响着经济。泡沫经济最盛期，梦想着一下子发个财的投资家们疯狂地把资金投入房地产等行业。

可是，泡沫经济一崩溃，破产的公司和投资家数不胜数。尽管他们曾经赚了很多钱，可是这种没有付出血汗单靠投机就获得百万财富的方法，这样的成功是不会持续多久的。京瓷哲学里有"追求光明正大的利益"的行动指针，公司创建 40 多年，我从来没有参与这种投机活动。

我们拼命努力，力求满足顾客的需求，以自由竞争原则规定的正当市场价格销售产品，通过获取正当合理的利益发展公司。我们作为经营者，不应该靠投机等不正当的方法牟取暴利，而应该付出辛劳的汗水通过追求光明正大的利益，实现高收益的经营。

以上所说的不是出现经济萧条之后的对策，而是日常经营中就应该注意到的问题。所谓经营，不是被不景气逼得走投无路了才开始努力，而是像"有备无患"所说的那样，从平时起就开始为成为高收益的企业而付出全身心的努力。

所以，在面临深刻的不景气的情况下，我希望那些陷入赤字的关联公司和部门的负责人能认真反省一下自己过去为什么没能实现高收益，并在此基础上，把如何早日摆脱不景气的影响，在下一个发展期建立起高收益体质作为最优先课题认真思索。

一、通过全员参与强化营业力

接下来谈一谈经济已经恶化了的当前应该"如何克服经济不景气"的问题。

经济低迷不振后，订货数量理所当然地会急剧减少。这样一来，必然激化与同行业其他公司之间争取订单的竞争，从而导致销售单价的下降。"数量×单价"等于我们的订单金额，也就是销售额，所以数量减少加上单价的下降，销售额必然日益降低。此外，订货数量减少后生产出现过剩，库存自然增加。不仅订货少了，如果依然按照过去的标准生产的话，产量和销售量的差异还会导致公司内部库存、客户库存以及在途库存等库存的增加。

自42年前我创立京瓷公司以来，遇到过好几次经济萧条。最初的一次是刚创业不久。当时公司规模还很小，曾经非常稳定的订货量大幅度减少。面对经济萧条，我当时首先采取的对策是"强化营业力"。

当时的销售人数只达到需要的最低限度，为了争取订单，大家都忙得不亦乐乎。可是以往稳定客户的订单突然减少，要把订货量提高到原有水平，唯一的方法是开拓新客户。而且清除在经济萧条的影响下增加起来的库存，也必须开拓新客户。

为此我着手强化销售队伍，方法当然不是采用新的销售员。当时因为订货量减少生产部门工作很空闲，于是我从生产部门当中挑选合适的人选，把他们调到销售部。这样一来，在原有的销售队伍的基础上，加上从工作变得轻闲的生产部门调来的支援队，试图强化销售队伍。我打算通过生产部门的支援者们和销售员团结起来共同争取开拓新顾客，从而增加订货量。这是在经济萧条时期，公司规模还很小的情况下我采取的最初方案。

生产部门的工作人员的主要工作是制造产品，他们几乎没有和客户商谈的经验。当时也有人认为，这些外行只会拖销售人员的后腿，因而反对这一做法。然而，即使光有制造技巧、没有销售经验和知识，在经济萧条时期没有活儿可做的生产部门的工作人员，也有着一个非常强烈地希望能尽力拿到新订单的愿望。凭着这种热忱，他们就算没有什么销售技巧也能打动客户。对此深信不疑的我，不顾反对，把生产部门的员工送到了销售第一线。

那时，我对调到销售部门的生产部员工和销售员说了这样一番话："光靠走访现有的客户，拿不到新订单。我们要找新的客户。不仅是原有的销售员，今后从生产部调来的各位也加入进来大家一起开拓以前从来没有涉足过的客户。即使不能马上拿到订单，也要先去逐家拜访。即使拿不到订单只要能亲耳听到客户的真心话也是有价值的。能多拿一点儿订单，我们就能多一份力量克服经济萧条。"

新加入进来的生产部门的支援者和原有的销售员两人一组地编在一起，为开拓过去没有和京瓷公司合作过的顾客，开始在全日本展开销售活动。生产部门来的支援者们提着样品箱，和销售员团结起来四处寻找新客源。

在他们无一疏漏地访遍了全日本所有可能成为新客户的公司后，作为共同努力的结果，我们明白了市场的新需求。可能是因为以前我们只是想着"那个公司一定不会用我们公司的产品吧"，结果令客户的需要一直处于沉睡状态，而现在我们终于直接听到了他们的愿望。此外，由于生产部门的技术人员即使是在雄辩的时候也能充满热情地说明京瓷产品的出色性能，客户听了之后产生了"那样的话，不妨试一试"的想法而下订单的情况并不少见。就这样我们听取客户的真实的声音，开发新产品，增加新客户，开拓出了新的市场。

就这样，在经济萧条的时候不仅限于生产部门，还包括技术人员或市场部门，以及总务、人事、经理、经营管理等所有管理部门的工作人员在内，大家都被动员了起来投入销售活动，为争取订单、增加新客户、减少库存而努力。这也只有在订货量减少，工作变得空闲的时候才可能做到。经济状况好的时候，大家都围着手头的客户忙得团团转，根本没有工夫开拓新客户。只有在经济萧条时期，才有增加新客户的机会。

就算新客户数量屈指可数，新增订单也非常有限，也没有关系，最重要的是增加新客源。因为等到经济终于转好时，这些新客户能令我们展开新事业、进入新的市场，这对公司的发展有很大的意义。正因为过去我曾有过数次这样的经验，所以我一直认为：每次遇到经济萧条，京瓷公司就获得了巨大的发展。

萧条就是机会，通过及时把握这一机会，京瓷公司取得了发展。希望身为北美地区干部的各位也一定借鉴这种"全员都是销售员"的方法积极扩大订货量，想办法促进销售。

二、竭尽全力开发新产品

对抗萧条的第二个方法就是竭尽全力开发新产品。

刚才我说到经济萧条时生产部门会出现人手剩余的情况，其实技术人员也会多出许多空余时间。经济状况好的时候，客户的要求应接不暇，技术和生产部门都极端繁忙，几乎没有时间开发新产品。但是经济萧条后，工作都闲了下来，正是尽全力开发新产品的绝好机会。

一般来说，一直繁忙的技术人员们因为有了空余的时间，也会开始考虑以前就想做但是没能实现的事情，"如果能作出这样的产品，客户一定会订更多的货吧"，"开发出这种新产品来，就能打开新的市场吧"。在这样的时候，京瓷哲学里的"具有挑战精神"和"身为开拓者"的行动指针就显得格外重要。

上面提到把生产部门的工作人员调到寻求新客户的销售工作中去，其实这种做法能使我们掌握对新产品的需求，听取新客户的要求，有利于在此基础上开发新产品。毋庸置疑，技术人员们应该积极走访客户，带回新产品的方案或提示，获得用户对老产品的希望和投诉，为开发新产品和创造新市场作出贡献。这是非常重要的。我们作为厂家正应该借经济萧条的机会，以技术队伍为首，销售、生产以及市场营销部门共同协助，全公司抱成一团推进新产品的开发。

此外，经济萧条时期客户方面也有了充裕的时间，也同样为自己的产品卖不出去而苦恼着，所以他们一定也在追求开发新的产品。经济繁荣的时候，带给他们新主意或新产品，他们也许会不感兴趣地说："没有这些我们也能赚钱！"可是到了萧条期他们会认真地倾听。用户方面也觉得应该采取行动，这样一来和客户之间的新产品开发自然能顺利地进行。所以说，只有在萧条时期开发新产品，开展新事业，才是迈进下一个飞跃时期的绝好策略。

前面我提到："每次遇到经济萧条，京瓷公司就获得了巨大发展。"这是因为我们强化了营业队伍，开拓新客户，并且萧条时期开发出来的新产品在下一个繁荣时期获得极大成长，成为推动公司发展的原动力。回顾京瓷公司的历史，会发现"正是萧条时期奠定了京瓷公司发展的基础"。这种说法一点儿也不过分。

其实不仅是京瓷公司，看看公司成长过程，就会发现无论哪个公司都不是一帆风顺地成长起来的。仿佛竹子边形成竹节边成长起来似的，公司是以经济萧条为一个阶段，通过强化体质，做好迎接下一次飞跃的准备而不断发展起来的。希望大家不要忘记这一点，发动全公司投入到新产品的开发当中去。

三、彻底压缩成本

对抗萧条的第三个方法是，对应订货单价下降而采取彻底的成本削减措施。

进入萧条期，就和前面曾提到的那样，客户的订货数量会急剧减少。与之相应地，订货单价也会大幅度下跌。订货单价下降了，如果成本还是一成不变的话，产品销售额中成本所占比例就会不断上升，最终出现赤字。销售价格是不断下降着的，所以我们的成本也必须以同样或者更大幅度的比率下降。这时，我们使用的原材料、辅资材和委托加工费等所有进货价格都要压缩。对应销售额的下降程度，所有的成本都要重新折算，从而彻底实现经费削减。

这种情况下，会出现这样的矛盾。在与同行业其他公司的自由竞争中，订货单价受供求关系的影响自然下跌。可是如果同样任其自由调整的话，成本却不一定自然下跌。这是因为购买材料的时候，进货价格已经固定，即使想和销售方商量调低价格，也往往不是单方面能决定的。现实中常常会碰到这种情况："我们的销售价格下跌了，所以请你们也自动降低原材料和辅资材的价格吧！"可是对方完全置之不理。同样地，委托加工费、公司内部发生的人事费等都不会随着价格的变化自动下调。所以出现了销售价格不可回避地下跌的同时，成本却很难降低的矛盾。

在进入萧条以前就已经和进货商交涉，下调过进货价格的话，情况就更麻烦了。我们很可能会有类似"以前已经好几次获得了对方的协助，现在萧条时期我们的订货数量已经减少了不说，还想大幅度降低价格是不可能的"这样的想法。以前为降低材料价格作出的努力越多，越容易产生"不可能再压价了"

115

的想法。考虑其他经费的时候也是如此，我们往往会认为不能再削减了，结果无法实现成本压缩。

其实越是有这种心理，越应该调动自己的意志力，为削减成本燃烧起我们的斗志。如果被这种状况困扰的话，请大家回忆京瓷哲学里的以下行动指针：

- 追求人的无限的可能性
- 具有挑战精神
- 成为开拓者
- 认为已经不行了的时候才是工作真正开始的时候
- 燃烧斗志
- 彻底深思熟虑到能看到结果为止
- 具有能渗透到潜意识的强大而持续的愿望

只有在这种时候，才有可能实现在常识上看来根本不可能做到的事情。这不应仅适用于经营整体，正因为在萧条期，我更希望大家能真挚地领会这些哲学当中所包含的精髓，以此激发自己的勇气，昂扬斗志。另外，有关这些哲学理念，接下来在讲演的后半部分我再详细说明。

经济繁荣时期，即使你以为自己很细致地留意着经费，费用还是会不知不觉地增加。生产也好，技术也好，营业也好，间接部门也好，都在反复增产，销售额和利润不断增加的过程中，不知不觉地产生了许多无用的经费。要削减这些无意中增加起来的经费，我们先要重新审视自己一贯的做法和方法。

我常说："抛开常识，以求想法的转换吧！"重要的是重新审视自己："现在的方法真的好吗？难道没有更能削减经费的方法了吗?"然后破釜沉舟进行变革。经济状况好的时期很难做到这一点，只有在经济萧条时期才能下定决心重新审视现状。

以制造工程的问题为例来看，就有不少因为过去一直是这样做过来的，所以后来都沿袭老一套的情况。生产技术已经进了一大步，可是方法依然一成不变，这样根本没办法削减成本。这时要求彻底转换思维方式。再看组织问题也是如此，我们应该先讨论该组织的存在是否有必要。如果没有必要的话，就必须把它与其他组织合并。领导干部先带头把这些彻底的合理化计划付诸改革中去是十分重要的。我希望，在座各位身为北美相关公司的干部，抓住这个萧条期的机会，当机立断地展开彻底的合理化改革和成本削减。

经济状况好的时候，即使有心削减经费，也因忙于增加产量，没有足够的时间实行。但是经济萧条期如果你们这些干部向全体员工拼命宣传削减经费的必要，也会给员工带来危机感，他们一定会理解并协助公司。我相信只有在萧条期才能有机会切实削减经费，使公司回复本来应有的"苗条"状态，希望你们能当机立断采取必要的手段。

四、保持生产效率

第四个对策是维持高生产率。

我们都是制造业，受萧条的影响订货量减少的话，生产部门能生产的东西就减少，不管用什么方法都避免不了人员过剩的现象出现。我认为，这时不能再继续安排原有人数的员工生产少量的产品了。以前工厂运营一直都是高生产性、高效率的，可是一旦生产的东西减少了，而人手却和以前一样的话，就会造成人均生产率的下降。要提高生产率需要付出极大的努力，而降低生产率却是轻而易举的。一旦人均生产率降了下来，等到经济萧条过去后再想提高生产率，恐怕也很难回到原来的水准了。考虑到这一点，我根据"生产任务只有过去的一半的话，人员也应该减到一半"的想法，竭力维持生产现场的高生产率。

1973 年 10 月发生了第一次石油危机后的萧条，它是我所经历过的萧条期中相当严峻的一次。石油价格暴涨，猛烈的通货膨胀覆盖了全世界。这导致第二年萧条蔓延于整个世界，以往一直保持良好状况的京瓷公司的业绩也出现了订货量巨减的现象，不出半年工厂的生产量就减到了三分之一。

面对这么严峻的大萧条，我当时考虑的是，无论如何都要保证曾与我甘苦与共的员工的工作。当时日本社会还没有裁员的习惯。因此对应生产量的减少，我相应削减了生产部门的制造员工的数量。保证生产员工数量正好与生产量吻合，多余的人员，像前面提到的那样把他们调去支援销售，或者让他们从事打扫全工厂的卫生、安全检查、维护设备以及包括修剪树木和草地在内的工厂美化工作。

如果还让他们继续已经减少了的工作，那样一来生产现场的生产效率就会下降，气氛也会松懈。所以，我只留下了最低限的必要人数，保证生产第一线依然有和最繁忙时期一样的紧张感。

采用了这个方法以后，尽管大环境不景气，但是大家都没有唉声叹气，觉得无事可做，反而营造出了每个人都积极向上地朝着自己的目标拼命努力的气氛。由此可见，把生产部门剩余出来的劳动力分离出来，让他们负责以前一直没能付诸实践的工作，这种做法维持了生产第一线的生产率和紧张感。其结果是，工厂焕然一新，变得非常干净，像花园一样漂亮。

五、正是在萧条期才会留意到的人与人之间的关系

接下来要介绍的是第五个方案，正如我前面说过的那样，遭遇严峻的经济萧条的时候，传统的日本社会当时还没有裁员的习惯。现在的日本虽然也没有解雇的现象，但是会采用希望退职的手段。也就是说，通过附加退职金等鼓励条件使员工提早退职，这个方法现在已经被相当普遍地采用了。恐怕现在反而是不鼓励提早退职的企业要少见一些。不管是大企业还是中小企业，每天都能从新闻报纸里找到"一成的员工提早退职""二成员工成为提早退职的对象"之类的报导。曾经只在美国才能看得到的解雇现象，在当今的日本也能找得到了。

可是，刚才我也提到过，在第一次石油危机的时候，日本还没有解雇这回事。而且，当时的日本受波乱物价的影响工资急剧上升，人工费以 20% 甚至 30% 的比率年年上升。在这样的世态环境下，京瓷公司的订货量却巨减，工厂几乎没有什么可生产的了。无论如何都必须采取办法控制成本的问题直接逼到了眼前，我情急之下对京瓷的工会提出了冻结一年以内的工资上调的要求。

在大萧条的情况下如果继续大幅度上调工资，产品大部分出口到欧美，以美元计算的京瓷公司就会失去国际竞争力，公

司有可能面临无法生存下去的危机。

我为了克服当时的艰苦困难，保证命运相系的员工们的饭碗，才不得已作出了"不得不冻结工资上调"的痛苦决断。

对于我提出的冻结一年以内的工资上调的要求，工会非常理解公司的处境和我的想法，接收了这个要求，并说："让我们甘苦与共吧！"结果，全日本工资上升了20%以上，只有京瓷公司的员工默默地忍耐着一年没有增加工资。

通过全体员工为了打破困境而有条不紊地团结在一起的不懈努力，我们终于挺过了石油危机后的大萧条。我在工资上调冻结的第二年，以包括前年冻结部分在内的幅度上调了员工的工资，通过奖金积累的方法恢复了全体员工的工资水平，回报了他们的辛苦劳动。

就这样，京瓷公司既没有失去员工的团结力和国际竞争力，也获得了持续成长。那一年，我们公司的股票价格在东京证券交易所名列日本第一。

这是我过去曾用过的方法之一，不过，日本京瓷公司始终坚持了这样一贯的姿态——采用各种可能的方案，维持企业的体力，同时保证员工的雇用。

可是，美国原本就有经济不景气出现了剩余人员的话，马上就裁员的习惯。当然，解雇过去一直一起工作的同事是很痛苦的，可是如果实在没有别的出路，不得不出此下策的话，在对员工详细解释现状，并表示如果经济状况恢复了的话还欢迎他回来工作的意思的前提下，遵循美国的习惯大刀阔斧地削减人员，我认为也是有必要的。

　　但是，解雇绝不是削减人工费用唯一的方法。没有工作的时候，最先应该削减的是加班。这样还是不够的话，还可以考虑不解雇，以暂时减少员工工资来保证雇用的方法。像我在石油危机时采取的对策那样，到经济状况恢复以前，先减少一部分工资，以此渡过萧条。不管怎样，都是削减人工费用、降低成本从而避免出现赤字的方案，并不是非要用解雇方法不可的。重要的是，作为经营者必须有人情味、采用能够和员工沟通的方法。

　　虽说如此，不过经营者或者经营干部都不能光有温情、过于沉溺于温情而误了大事。京瓷哲学里有一句"拥有真正的勇气"，相信大家都非常清楚，我们都曾有为了拯救公司整体，保证大多数员工的饭碗，必须用"真正的勇气"作出正确决断的时候，作为经营者，大家应该考虑的不是"这对我来说是不是对"，而应该以"作为一个人，这样做对公司是否正确"为判断基准。

　　另外，在这种经济萧条的时期，公司内部的人事关系往往会出现种种问题。

　　人就是这样，不得不吃苦忍耐的时候，就会说出真心话。如果不从平时开始就在公司内部建立起不错的人事关系和劳资关系，到了要解雇、要减工资的时候，人事关系一定会变得错综复杂且不和谐。经济状况好的时候，打打圆场就能解决的问题，到了这个时候可就解决不了了。

　　但是，这种问题，反过来也可以说它是反省过去人事管理不足的大好机会。希望大家能够在这次萧条期，把握这个机会，认真思索今后的人事管理：劳工关系应该是什么样的，应该营造出什么样的公司气氛。

六、借萧条期的反作用力争取更大的飞跃

以上谈了几条对抗萧条的方法，最后再来谈一下导致萧条的原因。

如最前面提到的那样，京瓷公司平时的收益很高，也不浪费经费，不断增加内部储蓄，从而保证公司实行肌肉型体质的经营。正因为以这种姿态运营公司，拥有了财务方面的余力，我们才能活用这些丰富的剩余资金，在萧条期从长远的眼光出发，大胆开展积极的设备投资。

萧条期必须压缩设备投资，这也许是常识。但是在萧条期，设备和机械都面临激烈的竞争，所以可以用比平时便宜得多的价格买到手，而且工厂建设和安装工程费也都很便宜。正是在萧条期，看准了进行大型设备投资的机会，我才在以往的度过萧条期经验的基础上大胆决定进行有长远规划的设备投资。

除了这时的设备投资很便宜，还有等到迎来下一个繁荣期的时候能够率先增产、推出新产品，从而拉大与同行业其他公司之间的差距的优势。经济繁荣的时候，努力的公司和不怎么努力的公司都能发展下去。可是，萧条的时候，付出的努力决定了各个公司之间的差距。所以我一直对大家强调："只有萧条时期才是公司最能获得发展的时期。让我们借萧条的反作用力大力发展公司吧！"

对任何人来说，萧条都不是件好事，而是非常艰难、痛苦

的。但是，我始终鼓励员工："反正都是躲不过去的了，那就努力争取光明的未来吧!"以此为公司点上了一盏不灭的希望之灯。要克服萧条，最重要的是负责经营的各位干部能够放眼将来，保持积极向上的心态。

以上所说的，并不只适用于萧条期的经营。每个人的人生也是如此。陷入困境，遭遇不测的时候，不痛恨、不嫉妒、不埋怨，继续竭尽全力地向前努力，这在人生中是多么重要的啊!漫长的人生道路中，我们难免遇到各种苦痛和灾难，但是不要因此而抱消极的态度，应用积极的方法去解释问题，然后加倍努力。这便是度过美好人生的真谛。

京瓷公司至今为止遭遇了数次经济萧条。但是我们借其反作用力取得了成长，终于发展成为总销售额为 13 000 亿日元的大企业集团。

这次的萧条非常严峻。我看可能比以往遇到过的任何一次都严峻，但是我希望通过我上面的一番话，北美集团各公司的各位能齐心协力，想办法克服这次困难。

（本文由曹岫云翻译、陈华蔚校正）

六项精进

稻盛和夫在第十六届盛和塾全国大会上的演讲

- 付出不亚于任何人的努力
- 谦虚戒骄
- 天天反省
- 活着就要感谢
- 积善行、思利他
- 不要有感性的烦恼

全国大会开了两天，大家累了吧，在闭会前，我再给大家作一小时的讲话。

这两天，受表彰的 8 名塾生发表了各自的经营体验，给了大家很多启示。他们的发言很精彩，很有价值，足以汇编成册，供大家学习参考。

近来，经济形势非常严峻，特别是原油价格暴涨，食品以及其他资源的价格上升，不仅是日本经济，整个世界经济都不容乐观。看来今年企业的经营环境将面临越来越严峻的考验，很让人担忧。

　　结合这些现实情况，我一直在琢磨今天应该讲些什么。过去的 25 年，我在"盛和塾"所讲的话，都是我在实际经营中的切身体会，我将这些亲身体验直接告诉了大家。

　　许多话虽然以前讲过，但是，考虑到当前严峻的经济环境，有些话仍然值得回味。从自己经营企业的直接经验中思考的、感悟的东西，所遇到的一些问题，必须怎样处理，等等，我曾多次讲过。今天，我想就"六项精进"这个话题，再次给大家谈一谈自己的观点。

　　"六项精进"是在我向大家传授"经营十二条"之前提出来的。年轻时我就认为，只要做好这"六项精进"，就能搞好企业。不仅是企业经营，为了度过美好的人生，这"六项精进"也必不可少。这是我在经营实践和生活实践中的切身体会，我曾讲过多次。

　　在我看来，"六项精进"是搞好企业经营所必需的最基本的条件，同时，它也是我们度过美好人生必须遵守的最基本的条件。如果我们每天都能持续践行这"六项精进"，我们的人生必将更加美好，美好的程度将超过我们自己的能力和想象。事实上，我的人生就是这样。

　　如果你想拥有幸福的、美好的、平和的人生，如果你想把你的企业经营得有声有色，如果你想让你公司的员工幸福快乐，那么，你就忠实地践行这"六项精进"吧。

　　创造自己美好的幸福的人生其实并不难，倒不如说这是一件容易的事情，这就是我的观点。

一、付出不亚于任何人的努力

1. 认真地、拼命地工作

"六项精进"中率先登场的就是"付出不亚于任何人的努力"。在经营十二条中，我也向大家强调了这一条。在"六项精进"之中，我将其列在第一位。

在企业经营中，最重要的就是这一条。就是说，每一天都竭尽全力、拼命工作，是企业经营中最重要的事情。同时，如果要让人生幸福美满，那么每一天都认真干活是先决条件。想拥有美好的人生，想成功地经营企业，前提条件就是要"付出不亚于任何人的努力"，换句话说，就是要勤奋工作。做不到这一点，企业经营的成功、人生的成功，都是空中楼阁。不愿勤奋工作，只想轻松舒服，那么企业当然经营不好，美好的人生也无法实现。

说得极端一点，只有拼命工作，企业经营才能顺畅。刚才曾提到，今年也许不景气，但不管哪个年代，不管怎样的不景气，只要拼命工作，任何困难都能克服。人们常说，经营战略最重要，经营战术不可少。但是，我认为，如果不拼命工作，就无法通向成功之路。

回首往事，在我 27 岁的时候，成立了"京瓷公司"，我开始经营企业。当时，我连"经营"两字的意思都不懂，我心里只有一个念头，不能让公司倒闭，不能让支持我、出钱帮我的人遭殃。为此，我拼命地工作，常常从清晨干到深夜 12 点，甚至凌晨1点、2点，我就这样夜以继日地工作，努力再努力。

明年是京瓷创立50周年。回想过去，虽然过70岁之后努力程度不如从前了，但在这50年里，我一贯勤奋工作。因为这种勤奋才有"京瓷"今天的辉煌。从这点来看，也证明我上述观点没有错。除了拼命工作之外，世界上不存在更高明的经营诀窍。

企业家、学者、研究员、艺术家，不管哪行哪业，他们能取得出色的成绩，都是竭尽全力、埋头工作的结果。

我常想起我的舅舅和舅妈。战争结束时，他们身无一文，在鹿儿岛做起了蔬菜生意。舅舅的文化程度不过小学毕业，他每天拉着大板车做买卖。爱说三道四的亲戚们总是以轻蔑的眼光盯着他："那个人既没学问又没脑子，所以只好在大热天里拉板车，一身臭汗地做生意。"

舅舅的个子很矮，不管是盛夏还是严冬，他都会拉着比自己身体大得多的板车，车上装满蔬菜。我小时候常常看到舅舅那种做生意的光景。

我想，舅舅并不知道什么是经营、该怎样做买卖，也不懂财务会计。但是，就是凭借勤奋和辛劳，他的菜铺规模越来越大，直到晚年，他的经营一直很顺利。只是默默地埋头苦干，没有学问，没有能耐，但是，正是这种埋头苦干给他带来了丰硕的成果。舅舅的形象刻在了我儿时的心中。

2. 拼命工作是一切生命都要承担的义务

我为什么强调要"拼命工作"呢？因为自然界存在的前提，

就是一切生命都拼命求生存。稍微有了点钱，公司刚有起色，就想偷懒，就想舒服，这种浅薄的想法恐怕只在我们人类才有。在自然界里，这样的生物绝不存在。自然界中的动植物，它们都在竭尽全力、拼命地求生存。看到这些现象，我想，每日每时认真地、极其认真地、努力地工作，应该是我们做人最基本的必要的条件。

大家知道，在夏天烈日炎炎之下，杂草会从柏油马路的裂缝中发芽生长。如果一星期干热不下雨，杂草就会干枯，就是在这样既缺水又缺土的地方，杂草却在发芽生长。在自然界中，即使是在这种严酷的环境下，只要有种子飘落，就会在那里发芽、长叶，进行光合作用，然后开花结果，结束它们短暂一生。即使是在石头墙的缝隙之间，只要有一点儿土壤，杂草就会发芽、开花。

我看过一个电视节目。在环境严酷、灼热的沙漠里，一年也会下几场雨。有些植物趁着这雨，很快发芽、长叶、开花、结果，然后枯萎，生命过程只有短短的几周。它们在沙漠里顽强地生存，为了留下子孙，只要有一点雨水，它们也要开花结果，把种子留在地表，以待来年下雨时再次发芽。尽管生命短暂，只有几周，它们照样拼命地生存并留下子孙。

无论是植物还是动物，它们都在严酷的条件下顽强地生存。马虎懒惰、不负责任的动植物并不存在。遵照自然界的规律，我们人类在地球上生存，也必须认认真真、竭尽全力。

在创建"京瓷公司"的时候，我还不懂这些自然的哲理。虽然我不懂这些哲理，但我有一种危机感，如果不竭尽全力地工作,不拼命努力的话,公司的经营就不可能顺利。这样的危机感、恐怖心促使我拼命工作。现在回头看,这是非常正确的。不管经济如何萧条,不管环境如何严峻,我坚信,作出加倍的努力,是经营者乃至每个人生存的最起码的条件。

我向许多人提问:"你是否在竭尽全力地工作?""是的,我在努力工作。"我对这样的回答不满意,于是,我会接着问:"你是否付出了不亚于任何人的努力?""你的工作方法是否不亚于任何人?"你自称是在努力工作,但实际上你的努力还远远不够。如果你不更加认真、不更加努力,那么公司也好,个人的人生也好,都不会有理想的结果。我用"付出不亚于任何人的努力"这句话,来表达这一层意思。

我认为,竭尽全力,付出不亚于任何人的努力,乃是这个世界上所有生物都要承担的、理所当然的义务,没有谁可以逃避这个义务。

3. 只要喜欢你的工作,再努力也不觉其苦

拼命工作是辛苦的事情,辛苦的事情要一天天持续下去,必须有个条件,那就是让自己喜欢上现在所从事的工作。如果是自己喜欢的事,不管怎样努力都心甘情愿。如果你热爱甚至迷恋你的工作,尽管在外人看来,你是那样辛劳,那么不同寻常,但是,在你自己看来却很自然,因为你喜欢自己的工作。

我从年轻的时候就是这么想的,我努力让自己喜爱所从事的工作。我的故事已和大家讲过多次,虽然我也是大学毕业生,但毕业后却求职无门,在老师的帮助下,好不容易才进了一家

陶瓷公司。开始时,我对烧制陶瓷没有兴趣,不喜欢这个工作。而且,公司每个月都不能按时发放工资,是一家拖欠员工工资的公司,因此我也不喜欢这家公司。

但是,抱着满腹牢骚从事研究开发工作,工作根本无法顺利进展。因此,我决心让自己喜欢这项工作。因为,对于不喜欢的事,就不可能全身心投入,研究工作就做不好。

那个时候,也许是因为青春正当年,我知道了"有缘千里来相会"这句话。在热恋情人的眼里,千里之遥不过是一箭之地。不管多么辛劳,去和心上人相会,千里等同一里,再远也不在话下,这就是"有缘千里来相会"。

其实,对于工作也是如此,如果喜爱乃至迷恋的话,不管怎样的辛苦都不再感觉到辛苦。因此,我要努力让自己喜爱自己的工作、喜爱自己的研究。

有机会从事自己喜爱的工作,当然很好,但大多数人没有这种幸运。一般的人都是为了生计而从事某项工作。既然如此,就有必要作出努力,让自己去喜爱所从事的工作。努力了,喜欢上了自己的工作,接下来就好办了。要做到"付出不亚于任何人的努力",就变得很简单,"那样早出晚归,拼命工作,身体不要紧吧"。别人在为你担心,而你自己却一点不觉得苦,反而因为能胜任而感到充实。

据说成功有许多办法,但在我看来,抛弃"竭尽全力、拼命工作"这一条,就不可能有什么成功。特别在严峻的经营环境之下,加上可能的大萧条袭来,在不利条件下生存发展,"竭尽全力、拼命工作"这一条实在非常必要。

4. 全力投入工作就会产生创意

竭尽全力、认真地专注于工作，还有一个功效。当你每天都聚精会神、全身心投入工作的时候，低效的、漫不经心的现象就会消失。不管是谁，只要喜欢上自己的工作，只要进入拼命努力的状态，他就会考虑，如何把工作做得更好，就会寻思更好的、更有效的工作方法。

拼命工作的同时又能思考如何改进工作，那么你的每一天都会充满创意。今天要比昨天好，明天要比今天好，这样不断琢磨，反复思索，就会生出好想法，产生有益的启迪。

我并不认为自己有多大的能耐，但是，在每天努力工作的同时，我会开动脑筋，孜孜以求，推敲更好的工作方法。为了增加销售，还有没有更好的促销方案呢？为了提高效率，还有没有更好的生产方式呢？这样不断钻研的结果，往往会出现自己都意想不到的进展。京瓷能不断地开发新产品，开拓新市场，就是我们勤于思考、精益求精的结果。

不竭尽全力，不专心工作，就谈不上创造发明。马马虎虎、一知半解，吊儿郎当，在这种消极的状态下，即使你想寻找好的工作方法，创意也出不来。你不辞辛劳、拼命努力，殚精竭虑、苦思冥想，仍然一筹莫展之时，就会感动上帝，上帝就会帮助你，给予你新的启示。

真挚、认真、不懈地努力，走投无路也不言放弃。上帝看到我这么努力，这么执着，便不嫌我愚笨，慷慨赐予我新的智慧、新的灵感、新的启示。

我想，上帝之所以赐予我原本没有的、了不起的想法和智慧，乃是一种报应，是我拼命努力的结果。

看看世界上那些伟大的发明家，那些开发出划时代的新产品、新技术的人，我们就会发现，他们都付出了不亚于任何人的努力，他们在辛勤工作、苦苦思索中获得灵感。懒惰获得成功，投机取巧带来发明创造，世界上没有这样的人。从这个事实看，我坚信，竭尽全力、作出不亚于任何人的努力，就一定会给我们的事业和人生带来丰厚的回报。

5. 拼命工作可以磨炼灵魂

这一点也是非常重要的。

从早到晚辛勤劳作，就没有空闲。古话说"小人闲居为不善"，人这种动物，一旦有了闲暇，就会动不正经的念头，干不正经的事。但如果忙忙碌碌、专注于工作，就不会有非分之想，没有时间考虑分外的东西了。

禅宗的和尚和修验道的修行者们，他们在刻苦修行的过程中磨炼自己的灵魂。将心思集中到一点，抑制杂念狂想，不给它们作祟的空间，通过这样的修行，整理自己的心绪，磨炼自己的心志，造就纯粹而优秀的人格。和这个修行过程一样，全身心投入工作，就没空胡思乱想。就是说，竭尽全力、拼命工作就能磨炼人的灵魂。

我曾对大家讲过，"磨炼灵魂，就会产生利他之心"。也就是说，会萌生出好心善意，萌生出关怀他人的慈悲之心。另外我也反复告诉大家，只要抱有这样的好心肠，为社会、为他人着想，并落实在行动中，你的命运就一定会向好的方向转变。

全神贯注于自己的工作，只要做到这一点，就可以磨炼自己的灵魂，铸就美好的心灵。有了美好的心灵，就会很自然地去想好事，做好事。虽然我们并不知晓自己被赋予了怎样的命运，但是，想好事，做好事，这种念头，这种实践，会形成一种力量，促使我们的命运朝着更好的方向转变。

25年前，在京瓷的规模还不大的时候，应大家的要求，我成立了盛和塾。迄今为止，伴随着京瓷和第二电电的持续发展，在竭尽全力、拼命工作的同时，我将自己在工作中的体验告诉大家，与大家分享。这种体验不是空洞的理论，而是经营的实学。我毫不隐瞒地告诉大家，我能传授给你们的最重要的经营体验不是别的，就是"竭尽全力、拼命工作"这一条。

六项精进中的第一项，"付出不亚于任何人的努力"，也就是"竭尽全力、拼命工作"这一条，对经营企业也好，对度过美好的人生也好，都是必不可少的。

二、谦虚戒骄

六项精进的第二项是"谦虚戒骄"。

我认为，谦虚是最重要的人格要素。我们常说，那个人的人格很高尚，这是说，那个人的人格中具备了谦虚的美德。

谦虚很重要。这并非只针对成功后骄傲自大的人，要他们谦虚，而是要求经营者在小企业成长为大企业的整个过程中，始终保持谦虚的态度。

年轻的时候，我知道了中国的一句古话"惟谦是福"。不谦虚就不能得到幸福，能得到幸福的人都很谦虚。从京瓷还是中小企业的时候起，我就崇尚谦虚。公司经营顺利，规模扩大，人往往会翘尾巴，傲慢起来。但我总是告诫自己，绝对不能忘记"谦虚"二字。

"惟谦是福"是一句非常重要的格言，我下决心，信守这句格言。在这个世界上，有些人用强硬手段排挤别人，看上去也很成功，其实不然。真正的成功者，尽管胸怀火一般的热情，有斗志、有斗魂，但他们同时也是谦虚的人、谨慎的人。

谦虚的举止、谦虚的态度是人生中非常重要的资质。然而，就像我刚才讲过的那样，人们往往会在取得成功、地位上升之后忘记了谦虚，变得傲慢。这个时候，"要谦虚，不要骄傲"就变得更加重要。

三、天天反省

六项精进的第三项是"天天反省"。

每天结束后，回顾这一天，进行自我反省是非常重要的。比如：今天有没有让人感到不愉快？待人是否亲切？是否傲慢？有没有卑怯的举止？有没有自私的言行？回顾自己的一天，对照做人的准则，确认言行是否正确，这样的作业十分必要。

自己的言行中，如果有值得反省之处，哪怕只有一点点，也要改正。和第一项一样，天天反省也能磨炼灵魂、提升人格。为了获得美好的人生，通过每天的反省，来磨炼自己的灵魂和心志是非常重要的。"竭尽全力、拼命工作"，再加上"天天反省"，我们的灵魂就会被净化，就会变得更加美丽，更加高尚。

我年轻的时候，有时也会傲慢。因此，作为每天的必修课，我都要进行自我反省。很惭愧，我还做不到每天都反省，但一旦意识到，我就马上反省。

1. 所谓反省就是耕耘、整理心灵的庭园

上了年纪之后，我读了詹姆斯·埃伦的《原因和结果的法则》一书，不禁拍案叫绝，就是这个道理！"所谓反省就是耕耘并整理自己的精神家园"这句话，出自这位 20 世纪初期的英国哲学家之口。他并不出名，但我曾多次向大家介绍过他的哲学思想，今天，在这里我再介绍一下：

人的心灵像庭园。

这庭园，既可理智地耕耘，也可放任它荒芜，

无论是耕耘还是荒芜，庭园不会空白。

如果自己的庭园里没有播种美丽的花草，

那么无数杂草的种子必将飞落，

茂盛的杂草将占满你的庭园。

如果你不在自己心灵的庭园里播种美丽的草花，那里就将杂草丛生。就是说，如果你不会反省，你的内心将长满杂草。——詹姆斯·埃伦就是这样说的。

接下来，他又写道：

出色的园艺师会翻耕庭园，除去杂草，
播种美丽的草花，不断培育。
如果我们想要一个美好的人生，
我们就要翻耕自己心灵的庭园，将不纯的思想一扫而光，
然后栽上清纯的、正确的思想，
并将它培育下去。

出色的园艺师翻耕庭园，除去杂草。同样，我们要翻耕自己心灵的庭园，就是通过天天反省，扫除心中的邪念，然后播种美丽的花草，就是让清新、高尚的思想占领心灵的庭园。反省自己的邪恶之心，培育自己的善良之心。詹姆斯·埃伦就是这样表达的，他表达得非常确切。

接着，詹姆斯·埃伦又说道：

我们选择正确的思想，并让它在头脑里扎根，
我们就能升华为高尚的人。
我们选择错误的思想，并让它在头脑里扎根，
我们就会堕落为禽兽。
播种在心灵中的一切思想的种子，
只会生长出同类的东西，
或迟或早，它们必将开出行为之花，结出环境之果。
好思想结善果，坏思想结恶果。

心怀善意就会结出善果，心怀恶意就会结出恶果，他就这

样表述。

因此:

　　请拔除自己心灵的杂草,
　　播种自己希望的、美丽的花草,
　　精心地浇灌,施肥,管理。

詹姆斯·埃伦如此说。

这里比喻的就是自我反省。通过反省,可以磨炼自己的心志,从而给我们带来无限的幸福。

2. 抑制邪恶的自我,让善良的真我伸展

抑制自己的邪恶之心,让良心占领思想阵地,这个作业过程就是"反省"。所谓良心指的是"真我",也就是利他之心,同情他人,关爱他人,愿他人过得好。与此相反的是"自我",指的是利己之心,只要自己好,不顾别人。无耻的贪婪之心就属于"自我"。

回顾今天一天,想想冒出了多少"自我",抑制这种"自我",让"真我",也就是利他之心活跃,这样的作业就是"反省"。

我喜爱印度诗人泰戈尔的一首诗。我已经向大家介绍过多次,在此,请允许我再读一遍。在人的心里,"自我"与"真我"同在,"自我"是邪恶、贪欲、利己。而高尚的利他心、美丽的慈悲心、温柔的同情心,就是"真我"。泰戈尔用精彩的诗

句表达了这个观点。在我们每个人的心里，卑怯的自我和高尚
的真我同居。泰戈尔写道：

> 我只身来到神的面前。
> 可是，那里已经站着另一个我。
> 那个暗黑中的我，究竟是谁呢？
> 为了避开他，
> 我躲进岔道，
> 但是，我无法摆脱他。
> 他公然在大道上迈步，
> 卷起地面的沙尘，
> 我谦恭地私语，
> 他高声地复述。
> 他是我身上的卑微的小我，
> 就是自我。
> 主啊，他不知耻辱。
> 我却深感羞愧。
> 伴随这卑贱的小我，
> 我来到您的面前。

我拥有一颗善良、高尚、美丽的心灵，拥有真我、利他心。
但是，在真我的旁边，与我形影不离的是卑贱、贪欲、利己的
自我，他不知羞耻。本来，我想谦恭地低调地生活，可他却大
声喧哗。我轻声地自言自语："那东西我想稍微要一点。"而他

却高声吼叫："我就要得到它，快把它给我！"不知羞耻、贪欲贪婪、利己的自我一刻不停地纠缠我，我想逃脱他，他却揪住我不放。事情就是这样，这不足为奇，因为在我的心里，同居着这样一个卑贱的自我。

正因为如此，我们就有必要天天反省，对着邪恶、贪婪、卑贱的自我说："请稍微安静一些吧！""你也该知足了。"这样来抑制自我。通过这样的反省，我们可以锤炼自己的灵魂，磨炼自己的心志。

我常说，提高心性就能扩展经营。想搞好经营，我们经营者必须提高自己的心性。也就是说，不磨炼自己的灵魂，就无法搞好经营。我经常和大家谈到这一点，我想和大家一起遵循这个原则。

四、活着就要感谢

1. 对一切都要说"谢谢！"

六项精进的第四项是"活着就要感谢"。

"感谢"非常重要。我们要感谢周围的一切，这是理所当然的，因为我们不可能单身一人活在这世上。空气、水、食品，还有家庭成员、单位同事，还有社会，我们每个人都在周围环境的支持下才能生存。不，与其说是"生存"，不如说是"让我生存"。

这样想来，只要我们能健康地活着，就该自然地生出感谢之心，有了感谢之心，我们就能感受到人生的幸福。

　　我活着，不，让我有活着的机会，我当然要表示感谢，这样我就会感受到幸福。有了这样一颗能感受幸福的心，我就能活得更加滋润，让自己的人生更加丰富，我相信这一点。

　　不要牢骚满腹，对现状要无条件地表示感谢，在此基础上，再朝着更高的目标努力奋斗。首先，就"让我活着"这一点，向自己周围的一切说一声"谢谢"。我们要在"谢谢"声中度过自己的每一天。

　　"要抱着感谢之心！"这句话说着容易做起来难。为此，我年轻时曾对自己说："即使对'感谢'的理解和感悟还不深，你也要说一声谢谢。"当"谢谢"这句话一说出口，我的心情就变得轻松、变得开朗了。对别人由衷地说声"谢谢"，用语言将自己内心的感激之情表达出来，听的人也会心情舒畅，这样就会营造出一种和谐快乐的气氛。牢骚满腹，将周围的气氛搞得很郁闷、很尴尬，我想这会给自己和别人都带来不幸。

　　不管多么微不足道的事，我们都要真诚地表示感谢，这是最优先、最重要的。发自内心地说一声"谢谢你""感谢您"，这样的话能将自己带进一个高尚的境界，也能给周围的人带来好心情。"谢谢"这个词的威力很大。

　　在我上小学之前，那是战争时期，在家父出生的偏寂的山村深处，住着我的几位亲戚，他们偷着信佛。在明治时期，"废佛毁释"的政策使佛教受到了镇压，他们将佛龛和佛像藏在山里一家偏寂的房子的壁橱里。将佛教保传下来的就是这些偷偷信佛的人。

　　家父曾带我去过其中的一位亲戚的家。按照从前的传统，我们提着一盏灯，步履艰难地行进在漆黑的山路上，最后，我们终于来到深山里一间破旧房子的门前。进去一看，那里坐着一位和尚打扮的人，在念佛诵经。在他的身后，站着5个双手合十的孩子，他们都是小学生。

那位和尚对家父说："这孩子没问题，以后不用再来了。"说完后，他又面对着我，说："孩子，今生今世，只要你还活着，你就要念诵'南曼、南曼，谢谢！'每天向佛陀表示感谢，绝对不能忘记呀。"

念佛时吟诵的"南无阿弥陀佛"，用我的家乡鹿儿岛的方言说就是"南曼、南曼"。

然后，那和尚又朝向家父说道："如果这个孩子能照我的嘱咐去做，他的人生会很顺畅。"最后，他用眼神示意我们，"你们可以回去了"。直到现在，当时的情景依然历历在目。

我照着那位和尚的嘱咐做，一直坚持到今天，从不间断。

现在，我皈依到禅宗的佛门之下，取得了僧人的资格。不过，禅宗里并不教大乘佛教里的"南无阿弥陀佛，谢谢"这样的内容，也不唱净土真宗的"南曼、南曼，谢谢！"。但是，早晚两次，在家吟诵禅宗经书的时候，最后，我一定说一声"南曼、南曼，谢谢！"。现在依然如此。

在经营公司的过程中，我从年轻时起，就常乘飞机去海外出差。伊斯兰教的清真寺和基督教的教堂，我经常光顾。我不懂伊斯兰教和基督教的教义，在祈祷时，不管是在教堂还是在清真寺，我都会双手合十，低声诵吟"南曼、南曼，谢谢！"这种感谢之心一直保持到今天。我想，正是这种虔诚的感谢心才造就了今天的我，造就了今天的京瓷公司。

日文里"谢谢"一词的含义是，本来不可能有的事现在有了，奇迹发生了，对这样的幸运当然应该感谢。京瓷、第二电电（KDDI），这些优秀企业居然都成功了。这本来不是我这样的人所能办成的事，然而，不可能的事情竟然发生了。对此，我必须用"谢谢，真是太难得了"等词句来表达自己的感谢之意。

2. 感谢的话语温暖大家的心

"谢谢"这个词能在你周围营造出一种和谐的氛围。我想，在座的各位都有过这样的经验，在电车上给老人让座，那位老人会弯腰道谢："谢谢，太感谢了！"这时，给他让座的我们自己也会感到心情愉悦。看到这样的情景，周围的人也感觉很爽，而不会感到别扭。善意传染给了周围的人，善意还将循环下去。我想，如果这样的好事不断地发生、这样的行为不断地涌现的话，社会就会变得越来越美好。

因此，懂得感谢，对生活、对自己活着表示感谢非常重要。

请允许我偏离一下主题。

除了"谢谢"以外，还有"不敢当、不胜感激"这样的表达。比如，像我这样的人竟能有这样的好运，让我不敢当，这是一种自谦，对自己能得到如此高的待遇感到不安，不敢领受。这种出自内心的真诚表达和"谢谢"这个说法一样，都是内心深处自觉修炼的结果。

很久以前，还有"不胜惶恐"这样的说法，或许是武士用语吧，现在已经用得很少了，意思是受人恩惠，无以为报，感到诚惶诚恐。

最近，我听到有些外国人讲，"不敢当、不胜感激"这个词反映了日本人高尚的感性，应该推广。"像我这样很普通的人，居然得到这么大的幸福，太不敢当了。"表达这种心情的"不敢当、不胜感激"确是一个非常好的词。

"谢谢""不敢当、不胜感激""不胜惶恐"这些表达，不仅让自己愉快，还给包括对象在内的周围的人们带来好影响，真是好词语。

五、积善行、思利他

1. 积善之家，必有余庆

六项精进的第五项是"积善行，思利他"。这一点我也曾多次向大家强调过。

在我还年轻的时候，在讲解经营十二条之前，我就向大家提出，要多行善，多做对他人有益的事。中国有句古语叫作"积善之家，必有余庆"，意思是，多行善，多做好事就会有好报。不仅当事人，就连家人、亲戚也有好报。一人行善，惠及全家以至亲朋好友，中国的先贤们想说的就是这个道理。

从很久以前开始，我就一直强调，世间存在着因果报应的法则。我曾向大家介绍过安冈正笃先生写的《命运和立命》，这本书对年轻的我产生了深刻的影响。书中说，在这个世界上，存在着因果报应的法则，如果多做好事、善事，那么家人、家族有好报不必说，这种好报还会贯穿你的一生。利他的行为，就是以亲切、同情、和善、慈悲之心去待人接物，这种行为非常重要。因为这样做一定会给你带来莫大的幸运。

我相信这个法则，在经营企业的过程中，我努力实践这个法则。多做好事，就能使命运朝着好的方向转变，使自己的工作朝着好的方向进展，这是我的信念。

一心一意地积善，就是说，为他人、为社会竭尽全力，这是使人生，也是使经营朝着更好方向转变的根本法则。

2. 同情并非只为他人

日本过去就有"情不为人"（就是同情并非只为他人）这种说法。意思是讲，对别人有情，为他人行善，日后必有好报。

另一方面，也听过这样的事：有些人真心帮助别人，结果反而自己倒霉。比如，为了帮朋友解脱困境，去充当他的贷款连带保证人，本以为做了善事，想不到出了麻烦，以致连自己的财产也丧失殆尽。还有一种情况，朋友有困难开口借钱，你借给他了，他却迟迟不还，让你陷入困境。

"不是说善有善报吗？怎么我做善事却得到了恶报？"有人这么说。我认为这种说法不对。

在那样的场合，只凭感情，只凭同情就慷慨解囊，或当他的连带保证人，这本身就是一个问题。我曾对大家讲过，作为经营判断的基准之一，有"大善"和所谓的"小善"之分。朋友手头紧，找上门求你帮忙，仅仅因为他来求你，你就同情他，不假思索就出钱相助，表面上看你是帮了他，实际上是害了他，使这个不负责任的朋友变得更不负责任。他之所以债台高筑，原因在于此人做事马虎，花钱大手大脚，缺乏计划性。如果你可怜他而借钱给他的话，反而会助长他那马虎和挥霍的坏习性。迁就朋友的不合理要求，这种所谓的"小善"，源于你关爱和同情他的方式不对，是帮他的倒忙，让他越陷越深。

俗话说"孩子可爱，也要让他经风雨、见世面"。乍一看来，近乎非情，但从长远看、从本质看，这是对孩子的"大善"。

朋友找上门来借钱，央求你做他的连带保证人，这时，首先你要问清楚事情的来龙去脉，要认真调查。如果是他做事不检点，乃至挥霍浪费才导致了今天的结果，那么你应该断然地拒绝他，明确告诉他，这个钱不能借。而且，你还要劝导他正视眼前的困难，接受教训，重新振作起来。

如果你糊里糊涂、有求必应，借钱给他，或同意做他的连带保证人，表面上看，这似乎也算一种"善行"，但这种所谓的"小善"，会把你自己牵连进去，弄得你自己也很狼狈。在需要作出判断的时候，不能感情用事，判断的基准应看是否是真正的善行，这才是问题的关键。

"情不为人"，同情他人，为他人多做好事，结果必然利人也利己，这绝对错不了。我坚信这一点。

刚才讲到金钱借贷的问题。在战争时期，有个人曾经给家父帮过大忙，有一天，这个人的儿子来找我。那时，京瓷从中小企业开始有了起色。他来到京都，对我说，他现在很困难，想从我这儿借钱。因为我听说过他父亲对我父亲有恩，于是就把钱借给他了。

但是，我既没有让他写借条，也没有问他的还款计划。我觉得，那人的性格不可靠，表面上，我是借钱给他，实际上，我是送钱给他，我压根儿没有打算让他还钱。后来，我也没有催促他还钱，一次也没有。而他呢，也从此没有回应，"没还钱，对不起"，连这样的电话也从没来过。但是，由于我一开始就不准备他还钱，所以，我并没为此而烦恼。

到现在为止，别人向我借钱的事有过多次。因为年轻时我考虑过这样的事，所以，名义上是借，实际上是送，这种情况是有的。但是，以必须还钱为前提，我才肯借出，这种情形一次也没有。因此，做了好事没有好报、反而遭人背叛的事，在我身上一次都没有发生过。

有一次，一位公司员工的父亲遇到了麻烦，他们父子俩深夜一起来到我家。那时我刚四十出头。当时，我仔细地询问了事情的原委，最终断然拒绝了他们的请求。

"伯父，我把钱借给您是会害您的。我也许不了解您现在困难到哪个地步，但我还是不能答应您。伯父，您要挺身接受您现在面临的苦难，必须承担得住才行。"

另一方面，我也觉得自己有些冷酷，但是当时的决断没有错。那位公司员工现在已是京瓷的干部，从事海外营业方面的工作。他爸爸从那以后也重新振作了起来，他还跟别人说，应该感谢我，多亏了那时我对他的帮助和鼓励。

为了让人生更幸福，为了让经营更出色，希望大家多行善事、多做对他人有益的事。

六、不要有感性的烦恼

1. 过去的失败，反省之后就坚决把它忘掉，将精力投进新的工作

六项精进的最后一项是"不要有感性的烦恼"。因为我自己年轻时有过各种各样的烦恼，所以才会觉得这一条也很重要。

担心、烦恼、失败等，是人生的常事。但是，覆水难收，总为已经的失败而悔恨，毫无意义。老是闷闷不乐会引起心病，接下来会引发身体的毛病，最终给自己的人生带来不幸。不要让已经过去的事再困扰自己，心里要想新的事情，新的想法要转移到新的行动上去，这一点很重要。

要对过去的事进行深刻的反省，但不要因此在感情和感性的层面上加重自己的心理负担。要运用理性来思考问题，迅速地将精力集中到新的思考和新的行动中去。我认为，这样做就能开创人生的新局面。

工作失败，我们会很失望，很懊悔。但是，无论失望，还是懊悔，失败了的事情不可能从头再来。后悔、烦恼没有意义，这个道理即使明白，我们仍然会想："那一点当初如果做好了，就会如何如何……"照样后悔，照样烦恼。这个毛病要改。

已经发生了的事既然无法改变，就干脆把它忘掉，将全部精力投入到新的工作中去，这是最要紧的。

比如，自己被卷进某个丑闻，遭遇道德和法律的追究，不但本人倒了霉，还殃及了自己的父母、兄弟姊妹和自己周围的人。发生这样的事，我们当然要深刻地反省，反省坏事产生的

原因，然后从内心发誓，今后再不犯同样的错误，洗心革面，重新做人。这就行了，不要没完没了地折磨自己，长期活在失败的阴影里，意志消沉，这不好，没有必要。

因丑闻而名誉扫地，受到这种打击之后，有的人身心崩溃，以自杀了断。丑闻发生的原因，是过去自己犯下的罪，也就是有"孽"在身。这种"孽"现在作为结果，遭到了周围人的责难。这种时候，要充分反省，绝不让同样的事再次发生。与此同时，我们反过来要激励自己，让遭遇重创、心力交瘁的自己重新站立起来，没有必要一蹶不振，老是跟自己过不去。

不管怎样失面子，都要拿出勇气正视现实，重振旗鼓。做了对不起家人、亲戚朋友，对不起公司的坏事，让自己脸上无光，在社会上抬不起头来，即使发生了这样的事，在经过认真反省以后，就要鼓足勇气，在跌倒的地方爬起来，不要心灰意冷，总是痛苦个没完。

2. 担雪老师的话拯救了我

二十几年前发生的一件事，让我至今印象深刻。

陶瓷与人的细胞具有亲和性。人的细胞对金属会产生排斥反应，但可以在陶瓷表面上顺利繁殖，它不讨厌陶瓷，却对金属敬而远之。

根据陶瓷的这种特性，在日本医学界医生们的支持配合下，我们用陶瓷材料研制成功了人骨的替代品。最初是牙科移植用品，我们与医学专家们一起研究开发陶瓷牙根，并成功地付诸实用。此后，为腰关节损伤、不能行走的患者，我们又开发出了人工股关节，得到厚生省（日本政府部门）的认可并开始销售。使用陶瓷材料可以减少摩擦，人工股关节的使用效果获得了众多医学专家的好评，当时他们要求我们，接下来一定要研制出膝关节。

虽然研制膝关节的呼声很高，但销售应得到厚生省的批准。为此，必须进行临床试验，然后将有关数据提交给厚生省。然而，医生们都认为：陶瓷股关节效果非常好，已经积累了几百个成功病例。同样，用陶瓷制作膝关节不会有任何问题，如有问题，我们医生可以负责，为了那些因为膝关节不好而痛苦的人，请你们尽快开发出新产品。我们公司的技术人员认为，既然如此，就应该研制人工膝关节，提供给患者使用。

与人工股关节一样，膝关节的效果也非常好，定制人工膝关节的要求源源不断。正当我们依照客人要求制作时，有人写新闻稿投诉，报纸杂志纷纷登载："京瓷在没有得到厚生省批准的情况下，销售陶瓷膝关节赚钱。在人命关天的医疗领域，为做生意而销售未经许可的产品，这样的企业太缺德了。"

这不仅有伤我个人的体面，而且媒体连日把矛头指向京瓷公司，指责我们为赚大钱不惜以病人为诱饵。我们多次去厚生省说明解释，并认错道歉。每当此时，媒体的电视摄像机就摆开阵势，我低头道歉的样子连日出现在电视新闻之中。在家族、公司员工以及周围的人群中我抬不起头来，我的名誉、信用都受到了莫大的伤害。

我坐立不安，心里非常痛苦。那时，我想到了临济宗妙心寺派圆福寺的西片担雪老师。我想大家都知道的吧，前不久他刚刚过世。那天我去拜访他，喝着老师泡制的抹茶，我向他倾诉了自己的痛苦和委屈。

"稻盛君，之所以你会感受到这样的苦恼，是因为你还活着。如果你死了的话，就没什么苦恼了。正因为活着才会有苦恼，这不是件好事吗？"

因为活着才会有苦恼，是怎么个理儿？但是，他可是我非常敬仰的老师啊，这时候他这么讲，我觉得有些意外。现在回想起来，大概当时我也把自己的疑虑写在了脸上。

"稻盛君，虽然我不知道你过去积下了怎样的罪孽，但是，你积下的那些'孽'以灾难的形式表现出来了。你现在倒霉，这是你过去犯下的罪孽所致，这是一种因果报应，当原因招致的结果发生时，原因将随之消失，也就是'孽'消失了。

"如果这种报应严重到要剥夺你的性命，那么，你的人生就算告一段落。但是，稻盛君，你不是还活得好好的吗？京瓷也还是一派繁荣景象。因为人工膝关节的问题，你受到了严厉的批判，你感到痛苦和烦恼，但是，这种程度的挫折就能把事情了结，就能将你过去的罪孽一笔勾销。稻盛君，该庆祝一番才对啊！来来来，把茶斟满，让我们一起干杯！"

当时我想，我如此苦闷，你却讲这些，未免不近人情。可是，回家以后，我觉醒了，老师的话救了我。如果这种程度的灾难就可以消"孽"，就能勾销我的罪孽的话，那么，我甘愿接受世间的非难和指责。接受就是一种忏悔，这是为了清除自己身上的污垢所必需的。当我意识到这一点时，我的心境豁然开朗，浑身有了力量。

灾难的发生，是自己过去犯下的罪孽的报应，如果不殃及性命，到此为止的话，那反而是值得庆贺的事。这样一想，摆脱烦恼，人就轻松了，可以将这事忘掉，转而在新的人生旅途上坚强地、满怀希望地走下去。

对挫折和灾难抱上述正面的态度，才会有一个幸福的人生。我多次向大家讲过这些道理。

这个观点非常重要。估计今后经济的不景气将越发严重，销售货款无法回收，到手的支票不能兑现，等等，会发生各种纠纷或灾难。超越这些障碍，不让感性的烦恼困扰自己，朝前看，坚强地活下去，这才是最重要的。

"六项精进"这个话题我过去讲过。我年轻时给大家讲这个话题，是讲我当时的切身体验。现在老话重提，一是因为经济萧条正在向我们逼近，二是因为今天在场的，有很多是刚刚入塾的塾生。我觉得，重讲我年轻时讲过的内容，很有意义。

希望大家务必学习并践行这"六项精进"，使经营更出色，让人生更精彩。

（本文由曹岫云翻译、陈华蔚校正）

金融危机的本质和对策

——稻盛和夫在盛和塾关东例会上的讲演

一、严重影响全世界的、发自美国的金融危机

金融危机还在蔓延，不仅美国，全世界各国政府都在努力应对，但问题看来不容易解决。

美国这次金融危机是怎样造成的呢？我们来回顾一下。

美国有两家半官半民的金融公司房地美、房利美，他们主动向低收入阶层、买不起房子的人，或者说在买房上信用不足的人发放购房贷款，动员穷人买房。这项贷款与一般贷款有所不同，很有所谓美国特点，开始时贷款利息很低，一两年后利息大幅攀升。当时美国房地产非常火爆，房地产年年升值。利用这笔贷款买房，即使一两年后贷款利息上升，因为房屋升值更大，所以足以应付还贷。贷款的金融公司、银行事先都这么宣传，借钱买房的人也深信不疑，借贷双方因而成交了。但事与愿违，美国房地产泡沫破裂，房价不涨反落。

一方面贷款利息逐年增加，另一方面房子又降价贬值。购

房者无力还贷，银行就把房子扣押，强行收回，不断出现大量的空置房。

还不了贷款，房子被没收，如果到此为止，问题也算告一段落。房地美、房利美两家公司贷出了大量的钱收不回，这两家公司垮了也就算了。但是在美国的金融界会把贷款证券化，就是将债权变成证券卖出去，金融界这么做理所当然。于是房地美、房利美两家公司就把有问题的、借出去可能收不回来的债权做成证券卖到全世界。

而越是风险高的金融产品利息也高，用次级贷款做成的证券就有很高的利息，全世界很多金融机构争先恐后购买。金融机构吸引老百姓存款，要付利息，他们要用这个存款进行资本运作，寻找高回报的金融产品，眼光很快被吸引到与次贷有关的证券上，想借此好好赚一笔。

但利用这个贷款买房的人一个接一个破产，由这项贷款变成的债券、证券马上一落千丈。钞票变成白纸了，给持有这些证券的企业、银行带来了巨额的不良资产。有一种说法，有2 000兆日元（约140万亿元人民币）的金融资产遭了殃。

因为巨额的不良资产，美国的银行几乎丧失了全部自有资金，缺少了自有资金，银行业务就无法开展，结果雷曼兄弟公司（150多年美国第四大投资银行）倒闭了，其他大银行（花旗等）也面临破产，美国政府正在注资解救。

二、贪婪的欲望催生了"金融衍生产品"

据说现在金融技术进步很快，因为有许多数学家、统计学家介入，搞出了不少现代化金融产品。什么叫金融？钱不够的人，向有钱的人借钱，归还本金时要加上利息，本来我们的金融概念就这么单纯。但现在不是这样了，要用高等数学，要搞证券化，金融界制造出五花八门的所谓"金融衍生产品"，利用这样的产品，以超出实体经济几十倍的巨大金额进行交易，产生的利润也非常可观，这个"金融衍生产品"在世界范围内被买卖交易。

金融方面我是外行，很无知，什么也不懂。有一次，我问一个大银行的行长："金融衍生产品是什么？"行长说："我也不晓得。我们银行里，只有搞这个产品的、特殊的专业人员才懂，我不懂。"连银行行长都搞不清，这个"金融衍生产品"被搞得很复杂。

我们生活在实物经济中，特别是日本，重视制造业，把材料加工成产品，然后出售。购买原材料，募集员工，从早到晚生产产品，就是说要付出辛勤的劳动。然而金融界只要用一张纸、一台电脑，就可以获取巨额利润，真是能敲石成金的所谓"万宝锤"。

最近十年来，出现一种动向，就是依靠这个"万宝锤"来经营整个国家。特别是美国和英国最有代表性。英国伦敦、美国华尔街都聚集了全世界的金融机构。世界上哪个国家都希望将自己的大城市搞成金融中心，吸引世界各国的金融机构。做金融不要资源也不要设备，赚钱最快，又可搞活经济。

实际上，那些从事"金融衍生产品"的专业人才，那些将债权证券化后出售的人，他们对这些产品的内容，这些产品到底是怎么一回事，也一知半解。在这次金融泡沫破灭的过程中，对这些产品会带来怎样的风险，听说他们自己一点也不清楚。因为太复杂了，都是专家反复测算的，大家都愿意相信它肯定安全，拿它交易买卖没问题，所以它一旦破灭，所有的人都惊惶失措。

只要一支笔、一台电脑、一本账本，就能够驱动世界上的资金而获取利润，换句话说，"轻轻松松赚大钱"这种倾向，促成了资本主义最尖端、最时髦的技术，利用这种新技术来把经济搞活。我们搞实业的人看到这种情况，就会觉得只做制造业已没多大意义，应该介入金融。事实上已有不少企业涉足金融业，现在还有很多企业正想参与金融业。

比如通用公司（GE），是高科技企业，属于制造业，发展到生产原子能发电设备、喷气式发动机，但听说这个公司利润的一半来自公司的金融部门。现在面临破产威胁的通用汽车公司（GM），据说过去也是主业汽车利润少，副业金融利润多。搞产品制造的企业搞起了金融。不仅美国，日本也如此，许多企业涉足银行业务，包括索尼，涉足金融的企业很多。不仅金融界，搞实物经济的产业界都一致认为，能轻松赚钱的就是金融，做金融划算。金融在膨胀、在变异，这就是现状。

"轻轻松松赚大钱"，换句话说，就是不劳而获、少劳多获，这种人心的贫相，人的精神的堕落，或者说，人的不知厌足的欲望，催生了新的金融产品，并一步步向全世界扩散。这次金融危机的根本原因就在这里。追根究底，人的贪婪，无尽的欲望，贫相的人心，就是危机的根源。

金融危机的直接原因似乎是金融衍生产品使用过了头，但事情的本质，是人们为了满足自己的欲望，不择手段追求利润最大化，是失控的资本主义的暴走狂奔。

三、不仅是完善制度，根本的是要改变人心

之所以爆发这次金融危机，美国政府、金融界、经济界，仍至全世界的经济界，都认为原因是规范不健全，机制不完善。所以大家都主张要大力制订严格的制度，加强监管，司法方面要重新修正法规，使这样的危机不再重演。我想这方面的工作很快就会展开。

但认真想一想，不久前美国的安然公司、世界通信公司，以及美国有关大企业都因做假账等丑闻倒台。为了防止企业经营者的不诚实行为导致企业破产，美国政府和经济界修订了很多法规，加强企业经营的透明度，建立光明正大的会计制度。大企业的经营者因谋求私利而采取不正当不诚实的行动，给整个社会带来莫大的损害。为了监督他们，美国制定了 SOX 法，对企业的财务会计进行二重、三重检查审核，为此要使用庞大的会计师、律师队伍。

但是，对公司的财务会计进行审核的公证会计师、律师们，他们担心万一审核工作有疏漏，没有发现问题，自己要承担责任，所以需要对这些公证会计师、律师的工作进行再审查，又需要另一批公证会计师、律师。设立这种二重、三重再审核的制度，花费庞大的费用，来监管大公司的财务决算。不仅美国，在美国上市的日本企业，为了审计也要花费很大的成本。

但是不管机制多么健全，规范多么严密，方法多么细致，要想干坏事的经营者还是接二连三。关键是经营者的"心"，必须改变这个"心"本身才行。

这次金融危机发生后，为了防止再次发生同样的丑事，全世界都会考虑加强监管。但是同类事件必然还会发生，不改变人的道德价值，结果必然陷入"道高一尺，魔高一丈"这样的循环，变成善恶的智力竞赛，坏事还将层出不穷。

四、以"动机善、私心无"作为事物的判断基准

我在"盛和塾"一直给大家讲的，就是以"利他心"去经营企业，经常思考"作为人，何谓正确？"。在决定事情的时候，要自问自答：自己是否"动机善、私心无"？这么做，作为一个人是应该还是不应该？这样的问题，在自己的心里要反复自问，不要放过，在这个基础上作出种种决定。以私心、以满足私利来思考问题、决定行动，一定会给员工带来伤害，对社会带来损失，最终对自己也不利。希望大家在经营企业时把"动机善、私心无"放在判断的中心位置。

商人从商的精髓，就是对客户好，对社会好，对自己好。做到这"三好"，成为"三好商人"，就是从商的极致，就是企业家的使命。

五、克服萧条的五种方法

1. 加强与员工的联系

企业不景气，公司内部人际关系一定会受影响，因亏本而

减工资，就会使经营者和员工的信任关系降低。而要克服不景气带来的困难，企业内部的信任和团结最为重要。

我一贯强调"员工是企业的宝贝"。大家也知道作为经营者，与员工关系最重要，但萧条期压力大，人的精神容易出毛病，人际关系容易受损伤，所以一定要用心、要努力加强与员工的沟通，加深与员工的感情。

2. 减少各方面的经费

趁着萧条的机会，尽可能节减一切方面的经费。凡是能想到的可减的费用都要减。在这方面，只要动脑筋排查，一定会产生许多智慧。平时认为必要的经费，此时细细推敲，就会感到这种经费不急甚至不要为好。

我在遭遇萧条时，曾经努力彻底地削减各方面的经费。过去无意中的许多浪费因此得以消除，经营变得更简练。这样，当景气恢复、订单恢复时，完成同样订单的经费就大大减少，利润比原来更多，企业体质更强。所以萧条时大力削减经费，对景气恢复后企业的进一步发展至关重要。希望大家把这一点放在头脑里，努力去削减费用。

3. 领导亲临营业第一线

在 1973 年石油危机时，京瓷的订单直线下降，为取得订单我满世界跑。就是说，在萧条期领导必须率先垂范，跑到营业第一线，这绝对必要。不是只催促营业员加强销售，而是领导亲自出马，带头到第一线，展开"头头外交"，争取订单。

4. 努力开发新产品、新商品

萧条期努力开发新产品、新商品非常重要。订单急剧减少，老产品卖不动。但是即使在萧条中，也有市场需求的产品，市场需要的东西肯定有。那是什么呢？在开展"头头外交"，在领导人亲自跑客户、跑市场的过程中，你就能发现，就能看清。市场想要的，我们就做、就开发，这样就能开发市场需要的新产品。

非制造业，零售业就要进市场能销的新商品，去卖新商品。

正是萧条期最适合开发新产品、新商品，因为这时涉及企业生死存亡，开发者的精神状态不同，所以萧条最能促进新产品、新商品的开发成功。

5. 在各方面钻研创新

在各方面努力钻研创新，为景气恢复时再发展创造新的机会。

萧条是锻炼企业、强化企业的风暴，像制造"竹节"一样，使企业变得坚韧，使企业更好地成长。没有节的、只是疯长的竹子，一遇风暴，必然折断。要把萧条理解为上苍为了锻炼企业，有意给予企业承受痛苦的机会，所以我们一定要乐观，要顽强，要努力奋斗。

（本文由曹岫云翻译、陈华蔚校正）

稲盛哲学摘录

"作为一名经营者，如果自己没有卓越的思考方法和人生观，职工绝不会凝聚起来。为了出色地经营，首先自己应该树立起高层次的思考方法、人生观和哲学。"

为什么要让全体员工接受"京瓷哲学"呢？我举个登山的例子来说明一下。

首先，重要的是决定自己准备攀登什么样的山。因为根据自己要登的山，要准备的东西也有所不同。如果是爬一座小山，像去郊游那样的便装就可以了。可是，比方说要是想爬冬天的八甲田山，从防寒用具的安排到露营的准备等，必须做好冬天登山所需的一切准备工作。如果要是想攀登珠穆朗玛峰的话，连攀岩的技术都不能缺少。也就是说，目标不同，所应准备的用具和想法也都不一样。

京瓷哲学是为了实现远大目标而必需的装备。

京瓷的经营理念

追求全体员工物质与精神两方面幸福的同时，为人类、社会的发展、进步作出贡献。

以心为本的经营

京瓷公司是从一个既没有资金，也没有信誉和业绩的街道小工厂起步的。当时，它所拥有的只是一点点技术和相互信赖的 28 名员工。

为了公司的发展，每个人都竭尽全力。经营者也拼命工作，不负众望；员工们相互信任，不图私利私欲，以在公司工作为荣，盼公司发展壮大。这就是京瓷的经营之道。

虽然常言说人心善变，但同时也没有比人心更为可靠的东西。正是以相互信赖、紧密相连的"心"为基础，京瓷才有了今天的发展。

光明正大地追求利润

作为企业，不追求利润就无法生存下去。追求利润既不是什么可耻的事，也不会违背做人的基本道理。

在自由经济的市场上，通过竞争决定的价格就是正当的价格，以这个正当的价格堂堂正正地做生意所赚得的利润，当然就是正当的利润。在严峻残酷的价格竞争中，只有为追求合理化，提高附加价值而付出不懈努力，才能赢得利润。

不积极地为顺应顾客的要求脚踏实地地努力工作，光靠着投机和不正当的手段，贪图暴利，梦想一下子发大财，这样的经营观点风行于世，但京瓷公司的经营之道是：自始至终坚持光明正大地开创事业，追求正当利润，多为社会作贡献。

贯彻实力主义

一个组织在运营管理上最重要的是，这个组织的各部门负责人是否由真正有实力的人来担任。

所谓真正有实力的人，是指不仅拥有恪尽职守的能力，同时人格高尚，值得尊敬与信赖，并且愿意为了大家的利益而发挥自己能力的人。一定要建立起这样的组织环境，要给这样的人提供出任组织负责人的机会，并要让他们能够充分施展才能。如果依靠实力主义进行运营，这一组织便会不断得到强化，并进而形成为全体员工谋福利的组织。

在京瓷公司，衡量一个人的标准不是看工龄或者资历，而是看他所拥有的真正实力。

重视合作伙伴关系

京瓷自创立以来，一直致力于建立心心相印、相互信赖的伙伴关系，并以此作为事业的基础。因此同事之间、经营者与员工之间并不是纵向的从属关系，而是为了同一个目标，为了实现自己的梦想走到一起来的同志关系，这也就是说这种横向的伙伴关系在京瓷成为最基本的关系。

京瓷能有今天的发展，并非来自那种仰仗权力和权威而发号施令的上下级关系，而是这些志同道合的伙伴，为了公司的发展而齐心协力，共同奋斗的结果。

正是同事之间作为合作伙伴而结成了相互理解，相互信赖的关系，才使得这一切成为可能。

以纯洁的心性来描绘愿望

如果没有以纯洁的心性来描绘的愿望，就不能达到成功的彼岸。即使抱有强烈的愿望，如果是因私利私欲而产生的话，也许能够带来一时的成功，但这样的成功不可能长期持续下去。

与世间道理相反的动机而产生的愿望，越强越会与社会发生碰撞与摩擦，结果只会带来更大的失败。

要想把成功长期地持续下去，其描绘的愿望和热情必须是纯洁的。换而言之，渗透到潜意识里的愿望纯洁与否，那才是问题的关键。持有纯洁的愿望，坚持不懈地努力，那么愿望就一定会实现。

纯朴之心

所谓纯朴之心，就是勇于承认自己的不足之处，由此保持谦虚谨慎的姿态。

有能力的人，性情急躁的人，自我意识强的人，往往不会听取别人的意见，即使听了，也会反驳。但是，真正能够上进的人，应该怀有纯朴之心，经常听取别人的意见，经常自我反省，正确认识自己。有了这样的心性，这个人的周围就会有志同道合的人聚集，这样力量凝聚，就能够使事业顺利发展。

始终保持开朗之心

不管遇到多么艰难、多么痛苦的事，自始至终地保持明朗之心，抱着理想和希望坚持不懈地奋斗，这才造就了今天的京瓷。

人生充满光明和希望。时常抱有"我将迎来辉煌的人生"

这种念头很重要。绝不牢骚满腹，消极处世，或者憎恨别人，嫉妒别人。因为这会使人生变得黯然无光。

说来也简单，对于自己的未来充满信心，并为之积极奋斗，这才是使工作、人生顺利发展的首要条件。

为伙伴尽力

在人的行为中，最美好而宝贵的，莫过于帮助他人。虽说一般人往往首先考虑自己，但实际上，在每个人的心中都内藏以帮助别人为人生最大幸福的想法。

曾经发生过这样一件事。在一个严冬，美国发生了一起飞机坠机事故。一个男人在自己将获救的瞬间，把率先获救的机会留给了身边力气用尽的女性，而自己却沉入了水中。

人类的本性原来是如此美丽。

正因为尽力帮助伙伴，并不惜付出努力，所以我们才构筑起了强大的集团。

自我燃烧

像物质可以分为可燃物、不燃物和自燃物一样，在人的类型中也存在着点火就可以燃烧的可燃型的人、点火也不能燃烧的非可燃性的人以及靠自己就可以熊熊燃烧的自燃型的人。

想要干一番事业的人，必须具有自我燃烧的热情。高中棒球队里那些从内心热爱棒球的年轻人，以进军甲子园球场为远大的目标，齐心协力生气勃勃地刻苦训练。从他们的身影中，大家能感受到他们未来的希望和蓬勃的活力。他们是能够自我燃烧的自燃型的团队。

要想自我燃烧，除了要热爱自己所从事的事业之外，同时还要抱有明确的目标。

热爱工作

做成事业，需要极大的能量。这种能量靠自我激励、自我燃烧来获取。

自我燃烧的最佳办法，就是热爱工作。无论什么工作，如果全身心地投入并最终完成，将会产生巨大的成就感与自信心，从而引发向下一个目标挑战的欲望。如此反复，对工作就会更加热爱。这时，任何努力也会不觉其苦，就能取得杰出的成果。

只要把自己的心境调整到这种状态，就能取得辉煌的成功。

感悟事物的本质

通过对一件事物穷其究竟，我们能够体悟到真理和事物的本质。所谓穷其究竟，是指把全部的精力投入到一件事物上，抓住问题的核心。拥有对一件事物穷其究竟的体验，就可以通晓其他所有的事情。

即使乍看很枯燥的事情，也要把赋予的工作奉为天职，全身心地投入进去。这样坚持不懈地努力，定会找到真理。

一旦懂得了事物的真理，那么不管做什么，不管身处何种环境，都可以自由自在地发挥出自己的力量。

一事通晓万事通。

成为旋涡的中心

工作不是自己一个人能做的，要与上级和部下，以及周围的人一起齐心协力来干。

这种情况下，自己首先积极主动地工作，并影响推动其他的人，这样一来，周围的人自然而然地前来协助你。这就是所谓"在旋涡的中心工作"。

公司里到处都翻卷着工作的旋涡。如果留意一下就会发现，如果老以别人为中心，而自己只是在一边跟着转的话，将体会不到工作的真正快乐。

必须自己成为旋涡的中心，积极地带动周围的人一起工作。

直言相谏

为了以认真负责的态度完成工作，与工作相关的人们，彼此之间必须毫不客气地指出发现的缺点和问题。

对事物不能马马虎虎，敷衍了事，而必须以"什么是正确的"为基准，讲真话，直言相谏。已经发现了缺点和问题，却担心被他人讨厌而不敢大胆指出，只想保持和气，这就大错而特错。

即使唇枪舌剑，也要拿出勇气，把彼此的意见讲清讲透，在此过程中，建立起真正意义上的相互信赖关系，并把工作做得更为出色。

毫无私心地进行判断

对某事要作决定时，哪怕夹杂一点儿私心，判断都会受影响，结果只能是倒向错误。

人的想法往往容易偏向利己，如果大家都把对对方的关心和同情抛在脑后，而把一个"私"字放在首位，那么就得不到周围人的协助，工作也不可能顺利地进行。而且，这样的想法，会使团队的道德观念衰退，活动能力减弱。

我们在日常的工作中，要不断扪心自问，是否克制了利己心，是否遵循正确的做人准则，是否夹杂着私心。必须一边自问自答，一边对事情作出决断。

平衡的人格

所谓平衡的人格，由两个方面组成。一方面，凡事都要问个"为什么"，从逻辑上追根究底，以求彻底弄清事物的真相，就是所谓合理主义；另一方面，又要待人亲切，处事圆润。两方面兼备，合成一种平衡而成熟的人格。

只具备卓越的分析力，只强调行为的合理性，过分清高的人得不到周围人的协助，大家或许会认为他是个好人，但这样的人并不能将工作扎实推进。能任大事者，除了具备科学家的合理性之外，还必须具备一种品德，一种人格魅力，使别人即使为他赴汤蹈火也在所不辞。

体验重于知识

"知"与"会"是截然不同的概念。

从预测陶瓷烧制时的收缩率这个例子中就能明白这一点。根据参考文献上的知识，在相同条件下进行烧结，理应得到相同的结果，但实际结果却每次都不尽相同。书本上的知识、道理，与现实中发生的现象并不一样。只有以经验来验证，也就是说，必须经过亲身体验才能弄清事情的本质。

不管是营业部门，还是管理部门，这一点都完全相同。只有以实际经验为基础，才能掌握和活用知识和理论。

贯彻信念

做事过程中，会有各种障碍，能否战胜障碍，其结果也会大不一样。

想做什么新事情的时候，会出现很多反对意见或各种障碍。有些人一遇到这种情况，就会轻易放弃。但取得辉煌成绩的人，都是那种坚持以崇高的理想为依托的信念，击破所有障碍的人。那些人把障碍看作一种磨炼，迎难而上，高举自己的信念大旗前进。

贯彻信念需要莫大的勇气，但如果没有这种信念，就做不到有创造性、革新性地工作。

做事要有言必行

人们常把"埋头苦干"作为一种美德，可在京瓷，我们强调的则是"言出必行"。

首先，要主动地毛遂自荐："这件事我自己来做。"这就意味着你在向大家宣布，自己已成为该工作的中心。这样发自内心和周围的双重压力能够使你振奋，同时通过不断地给自己施压，实现目标将会更有保障。

抓住晨会、会议等所有机会，主动地把自己的想法向大家清楚地说明，说出来的话不但能够激励自己，还会成为实际行动的动力。

深思熟虑到能看得见结果为止

我们从事工作时，必须具有能看得到结果的心理状态。

最初的梦想或者愿望，在大脑中经过数度反复思考，这样做如何，那样做又该如何，不知不觉之中，梦想和现实的界线便会逐渐消失，尚未着手的事情在脑海中也会产生实感，并由此而逐渐生出自信。这便是所谓的"看得到结果"的状态。

如果不深思熟虑到这种"看得到结果"的状态，就无法实现没有先例的工作或创造性的工作以及较为困难的工作。

心想事成

事情的结果是根据心里描绘来决定的。如果心里总是这样想"无论如何都要成功"的话，就一定能够成功，"可能不行，也许会失败"的想法占据心里时就会失败。

心里没有呼唤过的东西，所求之物就不会接近自己，现在自己周围所发生的所有的现象都只不过是自己心灵的反映。

所以我们心里不应该有愤怒、怀恨、嫉妒、猜疑等，不要在心里描绘一些带有否定性、阴暗的东西，而应该时常抱有梦想，在心里描绘积极的、美丽的事物。只有这样做才有可能"心想事成"。

度过时刻反省自己的人生

人要想提高自身，就要经常谦虚地、严格地反省自己每天的判断和行为到底在"人格上正确不正确，有没有骄傲自满"，需要时常告诫自己。

只要让自己返回到原点，反复地反省自己，"不要做肮脏的事""不要做那么卑怯的事"，这样就不会做错事。

我们每天在忙忙碌碌的生活中，容易失去自我。为了不失去自我，要有意识地养成反省自己的习惯。只有这样做，才能够改正自己的缺点，使自己进步。

以下摘自稻盛和夫多年讲话的一些片段，读者看后一定会感到这些话真如序言中季羡林先生所说"到处是零金碎玉，美不胜收"。字里行间都可使人体会到稻盛哲学是经营之道，人生之师。

人生是一台戏。这台戏的主角就是我们自己。花费毕生精力去演一台什么样的戏，这是我们每个人都必须面对的问题。

也许有人会说，命运是一出生就决定了的。但是，我相信通过不断提高自身修养和素质，命运也同样可以改变。高尚的情操是会感天动地的。

年轻人都有想干一番事业的理想和愿望。不过，切莫忘记，那是靠一步一步、扎扎实实的努力来实现的。不想付出，一味描绘宏伟的蓝图，那只能是一场黄粱美梦而已。

我认为，只有专心致志地干一件事，并精通它，才能找到真理，才能理解森罗万象。在一切事物的深层，都有一个放之四海而皆准的真理。干好一件事，其他事情也会无师自通。

领导必须有不惜牺牲自我的勇气。一个集体要干点什么，就必然需要付出相应的能量，也就是代价。而这个代价则应该由领导率先付出。

鼓舞人心的动力只有一个，那就是公平无私。无私就是指毫无自私自利之心，不以自己的爱好和私情判断事物。

一个企业家的职责，就是不断给企业注入生命。工作，就是燃烧自己的灵魂，就是艺术家对艺术的迷恋和倾心。

有些人他们想干一番事业的愿望是发自内心的，是强烈的。这种人无论周围的环境多么恶劣，他们都会千方百计想方设法去寻找实现愿望的途径，并以此培养他们的开拓进取精神和创造性。

同样是处于恶劣的环境，知难而退的人只看到形势的严峻，感受到的只是难成气候。而那些知难而进，发自内心地把愿望升华到信念的人，会冲破重重困难，积极开动脑筋，开创新局面。

在人生的里程中，有的人走向辉煌、美满幸福，有的人历尽坎坷，有的人平平凡凡，而他们之间的不同就在于一念之差。

在漫长的人生旅途中，大家也许会遇到束手无策、痛苦难熬的情况，但正是在这样的时候才更需要咬紧牙关，向着理想真诚地去努力。

要开辟新领域，并使其发展下去，其关键并不在于具有多少丰富的经验，也不在于具备多少常识，主要在于看准人的本质，依据原理原则作出判断。

我一般不立刻把理想付诸实践，而是在脑海里尽情地描绘。也不是马上实际动手干起来，而是年复一年地进行着理想的模拟实验，之后再将理想转换成强烈的愿望。

在那些看是平淡的现象中往往潜伏着良机。这良机只有那些胸怀大志、目光长远的人才捕捉得到。而那些心胸狭小、眼光短浅的人，永远也没有能力抓住这样的良机。

经营者在对待员工时，有时应该像挥泪斩马谡一样严厉得近乎于冷酷；有时又要显示出像菩萨一样的仁慈，充满人情味。

我们真正需要的还是自我燃烧者。更进一步说，只有不但可以自我燃烧，还可以将余下的热量施与他人的人，对集体才是最有用的人。

人们认为好像我有什么远见卓识似的。其实，我没有人们常说的那种远见卓识。如果非把我的成功称为有远见的话，那么是否可以这样认为，只要我们最大限度地挖掘出事物本身的一切可能性，我们就拥有了远见卓识。

领导切不可是卑怯之人。一个集体的领导，不仅应该是道德、行为规范的倡导者，更应该是道德、行为规范的体现者。

领导的行为、态度、姿态，无论是好还是坏，都不单单是个人行为，而会如同星火燎原一样扩散到整个集体之中。集体正是照出领导形象的一面镜子。

有的领导一旦身居权力之位，便开始堕落，傲慢不逊。这样的领导者，即使会有一时的成功，但终究会由于得不到周围的通力合作，而使得集体不能持续地发展、壮大。

领导要想把这种良好的气氛、良好的社会土壤移植到集体当中去，最重要的是首先把自己置于集体之中，真正认识到有了部下才会有自己，永远保持一种谦虚的态度。

团结一致、统一方向，指的是思想方法的一致，要有保证每个人思想、行为一致的最根本的哲学，并以此为坐标，充分发挥每个人的个性。

如果只是个爱好相同的小组，那么只要畅所欲言，充分发挥个性就行了。但如果是个有目的的集体，就必须拥有共同的价值观，这样才能团结一致地为达到目的奋斗。

第二部分

借鉴交流　贵在应用

经营十二条的实践

天津市一轻集团有限公司董事长　林永宁

一、伟大的哲学思想，普通的人生道理

稻盛先生创建的日本盛和塾有塾生近 5 000 人，已在日本形成浓厚的学习氛围，每年 10 月举行有 1 000 多人参加的盛和塾大会，塾生们畅谈学习稻盛经营哲学的亲身感受和取得的成绩。稻盛先生对每个塾生的演讲都给予深刻的评价，并进一步指明努力的方向。稻盛先生还要做两三个小时的主题演讲，学员们认真聆听稻盛先生的教诲，如饥似渴地学习，追随稻盛先生的场面令人感动！我有幸三次参加了在日本京都国际会馆举行的盛和塾全国大会，至今难以忘怀。

2004 年 4 月 6 日上午，稻盛先生应邀到中国最高政治学府中央党校给厅局级以上干部做了一场精彩的演讲，数百名学员对稻盛先生的演讲报以热烈的掌声。一个月后中央党校又将稻盛先生的讲稿全文发给省部级干部学习，当时在国内引起强烈反响。稻盛先生的经营哲学思想为什么在中日两国企业界和政

治界如此受欢迎？为什么在中日都有大批的企业家刻苦学习，努力实践稻盛先生的经营哲学？原因就是企业家、经营者已认识到要想将事业做成功，必须拥有高尚的哲学思想和正确的人生观，而稻盛先生正是将自己四十多年刻苦学习、潜心钻研、亲身实践的体会和探索的理念总结提升到哲学的精粹，又将深奥的理论以朴实的语言表达出来，让人们学起来好懂、好记，用起来得心应手，效果明显。这就是稻盛先生的经营哲学，在"以人为本，敬天爱人"基础上建立起来的一个经营哲学思想体系，包括大家都在学习的《经营十二条》。稻盛先生的经营哲学一般人大多能看懂，但要真正学会不容易，主要取决于学员的心态是真学还是假学，是真懂还是假懂，是真用还是假用。虽然我们都有把工作做好、把公司搞好的心愿，但真要达到搞好公司，让员工幸福的目标，先决条件是经营者必须不断地提升自己的思想水平和精神境界，所以学习的目的、学习的心态、学习的动机很重要。

二、伟大的经营者、哲学家，和蔼可亲的师长

1995 年春天，我看了一篇报导，知道了稻盛和夫先生和日本京瓷公司，因为我当时在天津天磁公司工作，都是一个瓷（磁）字，就把我与稻盛先生紧紧连在了一起，让我一直追随着先生。我因工作需要多次到日本，也从日本友人那里了解了稻盛先生的为人和事迹。当时印象里他是一名成功的企业家，从一名工程师个人创业，1959 年成立京瓷公司到 90 年代将京瓷公司打造成以高科技、高利润、高成长著称世界的 500 强企业，

他的"规模与利润思想"曾经影响了一代企业家。他还是一位很有亲和力的领导，其"敬天爱人"的思想深深吸引着我。他办企业就是为了追求员工物质与精神两方面幸福，为人类和社会的进步与发展作出贡献的目的让我终生难忘。稻盛先生不仅为我办企业树立了榜样，也为我经营者的人生和成长指明了道路。除了对稻盛先生的敬仰，通过了解京瓷、KDDI 等稻盛先生创建的公司在世界经济中创造的一个个奇迹，我看到这位世界奇才的博大胸怀和战略眼光，渴望与稻盛先生交流从中吸取知识和提升自己理念的想法越来越强烈。

第一次与稻盛先生见面是 1999 年夏天在天津中日经营哲学研讨会上，稻盛先生作主题演讲，我以学员的身份聆听。稻盛先生生动、精彩、感人的演讲，和蔼可亲、热情待人、耐心指教的举止与我想象中的世界知名企业家的高高在上、表情严肃、难以接近的形象形成反差，这让我感到他是一位平易近人的师长，初次见面如同旧友家人一样。虽然他身上有一种智慧和伟大的气质，但没有与周边的人产生距离，学员们都感到他和蔼可亲，他那精力焕发、神采奕奕的状态让人感到坚定可信。当我与稻盛先生面对面交流，他将人生的追求理念、经营的哲学思想，以非常简洁明确、浅显易懂的语言讲出来时，又让我深刻的领悟到京瓷成功的真谛。他对周边的人像老师对学生，父母对孩子一样地爱护、帮助和指导，更增强了我要做稻盛先生的学生的信念。

三、在"敬天爱人"中实现企业发展的意义

稻盛先生"敬天爱人"的思想在日本、中国一些企业都作

为企业发展的宗旨，以及企业家、经营者的座右铭。"敬天爱人"是商人的最高品德，也是商人受到世人尊敬的主要原因。企业家、经营者都是经商者，是为人类提供产品，满足人民需要，以一种忠诚、忠实、忠爱人类的感情，实现自己的理想，追求事业的发展和社会的进步。

"敬天"是一种对事业追求责任的体现，天就是地球，就是自然，就是事业，包括我们的国家、企业、家庭。敬天就是要讲与自然、与环境相和谐，与国家、企业、家庭相统一；就是要重视环保，发展有利地球生存的绿色产业；就是为国家利益负责，将企业搞好，实现企业的美好远景；就是要营造好家庭，实现家庭和谐与全社会的文明进步。

"爱人"就是爱人民、爱职工、爱家人、爱同事、爱消费者、爱合作者，包括竞争伙伴，就是要真正做到以人为本，尊重人、理解人、爱护人、帮助人。对自己不断提升理念，提高身心素质、能力和水平，为企业作出更大的贡献；对领导要尊重服从，帮助上级多干工作，干领导没想到的工作；对同事要关心，共同进步，一起成为想干事会干事干成事的人；对员工要爱护，要把员工利益放到第一位，为职工物质与精神两方面幸福而努力，做好对员工的教育培训，让员工积极性、工作热情和智慧都发挥出来，创造出更多的价值，并得到应有的回报；对于消费者要像爱护自己的眼睛一样，设计制造好每一件产品和服务，让消费者满意和感到轻松；对于合作者要讲协作，讲共赢、多赢；对于竞争伙伴也不能恶拼恶斗，要学人长补己短，寻求共同生存发展的空间，实现在竞争中共同进步发展。

我就是用这些理念教育一轻的干部职工，使得一轻集团和下属企业发展的意义更加深刻，目标更加明确，举措和方法更加科学，使企业追求的过程、远景、工作、责任与目标相一致，员工与企业、领导与员工、企业与社会更加协调统一。

四、用"人生方程式"鞭策员工和自己

稻盛先生讲：人生·工作的结果 = 思维方式×热情×能力，这一方程式是京瓷哲学的核心，极其深刻地表明了人的思维方式的极端重要性。我在10年的工作中始终将人才工作放在第一位，大力推进人才工程，搞好人力资源开发，努力建好领导者（管理者）、工程技术人员、优秀技能工人三支队伍，用稻盛先生的人生方程式分析员工并针对性的指出员工努力方向，使员工的素质能力水平适应公司发展要求，把人生目标与公司目标连在一起，用"人生方程式"激励、鞭策员工收到很好效果。

对于一个员工来讲能力基本上是先天的，包括智力、智商、体能、精力、健康、反应能力不一样，有高有低，先天的不能选择，但后来的可以改变。用积极向上勤奋努力去弥补先天的不足，使很多后来者居上。很多人通过刻苦学习、不懈努力，提高了自身的能力水平和素质，创造了不平凡的业绩，所谓"精诚所至，金石为开"道理在一轻的成功人士身上已经体现。但最关键、最重要的是人的思维方式，我们要培养、选择、重用正直、热情、向上、明辨是非、正义坚定的人当领导，做管理，搞科研，从事公司的重要工作。由于他们思维方式正确，就能够不断地否定自我，超越自我，战胜自我，发扬团队精神，

融入企业中，献身事业中，忘我、无私、无畏地工作，这些人越多，我们的企业发展就越快，为社会做的贡献就越大，我们的事业就越能成功！否则，用了思维方式不正确的人会将事业断送，将企业毁掉。坚持稻盛先生"人生方程式"，选择人、培养人、使用人、考察人已成为一轻新的机制，对一轻健康发展起到了重要的保证作用。

五、以经营十二条为指导，实现集团快速发展

我是 2000 年 1 月到一轻集团公司任总经理，当时集团有 10 万名员工，在 300 多家企业中有一半倒闭，有近 3 万名员工下岗，一年的销售额只有 40 亿元，没有什么利润。天津的轻工业（我所在的一轻集团）在中国五六十年代是最辉煌时期，当时中国轻工业有"上青天"之说，天津轻工业在上海、青岛之后排在全国第三位。但到了 2000 年集团陷入了困境，此时我已从在天磁公司五年学习实践稻盛经营哲学的体会和经验中得到深刻启发，要想使一轻集团走出困境实现发展，必须将"经营十二条"思想融入一轻各项工作之中。

首先，确定一轻的发展目标，一定要正大光明，符合天理大义。当时我主持制定了《一轻集团"十五"发展规划（2001—2005 年）》，确定了要为一轻员工谋幸福，把天津一轻工业发展到 100 亿规模的目标，并制定了"583"发展战略，突出一切为了职工、为了天津轻工业发展这个目标，并将事业的目标和意义进一步明确，向全体员工宣传、灌输，大约用了一年时间，使一轻员工看到希望、看到光明、看到远景，制定自

己的责任和目标，形成了集团上上下下同舟共济、共同奋斗的新局面。当年我首先解决企业发展和员工生活水平提高的问题。一是加大对外开放，引进国际合作伙伴与一轻优势企业合资合作，先后成立了 30 个新公司，使万名员工到合资企业工作，创造新价值，拉动了一轻的发展；二是深化改革改制，将 80 户能够发展的企业通过股份制改造，多元投资、民营化改造建成新企业，用新体制、新机制实现这些企业新发展；三是加快退出步伐，将近百家陷入困境不能自拔的企业，员工身份转换，发给补偿金，到社会重新就业。将这些企业土地、厂房、设备转让，发展专精新特企业，通过社会力量发展新型轻工产业。这些举措使一轻企业得到发展，员工生活水平得到提高。

第二，培育员工胸中怀有强烈愿望，并将这种愿望渗透到潜意识中持之以恒。将集团、企业发展的远景与职工的职业生涯紧密连在一起，让职工人生目标与企业发展目标相一致，员工信念与企业理念要趋同，才能形成同心同德、同攀高峰的局面。将数万名员工拧在一起，关键是激励教育员工工作的激情、热情、真情，并让全体员工的发展愿望很强烈，真心实意地为了企业发展而工作、而努力。这种强烈追求发展、追求成功、追求幸福的意识，也是企业发展的动力源，也只有各级领导以身作则，从己做起，全身心地投入到事业中、工作中，才能带领全体员工都进入并保持这种状态。几年来，我在一轻当总经理就是保持了这种强烈的愿望和激情，率先垂范，带领全体干部员工干到今天。

第三，强调追求销售最大化和经费最小化，是一种让企业健康成长，提高经济运行质量，增强企业发展后劲的战略之举。企业要发展就必须要有利润，中国一些企业往往销售额很高，但没有利润。不实行科学管理，其中财务管理水平低是企业通病。面对一轻一百多个发展型企业，怎样提升正确的经营思想，我按照第五条方针，坚持利润第一，在追求销售额不断增长的同时，更加注重利润。我们将投资回报作为一项考核经营者的重要指标提出，为了使销售额最大化、经费最小化目标实现，我们举办了专题讲座，请财经大学的教授讲课，并将稻盛先生编写的《稻盛和夫的实学》一书发到一百多位经营者手中，结合企业学习实践，提出了零损耗、零库存、零应收款等目标，开展了提高管理水平的交流活动。聘请日本管理专家对企业现场、质量、物流诊断，改进创新了一套科学、严格的管理体系和办法，使企业的销售额和产品市场占有率不断提高，费用下降，利润增加。采取缩小管理单位的"变形虫"管理模式，使得成本得到有效控制，过程得到有效监督，效益得到明显提高。管理人员和职工提高了管理水平和效益意识，在实现销售量最大化、费用最小化的过程中，提高了自己的能力，发挥了作用，使企业和员工的整体素质得到新的提高。

第四，经营取决于坚强的意志。实现经营目标，战胜企业面对的困难，要以洞穿岩石般的坚强意志。一轻这个有50多年历史的老国有公司，面对新的形势、新的环境要适应，对历史遗留下的负担要消除，对前进中的阻力和障碍要克服，必须要有一种锲而不舍、顽强拼搏、坚持到底的精神，这就是确定了目标、决定了的工作就要全力以赴，以百折不挠的精神坚决做到底，取得成功。稻盛先生领导的京瓷在前进路上遇到无数的艰难险阻，但凭借坚强的意志和品格，最终走向成功，保持了稳健的发展。我经常教育职工，要有坚定的信心，不达目标绝不罢休，不能为干不好工作、达不到目标找借口、找理由，而是面对挑战、面对困难，要有一种将挑战做机遇；将困难做动力，将差距做潜力的精神，时刻鼓励大家、凝聚大家、动员大家增强战胜困难的勇气和拼搏进取的决心，树立先进典型和榜样，形成人人学先进、当先进的氛围，并通过学习、交流、沟通、鞭策，使大家同心齐力朝着一个目标而努力。实际上工作就是锻炼，困难就是磨炼，在战胜许许多多困难、实现事业成功的道路上，职工的意志得到了增强，素质得到了提高，也使公司的事业得到了发展。

第五，不断从事创造性的工作。创新是灵魂，是实现成功的保证。学习稻盛先生哲学思想一是要立足千里之行始于足下，要开好头，迈好第一步，要坚持一步一步走完千万里，一件一件做成千万事，要日复一日、年复一年地不懈奋斗，而这种一步一步前进不是因循守旧和循规蹈矩，要战胜自我、超越自我、不断地否定自我，创新发展。京瓷公司在稻盛先生领导下，坚持科技创新，技术进步，在 IT 产业领先，在太阳能事业超前，在刀具、工具事业上不断向世界高峰攀登，这些给我很大启发。在一轻的发展道路上，我坚持与时俱进，不断创新，在行业发展上将生物工程与食品制造相结合、在手表制造上将数字技术与精密加工技术相结合、在精细化工制造上将国际先进超滤技术与纳米技术相结合，开发出一批国际一流产品。在工作上精益求精，不断革新改进，使每个人天天进步、每项工作出色完成、每个企业健康成长。按照创新发展的要求，我提出了一轻由精到强、由强到大的发展战略，从技术上、管理上、产品上、企业上、行业上都要立足做精做新，做出特色。要在创新的基础上，增加财富，聚集资源，把公司做强，把品牌做大，在有竞争力、有后劲、有活力的基础上把规模做大，成为中国北方最大的日用消费品集团。为了达到这个目标，创新是关键，必须坚持。

第六，始终抱有乐观、向上的心态，要抱有梦想与希望，以诚挚之心处世。努力将梦想成真，要以诚挚之心回报社会、回报人类、回报世界。因为我们的事业是光明的、正义的，所以我们必须有健康向上的心态，以永不消沉、永不放弃的精神不懈的追求成功和梦想。我在公司特别提倡要有三种情怀：一是对企业、对同志要有感情，热爱企业、热爱事业、热爱员工；二是对工作、对实现目标一定要痴情，全心全意地投入到工作中、科研中，达到如醉如痴的地步；三是对事业要有激情，要热情向上，愉快奔放地投入工作，要不断地思考、不断地努力探索追求，用激情感染别人、用激情激发职工活力，坚信事业的成功，坚信自己的能力和作用，坚信美好的未来，不断提升自己的理念素质。现在一轻全体员工都在精心培育和打造"同心同德，同攀高峰"的企业文化，"一心一意创造轻松"的经营理念，把这种同心文化、轻松理念作为一轻人的共同价值观和事业的根基，使一轻保持健康、旺盛的活力，实现又快又好的发展。

六、用稻盛经营哲学指导人生和经营，努力作出更大贡献

用稻盛先生"经营十二条"指导一轻工作，实现一轻新的发展，已成为我做人做事的宗旨。在十几年的学习实践中，我获得了成功，从 90 年代初到 2000 年我将天磁公司从倒闭的边缘拉到中国知名企业行列，打造培育了"天磁"这个中国知名品牌。从 2000 年到今天又将一轻从困难中拉出来，2006 年实现销售额 136 亿元、利润 3.6 亿元，并进入中国 500 强企业第 316 名。现在按照天津市总体规划和滨海新区开发开放的要求，一轻又与滨海新区发展扭在一起，制定了到 2010 年实现销售收入 500 亿元、利润 50 亿元的目标，并编制了科学创新的"十一五"发展规划，目前正在实施之中。在未来一轻的发展进程中我还要努力学习实践稻盛先生经营哲学思想，学习借鉴京瓷公司的成功经验，加强、加大、加深与京瓷公司合资合作，密切与日本盛和塾的联系，搞好与学员的沟通，为一轻与京瓷的发展作出新的更大的贡献！

（第 8 届高层经营管理哲学研讨会特别讲义，2007 年 6 月 7 日发表于日本《盛和塾》杂志）

感谢相遇与机缘

日本赛尔巴株式会社代表取缔役社长　桑原孝正

　　我公司成立于昭和五十八年 11 月（1983 年），已经走过了 23 个年头。那时候我 27 岁，创业之时叫做有限会社太阳食品。平成十五年（2003 年）在公司成立 20 周年的时候，将公司名称变更为赛尔巴株式会社。"赛尔巴"为意大利语，是"森林"的意思，"森林"是期盼全体员工、客户、生意伙伴、公司所在地区社会、赛尔巴公司、股东以及与我公司有关系的所有的人们共同富裕起来，而定位为塞尔巴"富裕的森林"。目前，我公司经营着 10 家食品超市（在山梨县有 9 家店铺，在静冈县有 1 家店铺），前半年的销售额为 100 亿日元，固定收益为 1 亿 7 200 万日元，员工 580 名。

　　我祖父是从事农业经营的，因为没有生育子女，所以就收养了我母亲作为养女，后来我父亲作为女婿养子和我母亲结了婚。祖父一边经营农业，一边作为农民代表从事市议会议员的工作。祖父非常严格，记得我小学的时候被要求每天早晨必须帮助做家务，否则就不能去上学。现在想来那样严格的教养真的是很好。我父亲在昭和三十年代（1955—1965 年）的经济复兴时期，在纺织行业创业，从事和服面料的生产。在那个被称为"纺织业黄金时代"的好时期，虽然是家族企业，但是也雇用了 3 名员工，父亲和母亲一起付出超越常人的努力，使家族企业获得了成功，也将我们兄弟 3 人培育成人。

我中学时代学习成绩中等，体育运动中喜欢打棒球，与普通的中学生没有什么两样。升入了高中以后，考虑到自己是长子反正以后继承家业，就没付出什么努力，度过了自在无忧的高中时代。因为家族企业是纺织业，也是自己将来的工作，所以从高中二年级开始在家族企业帮忙。在帮忙的时候，经常听到父母的教诲，也有了自己的一些感受。第一点感受是，虽然是农村，但是由于西洋化潮流的影响，在向不穿和服的生活发展变化；第二点感受是，因为是估计式生产，所以家里库存经常都是堆积如山；第三点感受是，在 210 天的利用票据做生意的过程中，从采购原材料开始，一直到生产成品。销售后回收现金，需要一年以上的时间，在帮忙的时候，我曾经看到过两次票据不兑现的情况。

那时候，我感到纺织业的未来是绝对不容乐观的，因此，想利用大学的四年时间来决定自己的未来，就请求父母让我去大学读书。而那一年的 10 月发生了石油危机，连洗衣粉、手纸都买不到，社会非常混乱，纤维产业也不例外，日子非常难熬。第二年，我进入了东京经济大学经营学院学习。我提醒自己，在那种情况下升入大学的目的是决定自己的未来。就在这样的状况下，开始了我的大学生活。想到自己将来可能从事与经商有关的工作，就加入了市场营销研究会。

因为父亲从事的是纺织品制造业（产业链的上游），根本无法自己决定销售价格，而经常是由批发商决定价格；而我将来想从自己能够决定价格、还能够直接听取消费者的声音的流通零售业（产业链的下游），所以在研究会学习时的研究课题都是关于流通零售业的。在石油危机时期，我亲眼看到百货店、超市成为成长型的产业。也恰恰是在那个时候，人们看到了便利店成长的曙光。

在大学的专题小组学习时，我的研究方向也是市场营销论。那时，我确信商品能卖出去即生意兴隆的秘诀，就是只要让顾客满意就能够顺利成功。

通过家业的教训以及市场营销的学习，我从以下五个方面因素考虑决定创业。

（1）因为有石油危机的教训，所以不能从事易被世界经济景气所左右的产业。

（2）食乃人类生命之源。在衣、食、住之中，衣和住是可以忍受的，但是若没有了食，生命将无法延续。

（3）不做以票据结算的生意，而做以现金结算的生意。

（4）能自己决定价格。

（5）虽然没有能够继承家业，但是为报答父母之恩，要做能在老家实现的事业。

上面的几项内容都是我在大学三年级（20岁）时考虑的，并决定在 22 岁大学毕业，5 年后 27 岁的时候创业做食品超市生意，并担任社长。

做这样决定后，学业上大概过得去，专心致志去尝试做与食有关的各行业的临时工。在面包工厂上夜班、物流中心、烤鸡串店、酒馆、百货店等各种各样的行业我都经历过。

接下来，大学四年级选择工作的时候，就考虑选择的标准应该是，作为自己将来创业经营食品超市的准备阶段，规模小些无所谓，但是不能仅仅是公司的一个小齿轮，而是要可以积累实务经验，尽量是可能参与经营的与自己将来的创业规模相当的商店。基于上述考虑，我选择了去自由连锁店的全日本食品株式会社工作。从这儿以后，就开始了与许多人的机缘。在那里我与一位咨询顾问相遇，并且将自己将来的梦想毫无保留地讲述给对方，对方说可以给我介绍接受训练的单位，并且教导用 3 年时间在那儿好好地修行。第二年 5 月，我就换了工作。

虽然只工作了一年就换了工作，但是那个时候的相遇对我来说是非常大的转机。现在虽然跟原来工作的公司没有生意上的往来，但是至今仍然与当时的同事交换着信息，与现任社长关系也非常好。

昭和五十四年 5 月（1979 年 5 月），我在群马县宫崎市的超市开始了约定好的 3 年住店修行。在那里认识了超市的社长，亲切地告诉我在有限的 3 年时间里尽量去学习更多的经验。

每天从早晨 5 点半到晚上 10 点，辛勤工作，然后一边吃饭一边学习作为经营者应该具备的思想准备。那时从社长那里学到的是"顾客第一原则"，因为事业的成功与否全部都掌握在顾客的手中。满足顾客的要求正是事业的全部，事业的"真髓"就是取得顾客的"信用"，这是最重要的。另外，也被教育说，请去亲自体验更多的成功与失败，请在这里经历多多的失败。如果自己创业的话是不允许失败啊，失败就意味着倒闭。直至今日，我仍然和那位社长保持着很好的关系。

就这样 3 年过去了，如同自己所决定的那样修行结束了。昭和五十七年 5 月（1982 年 5 月），我回到了位于山梨县富士山麓的富士吉田。

虽然回来了，但是没有店铺，也没有工作。接下来就一边领取失业津贴一边开始四处寻找店铺，那一年的 12 月从一位熟人那里得知有一家新建的 165 平方米的店铺要出租，于是马上决定租下来。

到了最关键的开始推进的时候，资金的问题就出现了。事业计划书制作好以后，到银行贷款时，被完全否定，结果没办法，只好请求父亲一起去申贷。所需事业资金 3 000 万日元中的 2 500 万是在父亲担保的条件下筹措到的。资金的问题终于解决了，而真正的拼搏才刚刚开始。

昭和五十八年 4 月（1983 年 4 月）我和妻子相识，6 月份订婚，9 月份结婚。那个时候，我在一家肉店学习，还要在婚礼后去高崎学习两个星期的副食品，这样的生活离新婚生活相差甚远。我在领取失业津贴的情况下，结了婚并设立了公司。现在看起来，真是在做傻事啊，而且让妻子也非常的辛苦，现在我对她是非常感激。

11 月份超市准备开张的时候，父亲对我说了下面的话，至今依然时常浮现在脑海中："只要功夫深，铁杵磨成针，无论如何你一定要努力啊！如果 3 年后，努力的结果是失败的话，那就放弃创业。这种程度的负债，向祖父低个头反个省，把土地卖掉、放弃事业，不能给别人添麻烦。"这句话对我来说既是压力，同样也是语重心长的鼓励。正式开始以后，父亲从来没有对经营管理说过一句话，一次也没有来过公司。我想他一定是克制着自己的。

昭和五十八年 11 月 30 日（1983 年 11 月 30 日），99 平方米的食品超市正式开业。因为是在非常艰难的情况下起航的，所以除了建筑物以外，收款设备、机械设备全部都是二手货。

清晨是晨星，夜晚是夜星，总之是前进再前进。客人的笑脸就是我们的人生价值。但是，开业第二年，附近出现了同行业的店铺，那真是拼命的竞争啊。这逆境犹如磨刀石，使自己学会了许多取得胜利的方法。那时，一本叫《一个少年的梦想》的书，让我十分感动，在内心深处描绘了经营多家店铺、销售额 10 亿日元的梦想。

创业后 6 年间，对店铺经过了多次的装修扩建，终于实现了期盼已久的 1 亿日元的销售额。接下来，平成二年（1990 年）开设了 2 号店，然后 6 年后的平成八年（1996 年）开设了 3 号店。经过 17 年的努力，终于达到了 32 亿日元的规模。因为是在没有什么人、财、物和信息的环境下经营的超市，所以既没有速度感，也没有什么特长，只是农村普通的超市。就在那个时候，我特别尊敬的先辈企业家实现了股份的上市，现在已经实现东京证券交易所一部上市。我受到了成功先辈的刺激，让我感到这样故步自封绝对不行，必须要振奋起来，

那时，有点儿脱离现实地确定了实现销售额 100 亿日元的

目标，但是，在 1999 年却经历了创业以来的第一次销售额与利润同时减少的亏损，使我抱有一种非常大的危机感。那时，首先削减了社长 30% 的工资，然后集合店长以上的全体干部公布了公司的现状，征得大家的同意，不得不削减了大家 10% 的工资。在那种情况下大家齐心合力，发誓当期实现业绩的回升，争取通过年终奖金的形式挽回工资收入的损失。其结果，实现了业绩回升，填补了工资减少的那部分数额。

最危急的时候，要先从社长然后到干部，从报酬高的人开始承担责任，而绝不能让第一线的工薪员工承担责任。我就是这样考虑的。

为什么营业额和利润会减少，出现亏损呢？经过思考发现，从创业开始我们只是以低价超市来经营的，而时代发生了变化，我们没有能够满足顾客的需求，就出现了那样的结果。

我感觉到现今社会，已经从只会填饱肚子的时代，向追求安心、安全，满足五感对物质生活丰富多彩的享受方面转变。

企业成长的速度超过了人才培养的速度，在没有办法的情况下，只得采取中途录用的方式满足新开店的人才需求。而在一些中途录用员工中，经常发生对我的经营理念、思维方式不能理解的事情。我当时认为在十几个员工当中，只要让一个员工先理解，就一定能让大家朝同一个方向去努力，因此我采取了一对一彻底谈话的方法。其中有一名员工以前在超市工做过，他经历过每开一家新店超市每年的销售额就会上升的通货膨胀式的经营，他原来所在的企业几年前破产了，被卖给了别的公司。我想，泡沫经济崩溃前的经营方式在 21 世纪已经无法通用。从大型流通业的龙头企业大量倒闭的事例我们可以看到，过去的那种只要规模大就一定能发展的观念已经过时，另一个时代已经开始，这就不是靠资本的大小，而是考验经营的真实姿态的时代。因此，我坚信对于像我们这样的中小规模的企业，竞争的时代和考验"经营者素质"的时代已经到来。

摆脱了危机进入了 2000 年，正是社会上通货紧缩最厉害的时候，土地费用、建筑费不断下降，人才开始向流通业集中，这正是开新店的好机会，从第十七个年头的 3 家店铺 32 亿日元的规模，加上两年间新开店 3 家，销售额增长至 63 亿日元。

创业以后，以"顾客第一"为己任，对于员工也给予关注，想法得到了沟通，意见也达到了统一。我一边回想员工的样子一边亲自书写了生日贺卡送给过生日的员工。我大概能将 300 多名员工的面孔与名字对号入座。

销售额达到 50 亿日元，员工总数超过 300 人。随着开店的范围不断扩大，与员工见面的机会减少，思想上的沟通也不如以前那样容易了。从那个时候起，有一种想法在我的内心时隐时现。虽然我的心理处于这种状态，但是一直忙碌，好歹 2 年总算顺利过来了。

在我 46 岁的时候，贷款减少到 3.5 亿日元，预计剩下的贷款在接下来的 4 年内全部还清。对于今后的人生方向我有自己的想法，家人也说已经取得了如今的业绩，没必要再设定更高的目标了吧？时常谈起考虑一下自己余下的人生如何渡过？摆开的摊子如何收拾？等等这样的话题。我想，那时如果我只考虑自己家庭安危的话，会缩小规模求安稳，也就不会有现在的规模。

2004 年有一项我公司从来没有经历过的投资额为 7 亿日元的"微型购物中心的开发项目"的提案，有待于我的决策。那是一项与现在完全不同的商圈、不同的文化区域进行的投资项目，而且没有丝毫知名度。

是减缓速度缩小事业范围还是以此决胜负？令我苦恼。

那时，对于我的判断起着决定意义的因素是，从创业到现在，与我同甘共苦并肩战斗的员工们会怎么样？员工们会有什么想法？对我的家庭来说缩小事业规模，无论是从精神上还是经济上，偿还以住房作担保的负债会变得轻松些，但是，如果考虑到员工们的利益，只有向前，别无他路。我作出了这样的决断。那个时候，没有感到作为社长所承担的责任和作出的决定的重要性。对于到目前为止所作出的决定，虽然不认为有什么错误，但是对于今后的经营，内心总是有一种不安，总是感觉有一种模模糊糊的东西存在于自己内心中的某一个地方。

就在那个时候，想起了以前曾经读过的《一个少年的梦想》，通过互联网搜索书名和关于京瓷、稻盛塾长的信息时，知道了盛和塾的存在。后来，事务局给我寄来了盛和塾的介绍"提高心性，拓展经营"的小册子。读到册子里《人为什么活着》一文时，我确信自己内心深处模模糊糊的东西完全云开雾散了。"人为什么活着"这句话对我来说非常具有冲击力，是一种刺痛胸怀的回忆。你是为何而活到至今的？如果被问到这个问题，你是如何回答呢？

由于在山梨县没有盛和塾，所以被推荐去当时的"大江户"。2004 年 11 月 20 日参加了在月黑雅叙园的面试后光荣地加入了盛和塾。

塾长曾经教诲说:"无论是谁,都有度过幸福人生的义务,这不是权利而是义务。如果没有度过幸福的人生,那是他没有为了幸福而付出努力。"那时我深深体会到,作为经营者的我如果被问到"你为何而活"?我会意识到,我的本职工作就是,追求与我公司业务相关联的全体人员的幸福。我还学到了塾长"为社会、为人类而鞠躬尽瘁是人类最崇高的行为",始终应以"作为人,何谓正确?"为判断标准这一教诲,并通过实践来努力提高心性。自从加入盛和塾,经常听到各种开店的信息,我还从外部聘用了新的董事,考虑制定了扩大店铺发展规模的《中期 3 年计划》,计划 1 年内开设三家新店铺。

两年来,有时候我和山梨县当地的塾生一起看录像带学习,有时候去东京学习以便加深理解。在公司的经营会议、销售会议等场合讲给大家听,将京瓷哲学的语言转换成我们公司的"内部用语"传达给员工。但是,不像我想象的那样,京瓷哲学思想的传播时常出现不顺畅的情况,但我不能气馁,每周发行一次"公司内部用语"现在已经发到了第 80 期。

就在那个时候,在与东京塾的长山先生交谈时,被他明确指出我公司的经营理念、社宪、社训、思想、信念没有形成一体。为此从去年 9 月开始我作为社长利用了半年时间,认认真真地思考了"用一生的时间应该去做的事情是什么",并把它整理成我公司的经营理念。

今年 1 月决定了公司的社宪为"诚实、创造、感谢",经营理念为"追求全体员工和顾客的幸福，为当地社会的发展作出贡献"。另外，公司希望全体员工及他们的家人、周围的朋友能度过幸福人生。今天1月中旬，向全体员工发放了稻盛塾长的著作《活法》，并征集了感想文章。

我阅读了全体员工的感想文，其中写道"每天为育儿而忙碌，很久没有读书了，很让人感动的一本书""因为自己家庭的事情而烦恼的人信奉名誉会长所讲的因果原则，自然会心情开朗，积极向前努力""让孩子和周围的人也看看这本书"等。这些感想文都很精彩，我在阅读的过程中，曾经多次感动得热泪盈眶。内心里由衷地希望在我们公司工作的全体员工度过幸福的人生。

今年3月28日，公司召开了经营方针发表会。在会议上发表了公司的社宪、经营理念、公司存在的意义、宏伟蓝图、事业领域，从4月1日开始第20期学习班开学。自从发表了公司的经营目的，即为了追求全体员工的幸福，之后出现了很大变化，原来不景气的店铺也振作起来了，4月份和5月份都很顺利地完成了预算额，并超过了去年同期指标。

目前，我与公司的经营干部们一起为实践"提高心性，拓展经营""实学""阿米巴经营"而举办了学习班。上半年度一直在进行筹备，从10月开始进行阿米巴经营的实践。另外，今后为了培养年轻员工，开设"青年培训塾"，培养未来的干部。再者，针对计时工比较多的问题，每天发放《思想·信条的故事》刊物。把从顾客、员工、生意伙伴那里接受到的感谢话语，以及发生在身边的事情编写成《故事》，并让公司全体员工共享。

还有，目前我公司在推行5%的工程：

（1）销售额固定利润率5%；

（2）与同地区的行业工资水平相比5%增长；

（3）纯利润的5%用于员工和所在地区，前提是，完成5%工程的第一个项目。

2013年3月决算期时营业额达到200亿日元，固定利润达到5%为目标，每天不断地努力进取。

我自从降生到这个世界，至今50年的岁月里，得到了许多人士的关照，才有了今天。今后，我要进一步学习塾长的教诲，满怀向与我公司业务发展相关的所有人们报恩的心情，为社会，为人类，度过今后的人生之路。

塾长的教诲看似理解，但其深奥之处难以琢磨。人是非常脆弱的，但是我会不惜一切代价努力学习，经常扪心自问是否做到了"动机至善，了无私心"，努力探求"作为人，何谓正确？"胸怀利他之心，不断精进。

今天承蒙得到发言的机会，非常感谢。

（本文系作者2007年7月5日在天津"中日经营者交流论坛"的发言）

利他哲学引领企业持续发展

江苏省宜兴协联总经理　宗伟刚

　　我所工作的宜兴协联是一家迅速成长中的企业。20年来，从小到大，由弱变强，规模不断扩大，从一家名不见经传的小发电厂，发展成为拥有热电、生化两大板块的综合型企业。2006年企业实现销售收入13亿元，利润1.8亿元，增值税、所得税合计超亿元，创造了宜兴市的历史纪录。今年年初，我公司向当地慈善会一次认捐1 000万元，虽然只有交税额的1/10，但对社会的正面示范作用，却大大超过交税的影响。

　　我从1999年开始担任宜兴协联的总经理，在经营企业的实践中，特别是近几年在学习稻盛哲学的过程中逐步认识到：经营者的能力、闯劲加上运气，可能使企业获得一时的成功。但企业的持续成功，决定性因素是经营者的优秀品格和正确理念。企业家所持有的哲学观点决定了企业的成败。

　　4年前，通过一篇题为《百术不如一诚》的文章，我有幸结识了曹岫云先生，通过他的介绍，我学习了稻盛和夫先生的有关论著。"稻盛和夫的人生方程式"激起我浓厚的兴趣，"经营十二条"引发了我强烈的共鸣。这 4 年是我们企业发展的关键期，4 年来，"稻盛哲学"使我逐步走向成熟，"稻盛哲学"也正逐步融入协联文化中。去年 6 月曹先生的专著《稻盛和夫的成功方程式》由东方出版社出版，我立刻买了 300 本，发给企业有关干部员工，并在企业自办的《协联报》上辟专栏介绍稻盛哲学。"稻盛哲学"内涵丰富，但核心却十分简单，用两个字表达，就是"利他"，用四个字表达，就是"利他自利"。我认为，这种"利他哲学"不仅可以解释我们协联几年来的成功经验，更重要的在于，这种"利他哲学"正是引领企业沿着正确道路持续发展的思想武器。

一、利他和战略——"利他哲学"使经营战略获得成功

稻盛先生一贯强调，经营者在考虑所谓"战略战术"之前，首先必考虑"作为人，何谓正确?"，任何战略战术都不能违背"公平、公正、正义、诚实、勇气、谦虚、博爱、勤奋"等做人的基本准则。

比如我们热电厂要发展，必须大力培育热负荷用户，形成规模。而上马绿色长线产品柠檬酸，依托热电是个优势，而柠檬酸生产消耗大量热能，反过来又促进热电发展，热电和柠檬酸这两块相互依托，相得益彰，这无疑是一项正确的战略。但热电和柠檬酸都是属于高污染的传统产业，热电产生大量废气，主要是二氧化硫，柠檬酸则产生大量高浓度废水。我们在实施这项战略之前，就形成了体现"利他哲学"的"绿色协联"的理念，绝不只图企业赢利而把污染留给社会。为此，我们不惜

巨资，解决废气废水问题，仅一套烟气生物脱硫装置，就投入了1.2亿元。烟气生物脱硫就是用废水来处理废气，这项技术目前在世界上属于一流的环保高新技术，因为我们抱着无论如何必须解决废气废水问题的强烈的愿望，不断努力，结果不但有效解决了污染问题，而且变废为宝，使资源得到循环利用。比如我们把处理污水时产生的副产品沼气用来发电；烟气生物脱硫置换出的很有经济价值的副产品单质硫，下一步我们准备用它来制造硫酸，等等。我们在环保和资源综合利用方面的成果得到了国家、省、市领导的充分肯定和环保专家的高度评价，荣获江苏省首批循环型示范企业称号，顺利通过省资源综合利用的审查，并且已经获得和即将获得数千万元的环保资金补助。

在实施培育热用户战略时，我们着眼于长远，把供热当作一项社会公益事业和城市基础设施来做，供气价格始终定在全省最低价位，让用户不但得到清洁、高品质的能源，提高他们的产品质量，而且还大大降低了他们的生产成本，以此来取得用户的信任。在我们周边有家高耗能的化工厂，很长一段时间抱着"自有自便当""它供不划算"的想法，先后共建起28吨蒸汽锅炉，拒不接受我厂供热。我们主动请该厂按他们认为划算的成本为我们的供气定价，并进而采取一揽子长期承包的方式打消他们的疑虑。在试运行一段时间之后，该厂终于停掉了他们的全部锅炉，成为与我们十分友好的用户。这样的事例很多。目前我公司的热负荷从1999年前的20吨/小时发展到现在的300吨/小时，增长了15倍。因为我们为周边企业集中供热，淘汰了150多台小锅炉，减少新增小锅炉100台，断绝了大量小锅炉污染源，社会效益显著。

正因为我们自始至终把客户和社会利益放在首位，也就是坚持了"利他哲学"，我们的经营战略才获得了卓越的成功，使企业实现了跨越式发展。

二、利他和自利——"利他哲学"带来好运

稻盛先生的利他哲学，就是遇事必先体谅对方，不能只考虑自己的利益，有时即使付出自我牺牲也要为对方着想。利他哲学一定会带来"人我双赢"的结果。

考虑到我国东北佳木斯地区在煤炭、玉米以及劳动力成本等方面的优势，以及我们自身所具备的技术、管理和理念优势，去年，我们决定收购黑龙江省佳木斯市桦南电厂。

这时候我已经比较深刻地理解了稻盛先生有关利他自利的因果法则。收购桦南电厂，我们从一开始就有意识地、全面地实践"利他哲学"。桦南电厂是一家亏损企业，承包人在亏损了2 000多万元后，甩手不管。当我们初次到厂时，北方供暖期临近，如果再没有人接手，必将耽误供暖，可能造成严重的后果。而这时当地政府与前承包人之间的合约还没有了断，不能与我们签订正式协议。就是在这样的背景下，我们向当地政府作出承诺：无条件义务帮助他们恢复生产，保证供暖期来临前正常发电供暖。我们选派精兵强将，对机组和热网进行维修、改造，仅花了20天时间，机组就按计划启动，保证了按时供热。同时还消除了该厂冒了十多年的黑烟。

我们先拿宜兴协联的钱给当地员工发工资，员工的平均月

收入从 700 元增加到 1 000 元。春节前，我们又为全厂员工，包括下岗员工和退休职工送去油、米和优质面粉，并告诉那些下岗员工：厂里暂时用不了这么多人，用不了多久，新工程厂里招工时，他们将是优先考虑的对象。

当了解到当地一些特困户交不起取暖费时，我们不但为他们代缴取暖费，而且还带上慰问品挨家挨户上门慰问。

按规定，每年的 4 月 15 日就将停止供暖，但考虑到今年当地的天气比较冷，我们便无偿延长了半个月供暖期。

因为前任承包人拖欠供应商 2 000 万元货款不还，我们刚到时没有一家煤矿肯向企业供煤。但我们承诺：与宜兴协联做生意，攻关费用为零，货到款清。并在质量超过预期的情况下，主动加价 2 元每吨。这个行为使供应商大为感动。

我们的技术人员在协助恢复生产的同时，主动义务担当了培训运行工人的任务，毫无保留地传授技术与经验。我们选派的总经理在当地负担了 3 个读不起书的穷孩子，加上宜兴的结对助学，用他并不是很高的薪水负担了 5 个孩子的学习费用。

许多国有企业在转让、并购前后，员工与新、老经营层，与当地政府间往往发生激烈的冲突。但我们这次并购没有发生任何争吵，没有任何一位员工提出非分要求，员工们反而集体要求政府尽快将企业正式转让给我们。

我们的派遣干部与当地工人结下了深厚的友谊，在他们回宜兴时，每次都有好多人主动为他们送行，依依不舍。

几家煤矿争先恐后主动要求供货，而且不要现钱，愿意赊欠。基于对我们的信任，当地政府终于决定以相当优惠的价格将企业出让给我们。

"利他"的行为给我们带来了空前的好运，获得了我们在宜兴无法取得的宝贵资源和发展良机，使宜兴协联有可能实现又一次大发展。宜兴协联派驻桦南电厂的总经理非常喜欢《稻盛和夫的成功方程式》这本书，他把这本书放在枕边，反复阅读。他对稻盛先生的思想产生了强烈的共鸣，对稻盛哲学在实践中的威力感触最深。

今年 5 月，"桦南协联报春热电有限公司"正式揭牌成立，企业呈现蒸蒸日上的景象。

最近，邻近佳木斯的双鸭山市宝清县政府和相关企业，积极主动地要求我们并购类似桦南电厂的单位，并已进入正式协商的阶段。这一地区探明储量的煤炭资源，占黑龙江全省的 40% 左右。

三、利他和自律——实践"利他哲学"的关键在于经营者的自律

稻盛先生认为，企业经营的真正目的，既不是圆经营者个人之梦，更不是肥经营者一己之私腹，而是在追求全体员工物质和精神两方面幸福的同时，为社会的进步发展作出贡献。为此经营者必须超脱私心的束缚，让企业拥有大义名分。

1999 年 2 月，一纸调令，将我从化肥厂调回热电厂担任总经理。一个有数亿资产规模企业的担子落在肩膀上，这使我好多天寝食不安。经营者的品格是塑造领导力的基础，是追随者对他信心的来源，提升品格首先是做到廉洁自律。宜兴协联一

年采购的原材料就近 10 亿，这几年基本建设又不断，固定资产投资已超过 15 亿元，加上人事任免权，总经理的权力确实不小。不谈谋取不义之财，就是来自各方面小恩小惠也很可观。但是，我对自己、对家属、对直系亲属都有纪律。因为我坚守原则不讲情面，时间长了，有的亲属、同学、朋友不理解，开始疏远我，对此，我常常告诫自己要耐得住寂寞。我想，我弯一尺，别人就可以弯一丈。为了维护企业，不义之财即使蝇头小利也不能沾。这些年来，相当多的钱物除了直接退还外，实在退不了的，我全部上交办公室登记。我以为，如果因为能力水平的原因我算不上一名称职的总经理的话，在廉洁自律方面我完全可以，而且应该成为一个榜样。这样，也有助我提高领导效率。

2003 年 9 月，企业改制，国有股退出，根据当时主要经营者多持股的惯例，考虑到我对企业的责任和贡献，以及企业良好的发展态势，政府主管领导主张让我多持股。从个人利益考虑，我应该听从劝告多持股，鉴于我在企业的威信，干部员工也不会有很大的异议。但从"利他哲学"考虑，经营企业要靠大家齐心协力，经营成果大家分享为好。当然企业每个人的能力和作用不同，但过高估计我的贡献，让我占大股，我觉得不妥。权衡再三，我提出了四个 1/4 的方案，就是总经理 1/4，经营层其他人 1/4，中层干部 1/4，技术骨干、班组长 1/4，这样全公司持股者超过了 100 人，占员工总数的 10%，囊括了企业主要骨干。实践证明，这是一个大体公正的方案。我认为，在我们企业的现实情况下，人人持股，等于无股，大锅饭并不公平，并不利于有效地调动大家的积极性。对于没持股的员工，我们大幅提高了他们的工资奖金水平，三年多来，年平均收入从1.8万元上升到2.8万元。减少我个人的持股比例，扩大持股人数，我提出并实行的改制方案，避免了在其他企业出现过的改制风险和激烈的争斗，使改制顺利推进，为企业内部劳资关系的和谐奠定了基础。改制后，随着企业的快速发展，企业骨干的个人资产大幅增值，除工资奖金增加之外，还有股利收益，他们得到了共享经营成果的喜悦。为了激励后来进厂的新秀，我们将要规定持股干部退休后50%的股权由企业回购，用来奖励后起之秀。另外，比股权等物质奖励更重要的是精神满足。我们重视教育培训，特别是干部的人格教育。同时不断发展事业，给德才兼备者表演的舞台，让他们能够充分实现自身价值，由衷信任他们，让他们在克服困难的过程中磨炼心志，提高能力。

宜兴协联改制成功，说明企业要实践"利他哲学"，经营者的克己和自律是关键，"其身正，不令而行；身不正，虽令不从"。只有经营者在关系个人切身利益的重大问题上带头实践"利他哲学"，"利他哲学"才能在企业员工中渗透，蔚然成风。

企业环境不断变化，经营者会遇到新的问题和新的考验。稻盛先生说："人格是变化的。运动员为了保持其体能，必须天天锻炼，人的精神也是如此，必须努力陶冶才能保持良好的状态，即使一时人格得到了提高，一旦懈怠，就会堕落。追求高尚的人格，并将它终始维持在理想的状态，需要付出相应的努力，努力克制私利私欲。"挑战是考验，机遇也是考验；挫折是考验，成功也是考验；公司有考验，家庭也有考验……我钦佩稻盛先生把生命的每一天真正过成了不断学习、不断行动、不断反思的每一天，过成了不断提升人格与理念的每一天。只有像稻盛先生那样，在不断实践、不断学习、不断思考、不断自我反省的过程中，经营者才能有效抵制环境的负面影响，抑制自身本能的利己欲望，净化自己的灵魂，使"利他哲学"真正血肉化，用"利他哲学"规范自己和企业的一切行为。只有这样，企业才能持续发展，并不断对社会作出更大的贡献。

（本文系作者2007年7月3日在无锡"第三届中日企业经营哲学研讨会"上的发言）

寻求缩短与稻盛塾长的差距

日本株式会社 FAMILY 社长　稻田二千武

我是大阪盛和塾的稻田二千武。首先，我想就我与盛和塾的邂逅稍作陈述。

一、与稻盛和夫的邂逅

16年前，经朋友引见（也包括芳野先生的介绍），我被介绍加入了京都盛友塾。并且，碰巧在大阪站前第三办公楼即和我在同一楼做事的矢崎胜彦，也同样地加入了本会。

自我介绍之后，我就听过塾长的发言。当时我对稻盛塾长也是非常关注。虽然说我也是创业者，而面前同样作为创业者的塾长却取得了如此巨大规模的成功。这其中有什么样的诀窍呢，他又是怎么样一个人呢。作为经营者，正是因为对这些事情非常关心，聆听了一个小时塾长的发言，想要学到一些（与我的经营之道）不尽相同的东西。

那时候，让我感触最深的，就是常被塾长提到的"动机至善，私心莫有"这句话。这句话以前也是知道的，而塾长把它作为经营中判断是非的惯例基准。

比如说经营中的销售、契约的签订、与他人的相处等，自己在对这些事情作出决定时，所持有的感情、所怀有的想法、所抱有的动机究竟是什么样的？作为经营者，是不是仅仅为了提高商业利润，从自己的私利私欲出发，而去作出判断的呢？这正是"动机至善，私心了无"所摒弃的。也就是说，要以此作为出发点来决断。塾长这样刻骨铭心地告诫道："我可是彻头彻尾地做到了这一点，要是做错了的话可就麻烦大了"。

当然，我自己也经常在考虑应该怎样正确地去进行经营的问题。我认为不能为了赚钱而做"从背后捅一刀"之类的事，也不能依仗权力地位。虽然从年轻的时候就怀有这样的想法，但就经商的每一个环节来说，是否把所谓的"动机至善，私心莫有"从无间断地当成作出判断的基准了呢？说实在的，我还并未完全彻底地达到这样的境界。当然的，往往无意之间就被自我优先、自己的公司优先这样的想法所左右。事过之后反省之时，才发觉不自觉地作出了利己的决定。

而与我一起入会的矢崎胜彦，对塾长提到的"作为经营者所走过来的路，就是日益提高心性的里程"这句话感触颇深。我觉得这是比我的感触更高一个层次的体会。作为经营者应该是什么样的呢？作为人应该是什么样的呢？矢崎胜彦说，稻盛塾长所讲的"作为经营者所走过来的路，就是日益提高心性的里程"的话，正言中了他当时的情况与心境。

自此之后，虽然不知道为什么，但变得非常盼望着去盛友塾了。同矢崎胜彦一起坐京阪线电车去京都。在京阪电车的淀屋桥站会合后，两个人虽需坐电车去盛友塾，但在坐电车来回的路途上，我们两个人就像着了迷一样谈论起稻盛塾长的相关话题。两个人真的就好像着了魔似的说着："稻盛塾长这儿不一样，那儿也不一般，自己又是怎么想的……""我是这么想的。"说着说着，不知不觉地就到站了。

二、盛和塾的始建

因为我们有许多住在大阪近郊的经营者的朋友，所以，在这段时期我同矢崎胜彦两个人就经常谈到，"有这么好的事情，也想让他们听听塾长的讲话"，"因为塾长也是为了大家，为了这个社会在宣讲，也想为更多的人所倾听"，就这样两个人谈论得很起劲儿。

以往，塾长每逢开例会的时候，一个小时左右的讲演结束后，大家必定围着火锅，并排坐下来开会讨论。这就使得大家的关系更加亲密起来。大家一会儿去塾长的桌子那边坐坐，一会儿到这儿，一会儿到那儿。整个气氛就像是寺子屋（古代的学堂）一样，亲密无间。

在这样融洽的氛围中，我同矢崎胜彦两个人向塾长提到了想在全国开展分塾的话题。但是由于塾长非常繁忙，关于在全国开展、在大阪也开创塾等的建议，在我的记忆里好像也没怎么听进去。后来，他才提到"这样吧，既然你这么说的话，就试试也无妨"。

得到了塾长的同意，矢崎胜彦就制作了在全国开展的蓝图，因为稻盛塾长所倡导的是品德友善、和睦相处以及事业昌盛。

所以，把这一宗旨用一句话来表示，名字不取"盛友塾"，而是取了稻盛塾长名字里的"和"字，叫做"盛和塾"。矢崎胜彦也完成了盛和塾未来发展的剧本。拿着这个剧本，在大阪"若竹"这个地方，会合了包括塾长在内的 4 个人，"盛和塾"就这样诞生了，这就是盛和塾在日本全国展开的序幕。

希望大家能够理解，盛和塾的开端就是缘自这样的会面与构思过程。

三、敞开心扉坦率地学习塾长之为人风采

今天的塾长完全变成了在任何方面使我们无法追赶得上的伟人，但 20 年前他也不过是一个普通人。有优点，也有利己的部分。相反，如果不是这样，也就不值得人去追随。30 岁、40 岁的时候开始，成了像神一样的人物，而所谓向神学习是不可能的事。像我一样，相当普通的人，从事着明天不知该向何处去的经营，就算是跟着神学习，到头来还是会因为素质不同而学不来。但是，塾长也有极富人情味的部分。

塾长的热情、经营方针、能力都非常出众，但也有严厉的一面。然而，这种严厉，一方面作为人被看作是缺点。但是，要是没有了这严厉的一面，也就没有人情味儿了，我是这样感觉的。有了这样的想法，我更加对塾长涌出一层亲近之感。其实，我本身很是虚度光阴。又是从商失败，又是游戏人生，把一切都弄得乱七八糟的。听稻盛塾长说起他年轻时候的事，更多了一层亲近的感觉。

四、醒悟之心拯救了破产危机

那么，在这里，我想说一说同稻盛塾长邂逅之后，我的思维方式和事业开展的一些情况。

盲目时代（伴随着事业的高度发展而产生的骄傲与放纵），我虽然从事了很长一段时间经商贩卖的业务，销售的增长并不出众，经营手段也不高明。但是，从22岁开始从商到30岁那段时光里，我曾经自以为是的把自己当成了天才。

当时偶然接触到的商务内容是按摩椅的经销。就是那种放在澡堂子里，投进10日元就能按上三分钟的按摩椅。真的是很畅销。当时，卖价是7万~8万日元左右，而原价才5 000 ~ 7 000日元，这下可有赚头了，而且还是直销。既有赚头，又能卖得好，我感到自己不是天才是什么。

当然，辛苦是蛮辛苦的，按照澡堂子的会员名册划分地域，决定好一天走上哪几家，然后就去找那些竖着白烟筒的澡堂子。

一进澡堂我就对业主说："无论如何也请先让我把我的这个按摩椅放在您这儿试用一下。因为可以靠每次使用回收的10日元累积付款，所以不用您付钱。想先在这里放10天或半个月左右。要是您觉得上当受骗了，随时可以叫我来撤走。"就这样把商品姑且先放在了那里。然后，过一周或10天左右去回收。这时候先进去冒充"要修理一下"，要是发现按摩机里没被投币就偷着放进去一些。已有硬币的就不再放了，做了不少这样的小动作。当然，大部分还是被投有硬币的，因为最初放在那里挺稀罕的，总会有人连续不断地投币进去。这时再从从容容地叫来业主，请他站在旁边一起把钱箱打开，"有这么多呀，足有好几千日元了呢。这样下去，用不上一年半载就能靠回收来的钱付款了。"经这么一说，一般就被买走了。但是，当然也有难对付的人。

"无论你怎么说也不买，带回去吧。"

"好吧，那我就带走了。"

其实我非常清楚，这个人还会再打电话说："拿回来吧。"这是因为有顾客要用的缘故。因为放了 10 天、半个月，必然会有人问："那个按摩机器怎么没有了？"

就这样我走遍了全国的澡堂子。所得的利润也飞速地增长。29 岁的时候，我具有了这样的实力，自己手里有 10 亿日元，账面上还有 10 亿日元左右。真是无所畏惧的时期。

当时，全部的员工数已经超过了 300 人。同时也经销 4 万 8千日元、5 万 8 千日元的家用按摩机。算上这个的话，同现在的数量基本相同。以每个月 8 000 ~ 10 000 台的速度销售，年度总销售量近 10 万台。虽然是一瞬即逝，也的确很风光。那时在同行之中，我的商品也特别热销，钱也赚了不少，销售量也直线上升。我虽为公司的总经理，也走出去贩卖商品，在推销上也做到了极致。当是真的认为自己是个天才。

有时候回老家鸟取县的时候，父亲也连声称赞说："嘿，你真是天才呀。"

我和相扑选手大鹏是同班同学，我父亲甚至说："你比大鹏还了不起呢。"渐渐的自己就飘起来了。因为自己看不到自己的长相，就愿意相信周围人的话。

又是买进口车美洲豹 E 型，又是买奔驰。并且，自己还不
觉得是很大的花销。当时，大家都说贵得要命的进口车要 400
万~500 万日元。而与自己所拥有的财力相比，自己觉得并不算
奢侈。

同时，我过起了彻头彻尾的游荡的夜生活。工作到晚上八
九点结束。因为觉得不工作还不行，所以才努力工作。而自己
从未对工作动机有所反省。

虽说也是自始至终地努力工作，但是一到晚上八九点种，
就心神不定。工作一结束，首先就直奔北新地（大阪的高档消
费区）、南区（大阪的繁华区）这样的地方，开着进口车，流连
在夜总会、俱乐部之间。

现在回过头来反省自己，才意识到，无论多么强大，如果
路走得不正，就不可能持续地走下去。走正路的人是不可能被
打败的。权力也好，金钱也好，即使拥有全部的能量，还是注
定会衰落下去，而最终导致灭亡。这是我的切身体会。

五、神的惩戒

29、30 岁这两年，我遭遇了许多事情。

第一件就是逃税事件。因为从骨子里就不想交税，漏点儿
税我反而感觉良好。要是依法纳税，我想企业就难以发展。交
掉 50%的税，剩下的 50%要是成了库存，还有什么劲儿呀。税
这个东西，有些著名的企业家都漏交，因此，我也不必要纳税
的。我就是这样为自己找了一个歪理，而作出了逃税的决定。

打这儿起，我就开始被这样那样地调查，到调查结束共花

了半年的时间。最后调查结果被认定漏税 1.7 亿日元。虽然我交纳了 2 亿日元左右的税金，就拥有的数 10 亿日元的资金来说，并不算是个大数目。当时只是觉得"唉，到底还是给抓住了！"。

然而，从那以后，接二连三地出了很多事。接下来是爆发了由工会组织介入的劳资纷争，作业人员被人叫到公民馆去，一顿乱说。这些人里面有挑动劳资纷争的专业人士，于是又在进门处派纠察队把守。这样就爆发了劳资纷争，真是难办呀。

接下来就是第二工厂被全部烧毁。花了 2 亿日元左右建设的工厂，在加入保险之前，正要开工生产。一日之内，全部被烧毁。更甚的是空头支票事件。我对经营状态不好的名古屋代理店给予了一定的援助，经营状态有所好转，于是我终于放下心来下拨了大量的商品。这个代理店开出了许多的票据，结果吞掉了我一亿数千万日元的资金。调查原因的结果，本行业倒是做得还好，可他偏偏又插手了宝石类的买卖。生意失败以后，开了空头支票，吞了钱夜里就逃跑了。

相继发生了漏税、劳资纷争、火灾、空头支票的事件。最后我还遇上了昭和四十八年（1973 年）的石油危机，这可真是致命的一击。制造按摩椅迄今为止仍需使用 1 000 多种零件。从塑料、木材、到铁等，什么都要用到。缺少这其中的任何一个零件都不可能制成成品。而在昭和四十八年的时候，得不到乙烯基类的原料。因为按摩椅表面是用人造皮革做成的，正是这种原料却得不到进货。即使有少量的进货，价格也要比以前高上许多倍。而且，总是优先发送到大公司去，中小企业根本得不到进货。

这样的情况下，便宜的机种就完全合不上账，真是无可奈何。以亿为单位的大笔大笔的钱就这样花了出去。

我同下属的经理商量，经理说："总经理，恐怕维持不了半年了。按现在的状态，3个月以后就得关门。"我虽然嘴上说"不会这样吧"，其实我也是会计出身，试着分析一下现在的经营状况，真的是维持不下去了。无计可施之时，只好去银行贷款。

结果呢，被干净利索地拒之门外。为什么会被拒绝呢？以前虽然从来没有对我说过什么，这时却说："看你总是趾高气扬的样子，就不打算贷款给你。"

"要是这样的话，为什么不在这之前就忠告我呢？"过后我不由得问起了同样的问题：

"为什么不早点对我说呢？"

"对你，是能说这种话的人吗？说了的话谁知道又要干出什么来呢？"

又是动手，又是什么的，说不定本公司的员工们，也因为看公司可能要破产，大家都把自己的心里话向我全盘说了出来。听了大家的实际想法，我又问了同样的问题：

"那时候，为什么不早向我忠告一下呢？"

"董事长，你说什么呢，那个时候要是说了的话，是砍是杀都说不定呢，要被勒令辞退的。"

当时就有人是这么想的。但是，我自己却一点都不知道。

六、从客户总经理处学来的东西

资金全都用光了。我去以前认识的其他公司的总经理那里寻求帮助，但也都拒绝了。这下可完了，再也没什么办法了。难道真的是不行了，要破产了吗？30多岁而已。一直以来，我拥有金钱，无所畏惧。而钱一旦没有了，就被银行拒绝，被员工拒绝，也被熟人拒绝。这真是人生180度的急转弯。真可怕呀，没什么比这更可怕的事情了。我是个喜欢格斗术的，性命都可以豁出去的人，却怕起钱来了。现在也怕，但是现在最怕的，作为总经理最怕的事情，就是：钱。

打那儿以后一直是头脑之中除了钱什么也不想。直到现在仍总做噩梦，梦中常出现这样的场景，"没钱了，你可怎么办呀"。做梦都在惦记着钱的事儿。真的，这不是在说笑话。遇到了这么大的变故，谁都会变成这样的，当时的打击实在是太大了。

最后想来想去，我来到老客户的一位总经理那里。

那是一家叫作"电乡社"的电气公司。当时的总经理岩谷先生曾卖过产品给我，也曾很爱护我。抱着最后一线希望我就去了他那里。

"能占用您一点儿时间吗，因为遇到了相当为难的事。"

岩谷先生把我带进了一家小饭店。我对他说是这样的，目前情况非常困难，资金也没法周转了。要是可以的话，请帮帮忙。岩谷总经理对我几乎没说什么中听的话，只是把这件事讲给我听。

说的是一位我也认识的总经理，在公司濒临破产之时的事。

因为眼看就要破产，这位总经理和夫人两人想要自杀。夫妇两个人烫好酒，喝起了最后的交杯酒。据说喝了一口之后，这位总经理的夫人对他说：

"孩子他爸，我们两人都已举杯喝下了这最后一杯酒，也就是做好了随时去死的准备，现在也可以去死了。但是，既然能够抱着随时去死的心，就当已经死了，再拼一回吧。"这个公司，后来经营得非常兴隆。

虽然是个挺感人的故事，但是我当时身处困惑之中，不是要我去死吗？抱着这位总经理怎么也能借点儿钱给我的希望来到这里，结果却还是不行。眼看就要垮下去了，没办法了。我一边想着还是回家和老婆最后商量一下吧，一边颤颤巍巍地开车往家走。

七、奇迹般的开窍改变了一切

正好是开车从南区过来，到上六（上本町六丁目）的十字路口停下来的时候，突然奇迹发生了。自己也不知究竟是怎么一回事，就在车子停下来的一刻，一直以来心中所抱有的极大的不安，就在这一瞬间，突然化为乌有。"是呀，再拼一次不好吗？有什么可怕的呢？"到底为什么会发生这样的变化，自己也觉得不可思议。

一到家就把老婆叫醒，把家里所有的宝石、披肩之类的全部家产收集在一起，把这些东西全都带到上次一分钱也没借给我的那位总经理那里去抵押，"请借给我与之相当的这么多的贷款"。虽然是三更半夜，这位总经理马上就回答说："好，贷款给你。"他虽然曾经一直拒绝我，而这回却立刻给了我贷款。

真是柳暗花明的一天，心中的不安也随之烟消云散了。我再一次把员工们集聚在一起说："以前真是对不起大家，我想从头做起，改正错误，大家能帮我的忙吗？"说了一整夜，一直谈到天将破晓。于是27名干部签下了"愿与总经理并肩苦干"的"军令状"。第二天，怀揣着这份"军令状"，我跑到银行去交涉，结果满载而归。

我就这样免于破产之险。本来觉得已经彻底全完了，突然奇迹般地产生了这样的心境，就是那千钧一发之际勉强得救。因为有过这样的经历，每次当我见到塾长，聆听他的讲话时，深深地感到自我的无足轻重，身为经营者的怠慢，以及塾长的身处险境时的威严，对他人的体谅之心等各种各样的事情，对经营的重要，真是感触至深呀。

八、学习塾长哲学思想的精髓

塾长的处事分寸（变化、差别都在于处事分寸）究竟在哪里？

自此之后，我对企业经营管理的态度有了变化。所谓变化，就是调整，差别就在于处事分寸。员工教育也好，做其他的任何事也好，这类事情作为经营者谁都在做。但是要说"变化"，究竟不同在什么地方。也就是处事分寸。这种处事分寸的感觉因人而异，这正是稻盛哲学。

想要使自己具有这种为人处世的分寸，不是说三年、五年读多少教科书就能学到的。为了掌握这个微妙的处事分寸，就算是读再多的书也无济于事。因此，也有这样的塾生，说"来听塾长的讲话，是来听内容的""塾长不来也没关系"。我不这么认为。到底是要学习稻盛塾长的什么地方呢？学不到他的精髓是不行的。稻盛塾长的为人处世的分寸到底在哪里，这是必须自己去领悟的。

九、意识到我与塾长的差距之后，开始了自我修炼

我对塾长进行了彻底仔细的研究，把他与自己的水平进行了比较，真的是感到，必须知道这差距是多么的巨大。如果没有这样的差距，数兆日元的大企业的经营也将不在话下了。之所以做不到这样，是因为自己不具有那样的为人处世的分寸之感，没有达到塾长那样的境界。

塾长的表现极为精彩。比如说，说到"去努力做"，这里所说的努力到底是什么程度的努力呢，塾长回答说"惊天动地的努力"。"惊天动地"这个词的含义是什么？这种思维方法真是大相径庭。

以前，塾长"三叉神经"疼痛的时候，我曾问："塾长，痛得怎么样？"

"比被混凝土砸坏了脑袋还痛，还难受。"他说比被混凝土砸坏了脑袋还痛，还难受，这样的程度。努力也好，干什么也好，不管干什么总会有一个是什么水平的问题。所以，要是真想使自己达到这么高的水平，我觉得不经过很长的一段时间，付出艰辛的努力，是不可能达到的。

算来从我与塾长初次见面到现在也已经有 17 年了。大致上

是经过七八年时间能明白两三成，直至最近我觉得差不多学到了五成。从好的一方面看来，已经明白了一半，还剩下一半。剩下的这些，我打算尽量在 5 年、10 年里学到手，作为我自己，作为经营者，我想不断学习稻盛塾长的精髓。

对于稻盛塾长的教诲，我想各人的体会大概各有不同，不，肯定是会不一样的吧。就我来说，如何去缩短自己同稻盛塾长之间水平的差距，我就是为了这个来参加学习的。因此，尽量多听稻盛塾长的讲话，托他的福让我担任理事的职务，这样就能多听听舞台背后的各种各样的事情。但是，要想缩短自己同稻盛塾长之间的差距，不狠下一番功夫是不行的。

十、绝妙地灵活使用两个极端的平衡感

稻盛塾长令人折服之处，在于他有两个极端，拥有极端的两种要素。稻盛塾长能够将一般人认为像阴和阳那样截然不同的两种东西同时摆到一起，运用自如，掌握着绝妙的平衡。我觉得稻盛塾长在这一点上极为出众。

因此，他从一个角度来看像神佛，从另一个角度来看，又像魔鬼，像夜叉一样严厉。因为是完全相反的两面，当然会有这样的观点，认为他"嘴上说着心灵什么的，光说好听的，其实严厉得不得了"，也会有人仅仅看到"那个人像佛爷一样慈祥"。其实他是把这截然相反的两个方面都摆出来，而又掌握着两者之间的平衡。

我想，这就是诀窍，也是从事商务活动的秘诀。比如说，对待员工，怀着真挚的爱心，真正和蔼的跟他们交流是非常重

要。但是，另一方面，那种严厉的训斥，也是一种爱心，也是非常必要的。缺了哪一方面都不行。如何绝妙地掌握这种平衡，我想对商务来讲是极为重要的。虽然，我也尝试了各种各样不同的掌握平衡的方法，不过还远远达不到得心应手的程度。

十一、对所有问题细致入微

这也是塾长的特点，极为细致，极为仔细认真，乃至让人大吃一惊地感到，"像这样的大人物，连这种小事都会放在心里吗？"比如，以前我曾经与稻盛塾长一起吃过鳗鱼盖浇饭，稻盛塾长的吃法仔仔细细的，一个饭粒也不剩。他就是这样细致，或者说仔细。

这种细致入微，在商务活动中体现得也极为明显。比如，被委派去承担第二电电业务的经营者，要填一个誓约书一样的文件。据说，在那份誓约书的最后一行，写着"对于重要问题，一定要全部报告"。也就是说，对于关键问题，他要仔仔细细地亲眼过目。一般地说，把高层经营者叫来，委派任务，"用得着对那么细小的地方计较吗"。然而，塾长却充分做到了对于细小环节的掌握。

这在阿米巴式经营中也得到了充分的利用。比如金库管理系统就是这样，写发票的人，拿钥匙开锁的人，掌管里面印章的人，每个人都被分派给不同的任务。就是会被人说这也管那也管的那种细致入微。

所谓细致，从某个角度来讲，也就是科学性的数字。稻盛塾长不是说过实践数字吗，税务局认为必要的数字并不是基本所在。对于经营者来说，需要有经营者所必要的数字。这个经营者的数字，一定要亲自切切实实地把握好。这实际上也就是一对一的原则。

这么说的话，正是如此。要说那个数字是为了谁的话，原则上，那就是经营者掌握经营的指南针。不是说税务局的人认为 OK 就行了，经营者要对那些数字作出判断而去进行经营。这方面的认识，我想塾长是与众不同，独具一格的。

十二、只要不断去完善做人的原则，就能比其他人看得更远、更深入

稻盛塾长也常说"要不断地提高自己"。还教诲我们，要提高自己的人格，提高自己的为人之道，提高自己的水平。而这些能为我们带来些什么呢？我想，这些能为我们"改变看待事物的眼光""改变判断事物的基准"。

如果做到了提高自己的水平，因为站到了更高的位置来看待事物，就能够看得更加深远。如果仅仅站在低水平来看待事物，即使想要去看，也只是自己认为自己看到了，实际上却并没有看到。也就是说，判断基准是不一样的。因此，有些东西乍一看好像并没有什么差别，可是等到它们发展到一定程度以后，就会变得截然不同。总是失败的人，我想还是在这个方面有问题。

只要不断地提炼自己，提高自己，自然而然地就会走向正确的方向，也会有优秀的人才来追随着你，这正是因为"站得高，看得远"。所以，这样就会无意识地把自己引向正确的方向。但是，在水平没有得到提高，光想着个人利益的阶段，自

私自利的时候，即便是非常有能量，也非常努力，就是因为观察事物的方法，考虑问题的方法不同，结果就要走一些绕弯路。这就是因为所做出的判断不同的缘故。

比如，有时候看到某个经营者的某一侧面，虽然觉得是很了不起的手段，但是最终不会有什么成就。这就是因为水平没有提高到一定程度。而另一方面，有的人看着好像没有什么大不了的，老老实实像个佛爷，可是到了该果断的时候能够雷厉风行，能够分清轻重而得到大家的信任。这样的人，表面上看好像有点软弱，其实平衡得非常好，让人信任，这样的人才能够取得大的成就。

21世纪是一个变动激烈的时代。然而，从今以后，形势一变，将进入一个新的时代，要开展一次必要的竞争，跟过去完全不同。这样的话，因为只有胜利者与失败者，作为经营者，就一定要面对21世纪的需求，不断地去完善自己。也就是说，面向21世纪，所谓经营哲学将变得越来越重要。我想，光靠过去的惯性是无法生存下去的。

为了在21世纪取胜，我把家族的明天寄托于意识的改革。

十三、不可回避的国际战略

请让我就今后的企业战略简单地说两句。目前，在战略的重点问题上经常提到国际战略，为了分散风险，我想，国际战略是无法逃避的。商业正在变得越来越没有国界，不论哪一行都是如此。一定要以跨越国界线的世界性眼光来部署战略。如果在日本不行了，也许在美国、在中国可以应用。如果在中国不行了，也许在欧洲还可以发展。我想，灵活把握这样的战略，不仅对大企业，甚至对中小企业也是极为重要的。

我也在中国建设了工厂。从今以后就要大规模地开始生产了。在开业庆典上，日本企业和中国台湾、中国香港企业，来了七十多家。让我感触颇深的，就是有不少来自日本的中小企业，在中国取得了成功。

比如像铁板加工业，在日本是非常冷清的行业。不论是汽车厂商的下属承包，还是直接订货都越来越少，300名员工减到100名。但是，在中国却有500名员工在紧张地工作。其中80%是面向日本的产品。同一家公司，在泰国有1 000名员工。因此，从全局来看其实是取得了极大的成就，这也是各种各样经营方式中的一种国际战略。

就生产成本而言，在日本生产的产品，有的可以赢得市场，有的则不能。如果是附加价值低的产品，产品的价格很大程度上取决于工人的工资。像按摩椅的被单全都是手工缝制，在不同的地方生产就有如天壤之别。生产形式不变，熟练之后，甚至可以说国外的生产效率要比日本还要高。年轻、视力好的工人，要多少就能挑出多少来，这样，生产能力就比日本的缝制工厂要高，质量也好。而且工资至少相差10倍。

我们公司的缝制作业，全部加起来需要150名员工。在日本要想雇用150名员工，要花4 500万日元。而在国外的话，只需要它的1/10，也就是450万日元，相差就是这么悬殊。就像这样的加工业之类，不使用海外战略是不可能的，况且很多时候，原材料费也很便宜。

另外，竞争对手也不仅仅限于日本企业。有中国制造的、欧洲制造的，如今不论是哪个地方的产品，都能打进日本市场。在销售以及生产的过程中，避开国际战略是万万行不通的。

十四、不断改进的公司风气，硕果累累的员工教育

但是不管怎么样，最基本的还是对员工的教育。

在我的公司里，新来的员工，最初的一年全体都要在总经理办公室工作。每年招收 7~8 名员工进公司的总部，7~8 名进工厂。那 7~8 名大学毕业生，全体都要在总经理办公室里工作一年。已经持续了 6 个年头，既有做一年总经理秘书的，也有被派到营业部门、总务部门一年的。也就是说，都是从总经理办公室外调过去。

公司每天 8 点 45 分举行早会，9 点开始工作，但是在董事长室的一年里，必须在 7 点 50 分之前赶到。我每天 8 点钟上班，从 8 点到 8 点 30 分或 40 分的这段时间里，只要不出差，每天都要对他们进行教育。精神上的教育占 60%，另外 40% 则教给他们工作中的技巧。这样坚持一年的话，考虑问题的方法也会得到改变。大家都是从不错的大学毕业的，头脑都很聪明。因此，理解了以后，就会努力地工作。

不过，让我感到吃惊的是，他们在学校里根本没有受过这方面的教育，要是不管不问，听之任之的话，就会一事无成。因为他们头脑聪明，反应灵敏，经过这样一年的培育之后，工作起来都极为努力。甚至，有时候努力得有些过分，让我很为难。比如，刚进公司 3 个月左右的女孩子下班不回家。

"回家去吧。"

"不，总经理。我还有没做完的事。"

有时到了晚上 10 点、11 点还不回家。"这我知道，不过要是家里有意见就不好了，总之赶快回家吧。"

"我不是把它作为义务来工作的。"这样的回答常常使我感动不已。

十五、培养年轻人，活用有经验的人

我们的公司，自创业到今年已经有 39 年了。经过了 39 年的风雨，在面向 21 世纪的今天，也感到需要在体制上做一番变化。现在也正处于变化之中。但是，面对 21 世纪绝非易事。

为了改变而应该做些什么呢？首先要毁掉，毁掉之后重建家园。因此，公司的董事会成员全部被调换了。我本来也想退居二线做顾问，但是因为总经理一职的合适人选尚未酝酿成熟，我仍暂留在总经理的位置上。董事会成员之中的亲属也被撤换，换成了一位四十多岁的人，同时从东芝公司迎来一位董事会成员任总务经理一职。当然，也有退休的人，那个人让他充当监察事务。现任的董事会成员也都被调换，总之全部都被更新了。

生产第一线的干部队伍也全部去旧换新。工厂的负责人、科长阶层、支店长，特别是东京、大阪的大分店的分店长几乎全部启用二十多岁的年轻人。虽然做的是分店长的工作，头衔还是副分店长。我让这些年轻人管理分店上下的大小事务，而让有经验的老手做辅助工作。

面向 21 世纪，必须大胆地从这些方面着手，也必须让他们

信服和理解这样的做法。比如，在信息化社会的今天，各方面都要应用到电脑。而即使对五六十岁的人说去学习使用电脑吧，也会因为又是眼花，又是手不听使唤而难以付诸实践。所以，我把他们调整到二线的工作岗位上，而第一线的生产队伍全部让年轻人担当。

我常对老一辈的员工这样说："应该满怀欣喜地去培养下一代员工。我也是这样。让我们高高兴兴把下一代培养起来吧。"刚开始就是以这种形式起步的，现在正在走向正轨。

公司对新员工的一年教育也已经坚持了六七年，对于这些员工的性格，我也全都了解。换作大家的话，要是有几百名员工，在一定程度上会把工作交给他们处理，所以，就不会知道全体员工的性格了吧。尽管如此，只要在总经理室待上一年，你也好，他也好，全部的特性都会了解。像"嗯，这个员工适合这个方面，大概有这些水平"之类，全都能掌握在手里。因此，我会尽量把他们派到合适的岗位去。我想，作为员工，也会感谢的。

自此之前，我并不知道这回事。从气氛上虽然能够大致了解一下，但是实际情况却搞不清楚。尽管如此，通过一年的面向新员工的教育，员工们成为可造之材，培养年轻一代的工作也省事多了。与他们之间的交流也能够做到很充分，希望大家也能采用这个方法。

（本文选自 2001 年 10 月天津"第一届中日企业经营哲学国际研讨会"论文集）

判断事物的基准和员工创富计划

无锡万方商贸有限公司董事长 杨淙

无锡万方商贸有限公司，成立于 2003 年 9 月，前身为在 1994 年创立的无锡青春服饰店，下属"卡哇伊"和"九派"两个品牌，从事流行百货以及服装的零售业务，拥有连锁商店 22 家，分布在无锡、江阴、张家港、南京等地，员工 410 人，员工平均年龄 24 岁。2006 年销售额 4 300 万元，利润 860 万元。

无锡万方秉持"平衡生活，共同创富"的经营理念，致力于和所有成员共同创造和谐、富有和爱的环境，引导所有成员达到精神和物质的平衡、感性和理性的平衡、家庭和工作的平衡、个人需求和整体利益的平衡，努力成为每位成员身、心、灵成长的学校，不断培养以"诚实、谦虚、热忱、勇敢，勤奋、友爱、自律、精进"为行为准则的杰出人才，通过这些人来影响他们的家庭、身边的人，进而推动整个中国社会文明的进步。

我的外婆是江阴一家国有百货商店的营业员，退休后，自己搞了一个买卖百货的手推车，她算是中国最早的一批个体商者。我小时候经常住在外婆家，外婆所售的商品花样繁多。

我从小耳濡目染，对可以美化生活的东西产生了强烈的兴趣。现在我正从事流行百货业，这或多或少与小时候的经历有关。

到了中学的时候，我开始收集邮票，并且以邮养邮，做起了邮票生意，目的是为了在最短的时间内买到最多自己喜欢的邮票。1991年，我大学二年级的时候，中国出现了第二次炒邮浪潮，邮票市场中有关品种的价格疯狂上涨，这是一个暴利和投机的时期。

那年暑假，我带着3 000元本钱，在一个月内赚了1.3万元，这个数字相当于当时一般人两三年的工资。那时通信不发达，家庭有电话的很少，更没有手机，而无锡的市场行情主要跟着上海走，两地行情的交流一般是靠晚上打电话，这中间存在着一定的时间差，而我就利用了这个时间差来赚钱。那段时间我每天早上4点起床，赶5点多的火车去上海的邮票市场，抛售在无锡收购的低价邮票，了解最新的市场行情，之后乘10点的火车返回无锡，12点到无锡后又在无锡的市场上收购当天上海快速涨价的品种，回家后吃完晚饭8点就睡觉了，第二天凌晨又是4点起床。这样循环，整整持续了一个礼拜。在此后的一个多月里，还断断续续有过好几次这样的过程，这段经历一方面让我获得赚钱的快感，同时也让我体会到赚钱的不易，让我对金钱更加珍惜。

1992年大学毕业，找的工作是在建筑设计院搞设计，刚开始工作，非常认真，也很愿意钻研技术。一年多以后，我发觉在建筑设计行业内有论资排辈和看学校背景的现象，我的学历只是大专，毕业学校也仅是地方大学，不是名牌大学。在学校我主修的是工程结构，而在单位从事的是建筑外观设计，这几点决定了我在行业内的发展处于劣势。要改变这样的状况，除了提升自己别无他途，于是我想去名牌大学进修。但公司领导不同意，我觉得原单位发展空间有限，前途渺茫。当时，还有另一件事情影响了我，有一位同事结婚，婚礼费用总共 30 万，我算了一笔账：我当时的工资是一年 1 万 8，如果不吃不用，攒10 年只有 18 万。即使会涨工资，最多也只有 20 多万，而 10 年后结婚的费用肯定不止 30 万，还是不够我结婚用的，而我不想依赖父母，希望用自己的钱来结婚、生活。在这样的简单想法驱动下，萌生了要自己创业的念头。

90 年代初，休闲服在国内刚刚开始流行，我是较早穿休闲服的人，平时喜欢逛休闲服商店，觉得这个行业非常有前途，于是就想开一家自己的休闲服商店。一次偶然的机会，到上海逛街时，在华亭路发现了休闲服市场，我采购了一些休闲服放在商场和朋友店内代销。这样持续了半年后，于 1994 年在无锡开了第一家属于自己的小店，面积只有 12 平方米，当时很受年轻人的欢迎，生意也很火暴。在随后的一年内开了 3 家小店。与此同时我辞去了原有的工作，专心经营自己的店铺。

1997 年，我请专人做了商店的 VI 视觉识别系统设计，用于门店装修，还开发了电脑管理软件，用于进、销、存管理。2000 年，通过对小店的扩大、调整，一共拥有了 5 家在当地颇有规模的休闲服装商店。这时，有个朋友向我介绍，流行百货刚刚兴起，学生和时尚青年都很喜欢购买，这促成我开始关注并最终进入流行百货这个行业，建立了卡哇伊饰品连锁体系，卡哇伊在日文里就是"可爱"的意思。

2004 年，建立了 1 000 多平方米的配送中心，并且开始使用当时世界上先进的基于 BS 架构的 ERP 零售业信息管理系统。到了 2007 年，拥有大小门店共 22 家，遍布无锡、江阴、张家港、南京地区，2006 年销售额为 4 300 万，利润为 860 万，利润率为 20%。

从小到大，一直是凭着自己的聪明和小时候形成的习惯、本能在做事，平时对问题缺乏深入思考。所谓的思考也只是回忆过去、幻想将来、恐惧现在。在 1998—1999 两年间，处于一种困惑、停顿之中。那时，通过几年的创业积累，有了很好的经济基础，吃穿不愁，创业的热情慢慢褪去，又没有新的目标，故此在那段时间里，经常吃喝玩乐，不知道人生的意义为何，也不知道今后的路该走向何方。后来有了卡哇伊流行百货这个新的目标，才让我又忙碌起来，暂时忘却了人生中需要思考的问题。而到了 2004 年，同样的困境又来到了我的面前，这时我觉得工作很累，样样事情都要自己做，每天的工作单调乏味，没有什么新鲜感，工作时提不起劲，精神状态也不是很好。这时，一位朋友向我推荐了一个短期的企业教练技术训练课程，在课程中，发觉自己有很多以前没有看到的缺点，认识到了持续学习对于经营和人生的重要性，接受了更为有效的学习方法。此后，我又参加了一系列关于领导力和心理学的培训课程。通过培训，自己的一些思维模式和行为习惯逐步地发生了改变，随之而来的是周围的环境和人群也发生了很大的变化。

约 8 个月前，参加一次朋友聚餐，恰巧与中幸时装公司的曹岫云总经理相邻而坐，他热情地向我介绍稻盛先生的经营哲学，我听了很有共鸣，非常受启发，感觉和我这两年的所学非常契合。曹总当场送给我一本他写的《稻盛和夫的成功方程式》，拿到书后我如获至宝，两天时间就把它读完了。读这本书的两天是让我难以忘怀的心理体验过程，时而激动时而宁静，感觉和远在日本的稻盛先生产生了心灵上的感应，在读某些章节的时候，甚至激动地流下了眼泪。

这两年来，我一直努力将学到的正确的原则在自己的工作和生活中运用。但在此过程中遇到障碍，看到社会上许多不公正的事，心里就产生动摇，怀疑我所做的是否正确，是否有好的结果。稻盛哲学解决了我思想和信念上的矛盾，让我恍然大悟。

稻盛哲学的原点只有一句话，就是"作为人，何谓正确？"。可以说，理解了这句话就是理解了稻盛哲学的精髓，运用好这句话就等于实践了稻盛哲学，就能取得经营和人生的持续的成功。稻盛先生说，他40年能够创建两家世界500强企业，出发点就是这句话，归结点也是这句话。稻盛先生不把"是否赚钱"作为经营判断的基准，而是把"作为人，何谓正确？"这句话作为判断一切事物的基准。作为人，何谓正确呢？我们每个人心里都明白，作为人，应该公正、正直，应该勤奋，应该谦虚，应该有勇气，应该实事求是，应该体谅别人，等等。作为人，不应该虚伪，不应该懒惰，不应该骄傲，不应该卑怯，不应该主观武断，不应该损人利己，不应该违法乱纪。

这些做人的基本原则我们都知道，不是不知道，但因为我们有本能的欲望，又容易受社会上负面事物的影响，作为人应该做的往往不能坚持去做，作为人不该做的，却在不知不觉中明知故犯。根据稻盛先生"命运和因果报应的法则"，只要我们坚定信念，坚持"把正确的事情以正确的方式贯彻到底"，那么不管过程多么曲折，结果一定美好，前途一定光明。这就是人生、社会乃至宇宙本来就有的法则。稻盛先生事业的巨大成功证明了这个真理，稻盛先生周围聚集着几千位企业家，他们都认真地、虔诚地学习和贯彻稻盛先生的哲学，取得了出色的成果，这些都让我深为感动，令我深受鼓舞，我也决定将"作为人，何谓正确？"这句话作为我今后一生判断事物和采取行动的基准，这句话必将对我的事业和人生产生深远的影响。

后来曹总又跟我说起，要在无锡成立盛和经营哲学研究会，我觉得这是一件造福无锡企业家的好事，做成之后可以让无数的企业家以及企业背后无数的家庭受益，所以我由衷支持，积极参与了有关筹备工作，介绍企业家参加研究会。听说稻盛先生要率领日本企业家代表团到无锡来，就一直盼望着这一天，今天能够目睹这一盛况，真是我人生中一大幸事。

稻盛先生创业时，为了凝聚员工的心，想尽了各种办法，其中有一条叫"伙伴式经营"。当时，稻盛先生要求全体员工都持有企业股份，大家都是股东，都是企业的主人，是对等的合作伙伴，是有共同志向的同志。事业做大后，稻盛先生又提出并成功实施了划小核算单位的"阿米巴经营"。受这些思想的影响，结合中国国情和我们公司的实际情况，最近我们公司开始试行"员工创富计划"，具体内容是：在公司工作有一定年限和职级的员工，如果他们有创业想法，通过一定的评估，就有机会成为公司合伙人，和公司共同投资开店。在公司统一管理的基础上，合伙人经营自己的门店，取得的利润按投资比例和公司分成，合伙人不在公司系统内担任任何职务，纯粹是一家门店投资者的角色。从社会层面来说，由于目前国内的经济发展水平参差不齐，社会贫富差距悬殊，社会福利保障体系还不够完善，故此大多数人对于生活都有很强烈的不安全感。基于这些不安全感，一部分人更愿意选择自己创业，而非追求在成熟的公司中稳定发展，员工对企业的忠诚度往往成为一个问题，企业里员工的团队合作精神也不强。我提出的"员工创富制度"将个人利益和公司利益整合在一起，有利于发挥个人主观能动性，他们为了自己和公司的共同利益而工作，会比单纯为了公司利益工作更有动力；从公司经营层面来说，这样做有利于缩小核算单位。让每一个合伙人负责自己店的收入和支出，他的个人收益和这家店的净利润挂钩，很自然他就会关注在店内所发生的一切费用，想方设法去减少费用。他们通过努力，既可以直接增加收益，又可以当门店的经营者，故此合伙人对这些新方法的实行有很大的热情，这些方法的实行成本也较低。

这个计划一经推出，就得到很好的反响。目前已有合伙人试运行，情况良好而且稳定，合伙人所在店铺的销售额与净利润都比以前有了一定程度的增长。从人性的层面来说，这种做法为员工的需求提供了多样化的选择，想创业的员工可以往合伙人的方向努力，追求稳定工作环境的员工一样可以得到发展。成为合伙人的员工，让出了原来在公司担任的较为高层的职务，给较低层的员工提供了上升空间，而低层的员工可以通过自身的进步来获得升职，进而获取选择成为合伙人的资格。这样就实现了公司内部人才的良性循环，使公司和所有员工都能从中获益。

我学习稻盛哲学的时间还不长，对稻盛哲学的理解还很肤浅，另外因为不懂日语，读不了稻盛先生的原著，听不懂稻盛先生的原话，这是很遗憾的。但是稻盛哲学的基本观点我能够读懂，我想只要把其中正确的原则，比如"作为人，何谓正确？"这一判断事物的基准、"经营十二条"等，认真付诸实施，企业一定会发展壮大。

（本文系作者 2007 年 7 月 3 日在无锡 "第三届中日企业经营哲学研讨会" 上的发言）

我们的工作并不是卖拉面，是创造喜悦

日本株式会社 COSMOS GROUP 社长　冈本坚吾

在这盛大的盛和塾第九届全国大会上，能够向大家讲述自己的经营体验，我感到非常荣幸。我是第二代经营者，大学一年级的夏天，父亲宣布由我来继承事业。此后以小酒馆为出发点一鼓作气将事业扩展到了饮食行业。现在，我以北九州地区为中心，从事俱乐部、演出场所和小酒馆等项目的经营，而且正在计划开设一千家拉面连锁店，以及在全国范围内开设韩国特色的酒馆。

说到经营，在此我想先说一下使我成为经营者的三件事。

第一件事：就是使我决心为了员工的幸福而成为经营者的一段故事，直至今日，这也仍是我从事经营的原点所在。

那是我在北九州的黑崎经营小酒吧时遇到的事。在那里干活的女招待中，有一个员工号码 21 号名叫真子的女性。当时我白天是"什么都管的专务董事"，到了晚上则变成了侍应生。店铺在一楼，二楼是事务所。一天晚上 9 点半左右，事务所来了一个电话，接电话的是事务员柴山雪子，说着说着她突然哭了

235

起来。我想，可能是发生什么不幸的事了吧，便问她"怎么回事"，柴山回答说，是真子的孩子打来的电话。再一问，原来刚来店里工作的真子，丈夫因为酒后驾车出了事故去世了，她领着两个孩子，生活没有着落。在超市工作的收入也不足以负担母子三人的生活，所以晚上出来工作。而柴山的丈夫患有严重的哮喘病，无法工作，所以她自己作为事务员昼夜15小时一直工作。因为她也有三个孩子，所以才会对真子感同身受。

深夜，妈妈出去工作，把孩子孤零零地扔在家里，孩子孤单得受不了。于是，柴山竭力安慰这个三年级的男孩子。孩子纠缠着说："让妈妈接电话，我想和妈妈说话。"柴山跟他说"妈妈在工作，不能接电话"，他就说"那让弟弟来接"。他弟弟名叫阿麻因为年纪尚小，不能放在家里，所以寄托在紧挨着事务所的托儿所。柴山打开窗户一看，阿麻在那里已经睡着了，眼圈儿周围还留着手指抹过的脏印。因为刚送去，还没有习惯，大概睡觉前一直在哭吧。于是柴山对他说："对不起呀，阿麻正在睡觉，不能接电话。"听到这话，那孩子好像意识到了什么似的，坚决地说："其实让阿麻接电话、让妈妈接电话，都是我瞎说的，其实我一点都不孤单。明天去学校背的书包放在枕头边，课本和铅笔盒都整整齐齐地放在里面。睡衣也好好换过了，就等着睡觉了。所以一点儿也不觉得孤单，别担心。"柴山挂了电话，哇的一声哭了出来。"不能让妈妈为自己担心"，这个小学三年级的男孩子在这一瞬间表现出的决心使人怜爱，令人动情。我几乎是跟跄着跑下一楼的店里，让店长告诉我哪一个是真子。当时她正按照店里所要求的那样，两只手拿着酒瓶为客人斟啤酒。就在那时，我暗暗下定决心，"在社会的角落里，有着这样苦苦挣扎谋求生存的人们。我一定要让这些人幸福，这就是赋予我的使命"。在众多的员工当中，有一些是不听父母或老师的话，从乡下跑出来的不良少女和少年。可是不管怎样，如今大家都在努力而坚强地生存着。

经过艰苦环境锻炼的人们，很多都能为他人着想，内心非常温柔。就这样，我下定决心，要和这些人一同创造幸福。当时，在北九州有家名为八幡制铁（现在的新日本制铁）的公司，进口数百万吨的生铁，用出色的技术制成产品，向国外出口，为国家创造财富。我们当然做不了这样的事情。但是，在生活没有出路的人们聚集之处，对于这些努力谋求生存的人，我们可以做施以教诲的严父，可以做夜里领着去看病的慈母，也可以做相互勉励、相互帮助的兄弟。还有很多人，成绩虽好，但因家境贫寒，无法进学。把这些人团结起来，大家共同实现幸福，我就是这样想的。

第二件事：在我连续设立新分店的时候，传来我们公司信用不好的谣传。谣传接二连三，使我陷入不安的黑暗。可是，一直陪伴在身边的妻子的话令我充满生存下去的勇气并坚信会有好的结果。通过这件事，我深深体会到语言的伟大力量，同时，也把这场考验看成是上天催我上进的一个机会。

这是十年前的事了。我最小的非常可爱的妹妹的婆家在福冈的住宅公司，因负债 340 亿日元而宣告破产，于是出现各种各样毫无根据的谣传。"因为冈本经理的妹夫是那家公司的经理，一定做了连带保证人。"当然，我严正声明了"没有做保证人"

的事实。如果有签字盖章的文件的话，可以证明做了连带保证人，可是事实上并没有做保证人，当然拿不出证据来，因为本来就不存在这样的文件。真是有苦难言。谣言渐渐流传，越传越广。当时与银行的业务往来，必须在偿还贷款之后才能得到等额贷款，银行一旦停止贷款，情况就会变得十分糟糕。实际上，我也进行了深刻的反省。在公司迅速扩张的时期，在某些地方没有量力而行，结果不仅在人才方面，在财务方面也留下了很多后遗症。总之是卖掉不动产用以换取资金等，在资金周转方面持续了相当长的窘迫时期。如果公司破产，不动产被低廉转卖的话，亏损差额将会很大。那么我一生都必须要对此进行偿还。因此，我的心情非常绝望，每天都想着："是不是已经没有东山再起的希望了？"

有一次，去参加亲戚的婚礼，住在京都的旅馆里。婚宴的前夜，由于恐惧和不安而无法入睡，深夜跑到了妻子的床上，总之内心十分恐惧。这样下去公司必定破产，落入他人之手。这样的话，公司里的干部、员工和家属以及客户们都将受到牵连，沦入人间地狱。由于不安、恐怖和迷惘，我被折磨得痛苦不堪，倍觉艰辛。当时公司里有 1 700 名员工，而生杀定夺的大权掌握在债权人金融机关手中，作出怎样的决定不得而知。这种时候已经不是凭自己的意志能够左右的了。所以我才会躲到妻子的床上，哆哆嗦嗦地颤抖着度过了一夜。

为什么很多人能够滑稽可笑地议论我们公司的事情呢？本来根本不了解实际情形，却如同亲眼所见一般说得栩栩如生，而且以此为乐，毫不负责。"那家公司情况不妙啊！""冈本也够受的!" 从传闻中听到这些似乎是从心里为我担心的口气。我气愤地想:"谣言对于人们简直如同蜜味一般"。感觉就像是在雨中匍匐前进一样,无法前行,身体扑哧扑哧地往下陷。无论我如何努力,动机如何尽善,信用不安定的谣言却仍旧渐渐传播。

我感到筋疲力尽,无能为力。可是这时,妻子却充满自信地对我说:"情况一定会好起来的。" 我问她:"有什么根据吗?" "不,没什么根据,但一定会好起来的。" "没根据就别说这样的话,我心里正烦着呢!" 我这样一说,妻子回答道:"就算这样说,你也一定会好起来的。我心里明白。" 当时,我觉得她是在胡说八道。可是,她总是这样反复地说,到后来我也改变了想法:"是啊,说不定会好起来的呢。不,一定会好起来的!" 我一直待员工和大家很好,可以毫不谦虚地说我是个好人。想一想,自己不该一直陷在困境中。另外自己有干劲,又有男子汉的气概,至今为止不是也鼓舞着很多人吗?我没有理由变得糟糕。我开始这样想,并重新找回了自信。也正是因为有了这样的体验,我才能创立起科斯莫斯(音译,"宇宙"之意)集团。科斯莫斯集团究竟为何而存在,存在的原因又是什么呢?对此问题,我可以明确地回答道:"我们是为了把开朗、活力和勇气带给有缘相识的各位而存在的。" 如今,妻子不但是我人生的战友,也是我心中的女神。

第三件事:是癌症的体验。

大肠癌,而且已经到了晚期,肿瘤10公分。高中时的前辈是我的主治医生,当他告诉我是癌症的时候,我脑中轰然一响。

马上到北九州市立小仓医院的癌症中心入院治疗，每天的大便像焦油一样。每天看到这些，心里感到很悲伤。实际上我的父母也都曾因为患癌症而动过手术。母亲得的是子宫癌，父亲得的是大肠癌，我得的也是大肠癌。真宛如西部电影的街道一样，全是"枪"（译者注：英语中"枪" GUN 的发音与日语中"癌"的发音相同，作者在此用了谐音，意为"全是癌"）。

自父母患癌症起，我就一直在思考一个问题。人在路上跌倒，擦破了膝盖，可是置之不理也能自然愈合，不需要药物。为什么世界上会有能治好的病和治不好的病呢？对了，这是由自然治愈力的强弱所决定的。如果具有顽强的生命力，任何疾病都能完全治愈。我坚信跌倒的伤和癌症都是一样的。

因为原本就抱有这样的想法，所以我把入院作为一个机会，不在房间里放电视，而是专心致志地读书，审视自身。结果留意到强化生命力的三条原则，并和妻子共同将其全部运用到实践中。第一，要经常保持心情的开朗，微笑着生活。第二，绝不祈求别人的同情，也不依赖别人。最后，常怀有感激之心。住院期间，每天我都想着 1 200 张笑脸，诵念感谢之词。1 月 19 日大雪的早晨，进行了手术。10 公分的肿瘤，竟然变成了 6 公分。我认为，这三种强化生命力的方法，不只对健康，对于家庭的和睦以及公司的繁荣也密切相关。

这也是因为有了妻子才能够做到的。如果没有她，就没有如今的我，大概人生就此结束。不仅如此，还会牵连到成百上千的人们，给他们带来不幸。这一切，都幸亏妻子不断地给我以鼓励，不但自己的家庭得救，全体员工以及生意伙伴也都得到了帮助。正如塾长所说的那样："把自己的想法彻底地渗透到内心深处。一而再、再而三地反复想，无论睡着还是醒着，坚持想下去的话，想象中的事就会突然实现。"

上述三点，就是今天科斯莫斯集团经营的原点。面对死亡的经历，至今已有 5 次，真可谓是波澜万丈。

提到波澜万丈，还想说一件事。我曾在羽田和一位北海道的老友相遇，临别时他说过这样的话。在中国（译者注：日本地域名）东北地方的贫寒村落，为了减轻家中负担，孩子要出门远行。临别时的赠言并不是"保重身体""加油干，为故乡争光"这样的话，而是"祝你的人生波澜万丈"，然后送其出门。听到这样的话，我泪流不止。那时我想，人生只有一次，一帆风顺地度过，还是波澜万丈地活着，真不知哪种方式才更幸福啊。今天我的存在，就是波澜万丈的恩赐。我的信条是"会有好结果"，如果有好事，会觉得这样挺好，即使发生不好的事，也会认为这是上天的教诲。以上所说的，是我在经营中的最初体验。

饮食业中最重要的，是如何令客人高兴。因此对于现在正在筹建中的风风拉面店，我也希望能听到人们说："托这家店的福，周围都变得活跃起来了。"在其中工作的员工们，他们总是开朗活泼，充满朝气，牢记着"笑容可掬，活泼伶俐，办事利落，无微不至"这四点（我们称其为 NHKK），希望能像投接球练习那样向大家传递喜悦之情。朝气蓬勃的员工，在店里精力充沛地招待顾客。

不仅仅要做到让客人吃完美味的拉面后肚子感到满意，更要使他们从内心里感到高兴，我想建立这样能够传递喜悦和朝气的店。在现有的 64 家店铺中，正在实行，而且准备在日本建立起一千家店铺。我们虽只是饮食店，但也能够使世界变得更加光明，充满朝气。我们想做到这一点。当然，不赚钱也不行，虽然制订了完善的创利计划，却不想追求"仅仅赚钱就行"的生存方式。我们希望同那些抱着把世界变得更光明的想法，和我们有着共鸣的人们一起工作，共同进步。

我们的工作并不仅是卖拉面，更是创造喜悦、创造朝气，这才是我们的目的。现在，我正计划在全国开设一个新的经营项目，即韩国家庭料理店"韩国厨房"。无论是这家店，还是"风风拉面"或者"樱随风舞"，都是为创造喜悦的手段。"韩国厨房"随着世界杯的来临，今后将会有越来越多的顾客光顾。来自 FC（译者注：指 2002 年日韩共同举办的世界杯足球赛）的预约数也很多。店里有韩国的石锅拌饭、泡菜、炸葱饼、日本酒和啤酒，但并不是卖这些东西，而是想让顾客们身心两方面都变得更加充满活力。我们所制作和销售的，是开朗活泼、充满活力的心情，这才是我们的目的。韩国料理只不过是一种手段而已。至于员工，我希望将他们培养成为把快乐带给顾客作为无上荣幸的人。

为此，我们公司组织了所谓 NHKK 培训，每个月实施一次，两天一夜。就像盛和塾的塾长讲话一样，把自己的人生观、自己所经历的感动的事和经验教训讲给大家听，而不是光听别人的讲话。这个月已经是第 46 次了，正是这种培训成为了我们公司巨大的前进力量。"为了顾客带着笑容离开的那一瞬间，让我们努力做好服务吧!"对员工们我这样热心地宣扬着:"为顾客的喜悦竭尽真心,为员工的幸福竭尽全力",这是我们公司的经营理念。

公司无论大小,都是为了人们的幸福而存在的。虽然如此,有时却为了公司的生存而牺牲人们的利益,这可以原谅吗?我认为这是经营者的责任。科斯莫斯集团是为了有关的人们的幸福而存在的,因此,我们一直彻头彻尾地主张"共同幸福"。

把话题转回拉面店的现场。只有顾客满意,店的生意才会兴隆,也就是说关键在于能否赢得顾客的笑脸。因此,首先必须做出美味可口的饭菜。是否美味可口,是由顾客来判断的。即使有了店,但如果不能令顾客满意,也无法维持下去。因此大家都拼命苦干,为建成有价值的店而努力。完成之后,大家相互拥抱在一起,高呼着,流下喜悦的泪水。这种场面可以在开店庆典时看到。每次开店,我们必定举行这种如同誓师大会一样的庆典。有句话说"画龙而不点睛",这样的庆典仪式好比起到了"点睛"的作用。大家把想法都寄托在激励的祝词里,送给典礼的负责人。送祝词的时候,赠方和接受方都激动地流泪了。到开店庆典为止我们历经了各种艰辛,听到这些深知个中艰辛的伙伴们送来的祝词,真是令人情难自禁。我想,当时一定是成功地做到"点睛"了吧。同时,这个仪式也是对我们公司生存方式的共同确认。

固守一种味道的名代拉面店(注:店名),其本身的存在因稀少而具有价值。但这不是我们所追求的生存方式。我们根据"口味常变"这一条原理,制作和提供时代所喜好的口味。因此，风风拉面店的味道一直是逐渐地变化发展着。不只是口味，服务也是同样。不光现在，明天、后天也必须要让顾客叫"好"。因此，在认为"做完了"的时候，一定要顾虑到顾客支持率的下降和成长的停滞。

顾客的需要是不断变化着的，可谓"无常"。必须熟知这一点，所谓好店，是为了经常使顾客满意而不断坚持悉心创意的店。"这个不错，美味可口，只做这个就行了"。这样说的瞬间，就意味着结束。

最后，关于同塾长接触所得到的教诲以及今后事业的展开，想在此说一下。对于追求人本位经营，并且准备开设多家店铺的我来说，《众人成城》一节，给了我相当人的启发。

记得是在福冈的例会上，有位塾生这样问道："我一直一帆风顺，接任父亲做经理之后，招收了年轻的优秀干部。可是父亲那个时代留下来的一些老员工，头脑十分顽固，拿他们没办法，令我很为难。怎么办才好呢？"当时，塾长回答说："年轻的优秀人才聚集在你的周围，就像是筑城的城墙一样。而老员工们则是要石，是嵌在其中的小石块。"他还补充说："公司一帆风顺时固然不错，可一旦刮起台风，那些优秀年轻的筑成城墙的"石头"，一下子就不见了，留到最后支撑着公司的，还是这些老员工啊。"

听了这番话，我十分感动，恍然大悟。虽然这是关于为公司的过去作出贡献的老职工和年轻的优秀职工的一番话，但我想在各种场合都能适用。对于塾长的话，我主要将其理解为："要看到长处。"大城墙有长处，小石头也有长处。各种事物都有其存在的优点，不能仅凭自己的价值观就盲目地指责说：
"这块大石头不行，那块小石头不行。"应该想到"各有各的
长处"。

（本文系作者 2001 年 9 月在日本京都"盛和塾第九届全国
大会"上的发言）

将理念贯穿于每一个经营细节

常州市长兴集团董事长　汤燕雯

今天能与日本经济界的一代宗师稻盛和夫先生和他所组织推动的盛和塾日本友人以及中国企业家朋友相聚一堂，交流我们共同关心的经营管理问题，我感到十分荣幸。因为作为一个地方性企业，在它的成长过程中，能通过国际交流，分享各位的成功经验，亲聆大师的教诲，对于迅速提升个人的思想境界和企业的经营水准，将会有很大的帮助。

像大多数中国民营企业家一样，我的成长道路也经历了个体户、私营企业、公司化三个阶段。从 1994 年买下一家百年老店开始，现在长兴集团已发展成为一家集餐饮、客房、商务、休闲于一体的综合性服务企业，纳税额连续 5 年位于常州市私营企业之首。伴随企业的成长，特别是通过亲身经历的管理实践，我摸索出了 7 条管理心得，敬请各位指教。

一、起点须高，入门须正

这是古代学诗人的入门法则。讲的是学诗要向格律严谨的大诗人学习，管理也是一样，特别是在创业的初期，就要拜本行业最高水平的企业为师，从本行业最高水平起飞，才能飞得更高，飞得更远。我最先接手的是一家即将倒闭的清真菜馆，然后引进了粤菜模式加以改造。因为当时广东的餐饮业在菜肴服务和管理水准方面较之常州有了质的飞跃，因此尽管费用成本很高，但我还是坚持一招一式都是学得像模像样。长兴楼很快就在常州餐饮企业中异军突起，因为这场竞争相对于水准较高的企业和本地企业来，竞争结果不言而喻。

二、道生万物，理念为纲

我很快地就认识到管理体系的建立，光靠"拿来主义"的效果有用也有限，别人花了数年或数十年的心血，总结了许许多多成功经验和失败教训而孕育出来的规章制度，你拿来就能用，天下哪有这种免费的美餐。但要将引进的管理制度改造成适合于企业发展的制度，光靠细节的修修补补是无济于事的。

管理体系的核心是理念，理念是纲，纲举目账。理念又是道，《老子》说："道生无，无生有，有生万物。"我理解"道"虽然近于虚无，但它能包容万物，就像理念一样，虽然它只是通过实践体悟出来的一种思想，但它能指导企业的行为。长兴楼的理念最初是很朴素的，当初我就想开一家"让老百姓进来没怕的感觉的饭店"，这是针对当时卖方市场暴利时代而言的。虽然引进粤菜模式成本费用高，但我根据这一理念坚持低价策略，开业时生意清淡。一次，财务人员在我出差的时候擅自调高了价格，我回来发觉后严肃处理了此事，我觉得做企业就是做理想，在理想问题上是不能妥协的。

有一段时期"顾客至上"的思想很流行，许多企业把它当作口号。我觉得这一思想很简单地概括了企业和顾客的关系，提供了一个能指导一切行为的价值取向。虽然它作为理念没有很强的识别性，但只要企业能将这一理念贯穿于每一个经营细节中，那么通过企业的整体行为，就能使这个理念获得唯我独有的生命力。举个例子，现在许多酒店都有推销某种酒的小姐，一些酒厂还许诺给长兴楼数目不小的广告费，但我们都谢绝了，不允许服务员向顾客推荐酒，一是为了尊重顾客的选择权，二是避免给请客的主人造成压力。

三、点滴改进，超越自我

做好管理工作要从细节入手，从每一个环节中找出问题并设法解决，是改善管理的根本之道。做餐饮业的时候，长兴楼的管理与服务赢得了社会的一致好评。进军酒店业后，我马上就意识到与一些管理好的高星级酒店相比，我们的差距存在许多不起眼的细节。你有再好的理念但不能落到实处，还是一句空话。比如，每天为客人提供免费的水果，开始时没有统一规定标准，久而久之，势必因为免费供应而降低水果的品质。解决了这一问题后，我们又发现水果品种的选择也大有讲究，住店的男性同胞多，如果送水蜜桃，则因毛多水分多，客人常常不满意，我们又及时调整了水果的品种搭配。

从某种意义上来说，管理就是找问题，但问题在萌芽中时不会自己浮现出来，这就要我们联系企业的理念，深入挖掘，用心体会客人的需求，并以最合适的方式来予以解决。下雨天，大堂地面有时会湿滑，光提醒客人注意是不够的，我们就制定规章，遇到这种情况就要铺设地毯通道，餐馆的迎宾小姐和门童都要打伞将客人送到车上为止。

关注细节绝不是钻牛角尖，故意吹毛求疵。滴水能成渠，聚沙能成塔，边学边做边改，就能将经验和教训积累下来，夯实管理大厦的基础。管理的改善是永无止境的，而改进的动力应该来自超越自我的目标，而不是仅仅屈服于竞争对手的压力，要以今日的我战胜昨日的我，这才是竞争的真正含义。

四、善有善报，利润第二

从事酒店业时，朋友和业内人士都善意地提醒我："做酒店与做餐饮不同，要灵活。"这句话的意思是：做酒店不要太理想化，要跟着市场走。他们的理由不无道理，常州不是旅游城市，长兴楼宾馆又处在一个小巷子里，位置不好。但从做酒业的第一天起，我就没有在会议上提到过利润或要求业绩，相反，我力主在长兴楼宾馆这家未评星级的酒店中采用高星级酒店的配置标准。比如开业前预订的洗发水、沐浴露瓶口都没有锡封，瓶子的外观略显粗糙，但却足以胜任当时酒店的要求，但我反复比较后认为，不达标的产品不能用，为此提高成本，弃用原定物品也在所不惜。通过多方联系、多家比较，最终，我与一家专门生产高星级酒店用品的香港公司合作，该公司负责人很惊讶："未评星级的酒店采用我们的产品，这是第一次碰到。"免费早餐也是如此，长兴楼宾馆为客人提供的中西式早餐，品种很多。加上24小时的门童服务、住店医生等超值服务，长兴楼宾馆的成本费用大幅度提升，公司的高层管理人员都对这种不按投入产出经济规律的做法感到不解，而我对他们的要求只是：该做的做好了没有，该改善的改善了没有？而不问业绩。这样做的结果是，4个月后长兴楼宾馆的入住率就超过了100%，引起了客房入住率普遍只有50%~60%的常州宾馆业的震动。

我相信善有善报，只要你的努力是善意的，并持之以恒为之付出，就会有好的结果。反之，用短期行为投机市场，能得逞于一时，却不会有善终。

五、压力管理，激发潜能

任何一项管理制度如果不去执行，制度就是一纸空文。反过来说，一项并不完善的制度，如果认真执行，反复修改，也会逐渐变成一个好制度。而要做好管理工作，企业的领导人必须身体力行，埋头苦干，在认真执行、反复改善的过程中，才会不断地产生管理心得，因此压力管理首先是企业管理人自我施压，以百折不挠的毅力去推进管理。

对于员工来说，适度的压力可以激发人的潜能。同行评价长兴楼，都说"规矩大，员工压力大"。我觉得压力就是挑战性，没有压力的工作或马马虎虎地对待工作，表面上轻松自由占了便宜，实际上是不负责任。正是由于公司上下共同承担了压力，长兴楼管理体系的推行和改造，才变得富有效率和创造性，员工的素质也随着企业的发展壮大得到了极大的提升，以至即使离开长兴楼的员工，也成了其他企业的骨干，为常州餐饮业的发展培养了一批人才。

六、私营企业的管理不能姓"私"

个私企业管理有一个最大的难点，就是如何处理好家族成员的问题。个私企业起步时，往往离不开家族成员、亲朋好友的帮忙。但企业做大了，浓厚的家族色彩就对企业的发展产生不利，不仅会妨碍择优选拔人才，而且会增加企业管理的难度。举个例子，执行上班制度，迟到一分钟就扣亲戚的钱，从亲情关系上讲，很难执行，但如果不执行，企业中岂不有了一位超越于制度之上的特殊员工了吗？在这个问题上，我的一贯观点是私营企业的管理不能姓"私"，凡在企业工作的亲属只能是普通员工的身份，一旦发现有特殊员工的言行，就不宜在企业工作，这样可以为全体员工创造公平竞争的良好环境。目前公司中只有我的一个亲戚，也是一般的财务人员，不是管理人员。

七、团结同行，自律律人

企业的管理做得再尽善尽美，也不可能脱离生存的环境而独善其身。如果企业置身于同行的恶性竞争中，管理的质量和服务水准就会打折扣；如果政府部门利用权力"寻租"，行业利益和企业的正常管理秩序也会受到伤害。正是基于这种共识，前年常州成立了餐饮商会，同行推举我担任了商会会长，共同维护行业利益。商会成立后，修订了物价部门过时的土政策，推动了政府职能的转换，维护了行业的利益。同时商会还成了同行切磋交流的自律组织，面对去年各餐饮企业相继推出的

"买 100 送 20" "买 100 送 30" 越演越烈的价格战，商会出面调查了企业的保本底限，开了研讨会，统一了认识，结束了自相残杀的恶性竞争，促使常州餐饮业的商战向质量特色战的方向发展。以上一系列行动，极大地提高了商会团结同行，进行自律的权威。在此基础上，商会又组织了一系列企业间的管理交流观摩活动，提升了常州餐饮业的整体管理水平。去年年底我又被省内的同行公推为江苏省餐饮业商会会长。

虽然在经营管理上我摸索出了一些身体力行的经验，但由于国内的市场经济还处在相当幼稚的阶段，管理的起点还很低。面对世界经济一体化的大趋势和知识经济的洗礼，我越来越感到所具备的管理知识还很不足，稻盛和夫先生的盛和塾为我们提供了一个学习交流经营哲学的样本，我也希望能够通过与日本企业家的交流提升自己的管理境界。

（本文系作者 2001 年 10 月在天津"第一届中日企业经营哲学国际研讨会"上的发言）

为了度过美好的人生

日本株式会社神代社长　山下胜

　　我于 1948 年（昭和二十三年）出生在鹿儿岛的大口市。那是一个和京都一样被群山围绕，景色优美的地方，虽然位于鹿儿岛，但冬天也会下雪。就在这样的环境中，我度过了天真烂漫的少年时代。可是小学六年级的时候，突然发生了一件给我的人生带来巨大影响的事。那就是母亲的去世。早晨还精神饱满送我出门的母亲，到了傍晚就意识不清，5 天以后就离开了这个世界。她得的是脑溢血。这对于才 12 岁的我来说，是心灵无法承受的悲痛。但是，母亲的去世教给了我非常重要的两件大事，那就是自立心和对国家的感谢。早日独立也是对父亲的一种孝心，我在国家向社会最低生活层的贫困家族给予援助这一制度的帮助下，顺利地从中学毕了业。

　　1963 年（昭和三十八年）我登上了集体就职列车奔向神户。所谓集体就职列车，是 1955 年（昭和三十年）左右开始出现的一种专门把被称作金鸡蛋的中学毕业生劳动力运往城市的列车。出发前在鹿儿岛车站的站台上，挤满了为前往陌生世界的孩子送行的父母和对即将开始的旅途满怀不安心情的年仅 16 岁的孩子们，列车开动后，一边用力挥手一边追赶着列车的父母，以及一张张泪流满面的脸，现在还依然清晰地留在我的脑海里。我作为一名技能培训生在三菱电机公司开始了工作。在那儿我学习得非常认真，因此培训毕业后被正式分配到研究部门工作。主要研究现在所说的 LSI，即在构成集成电路基磐的纯硅板上能镀上哪些种类物质的研究。工作虽然很有意思，可是却使我深切地认识到自己知识的不足，并发现即使继续待下去，在这里自己也不会有多大的发展。于是我不顾前辈们的反对，在 1966 年（昭和四十一年）辞职去了东京，开始了寿司的学习。

学做寿司，一开始就想摸鱼捏寿司是根本不可能的事，我就是从打扫店里的厕所开始的。那时候连东京最繁华的大田区也还没有冲水的厕所。干寿司这一行，正月也没有休息。正月做上门送寿司服务的时候，能感受到从每个客人家里传来的幸福温馨的家庭气氛。被客人抱怨"太慢"的时候，都感觉是理所当然的事，也是都使我亲身体会到了服务行业的不易。如果碰到像母亲一般慈祥的客人就会对我说："谢谢你。你比我家的孩子还小就这么努力""很好吃""加油干哟"，这些看起来很平常的话，使我深受感动，好几次我边流泪边拼命踏着自行车往回赶的情景至今仍然时时浮现在我的眼前。

行行出状元，但不管干哪一行都很不容易。一无所长的我下定决心通过专注于一个事业来争取成功。1968 年（昭和四十三年）刚好 20 岁的我决定把寿司制作当作自己的天职，并发誓

30 岁一定要自立门户。作为时代背景，那一年恰好是塾长创立京磁公司的 10 周年。自那以后，我向着自己立下的目标奋发努力，每天从早晨八点半开始一直工作到深夜两三点，休息日每个月只有两次。我把"扫除和笑脸，热情打招呼"作为自己的座右铭，为了不输给自己，竭尽全力地努力着。在那段时间里，我甚至常被人误以为是店主的儿子。

1973 年（昭和四十八年），我又动身前往大阪，为学习河豚的做法、深造烹饪技术，开始了新的学习里程。我首先在大阪的一家寿司店工作，后来又先后担任了分店店长、本店店长，通过这些经验我学到了一些经营管理的方法。

1978 年（昭和五十三年）7 月 18 日我自己的"神代一号店"在大阪南区开业，当时正好 30 岁。塾长讲过的"心中要抱有强烈的愿望"，指的是为实现目标要抱有能渗透到潜意识里的那样强烈而持续的愿望。说真的，愿望确实是可以实现的。第一家店是我请一家公司的总经理做担保贷款开的，"经营取决于坚强的意志"，就是经营必须要有能穿透岩石般的坚强意志。那个时候，我一心想着绝对不能失败，所以每天比其他任何店都早营业晚关门，下午四点就把招牌拿出去，只要店里还有一个客人就一直开到凌晨五、六点的时候也是常有的。不但如此，还以全年无休日营业和"不输给任何人的努力"的精神脚踏实地工作，一步一个脚印坚持不懈地努力，这就是当时我每一天的写照。为了在同行业的竞争中取胜，我"常开展创造性的工作"，明天要比今天好，后天要比明天更好，以此持之以恒地不断改良，改善工作。反复积累的创新研究是非常必要的。此外，我瞄准知名度高的寿司店这个目标，开始钻研独特寿司，开发独创的菜肴。通过这些努力，开始有电视、杂志到我们店里来采访。

到 1990 年（平成二年）我在北新地（译者注：在大阪地价最贵的地段）开了 4 家店，在南区开了一家店。但之后不久，泡沫经济崩溃了。在困境中，员工间的不和、服务员与客人之间的矛盾也逐渐增加。是应该继续保持现状呢，还是应该缩小经营规模？这个问题开始不断困扰我。虽然我参加了自我启发的学习会，但始终没有找到解决方法，就这样整整烦恼了 5 年。

1995 年（平成七年）我终于有缘加入了盛和塾。在盛和塾的学习是从塾长讲话录音带的第一、第二卷开始的。第一卷的《勇气和创造》让我明白：要在连精明人也免不了被骗的南区这样的繁华街经营店铺，就要有一个"烈火般燃烧的斗志"。经营者必须具有能战胜任何格斗术的激烈的格斗心。在塾长的教诲中还有这样一句话："刚出生的东西，哪怕是无生物也是不稳定的。"店铺也是如此。那个年代还没有制定"对抗暴力法"，因此暴力团不时上门来要保护费，无理取闹，施加威胁。有时我们还得接待暴力团之类的客人、喝醉酒闹事的客人等，麻烦事各种各样。加上"敢于承担责任"决不能表现出丝毫的怯懦。这些涵义我通过自己的亲身体会也都能够理解。但是，第二卷的《心性与经营》却带给了我巨大的冲击。"你身边发生的所有现象，事情都是你心灵的反映。""经营是经营者人格的真实写照。因此经营者必须提高心性，提高理念，提高人格。"我以前从来没有认识到经营和心性有着如此密切的关联。从那以后，我买来了塾长讲话的所有录音拼命聆听，后来有机会出席了塾长例会，第一次见到了塾长。

塾长和我交换了名片，带着亲切的笑容和我握了手，我至今也忘不了当时由于太感动而流泪的情景。这使我深深感受到人性的极点是和蔼可亲。后来我从塾长及各位塾生那儿得到了很多关照，并学到了很多东西，明白了以心为中心去思考人生和工作的方式有多么重要。这使我开始扪心自问：什么是人生？工作意义何在？其目的又是为了什么？今后我还需要补足什么。在对这些问题的思考过程中，我发现了披着几千件自私外衣的、以成功发迹为名一味追求自私自利和物质享受的自己，获得了一点儿成功就自以为了不起，开始打高尔夫，喝酒散心等。我很惭愧地意识到，自己所做的只不过是一个俗气的中年男人式的只求物欲、感情用事的经营。人的内心中蕴含着内在的、用肉眼看不见的无与伦比的东西。与之相对的是用肉眼看得见的、有形的、相对存在的物质。对物质的追求没有尽头，永不知足的话，就无法培养能感受到幸福的心境，不会对生命怀有感激之情，这样只会度过寂寞的一生。因此，提高思维和理念的境界以及自己的人格是非常必要的。应该遵守"作为一个人什么才是正确的"这一原理、原则，培养积极向上的思维方式，并不断地给内心补充。自我反省的养分是非常重要的。另外，我还发现任何人都拥有极为出色的内在自我（真我），都具有发自内心的公共性。

现在，我把盛和塾当成一个把道德与经济合二为一的、活学活用的场所。盛和塾是指引我作为一个经营者，一个人应如何生存处事的"精神指针"。后来，塾长讲话中被引用的安冈正笃老师所说的："把自己感知到的东西仅仅搁置在知识的层次上是起不了任何作用的，需要把感知提高到见识的高度，但仅仅这样还是不够的，因为经营者还需要有胆识"，这句话在我心中所占据的位置越来越大。我是这样理解的：仅仅了解知识是起不了任何作用的，关键是必须做到领会知识并使之升华为信念，最后以此为自己的见识去判断各种事物。但是，即使做到了正确的判断，却不采取行动，不去实践也是无济于事的。因此，需要把见识和胆量相结合，实际行动中需要一定的胆识。经营者必须能以实际行动证实自己所言换言之必须是言行一致的人。对我来说这是一个非常非常大的课题。我所属的大阪盛和塾有许多以稻田前辈，矢崎前辈为代表的非常优秀的指导老师。也经常举办自主学习会，能够听到很多优秀老师的发言。通过和这些老师们的交流，我学到了很多东西。如：扩展到宇宙范围的意识，以及能够与之调和的内心；和大宇宙生命意识紧密相连的出色的心性（良知）；同时具备有限性和无限性，拥有生命力的英知；以及集以上这些于一体的自我（真我）的存在，自我应有的状态，自我的思维方法，"我究竟是什么""我想做什么"等这些自问自答的重要性。这些归根结底就是知行合一的哲学，天人合一的哲学。

渐渐地，塾长教诲的真理之花在我的心中开始绽放。随着"精神指针"的日益精确，我的见识也逐步提高了起来。1999年（平成十一年）2月25日，我参加了矢崎先生的父亲的追悼会。追悼会上的情景使我体会到了从没有过的感动。逝者的遗作遗言，吊唁者的悼词，甚至连临时工们都那样洒泪告别，这些景象令我感觉到凡是和逝者有缘认识的人都会很幸福。能给他人带来如此巨大影响的人生，也是我所追求的理想人生。在那以后，矢崎先生出于善意，把从不示人的宝物——先父的理念和灵魂作为行善的根本公开于众，使我有幸接触到逝者的理念及心灵的结晶——"幸福共创的源泉（良知）"。塾长自始至终把盛和塾作为让我们这些塾生深受体会、接收学习的公共场所，在这儿把从不外传的京瓷理念、京瓷哲学公开给塾生们。在繁忙惊人的日程中，不顾自己的身体，实践着利他的大义。"人生，会随着所遇之人发生很大的变化"，我觉得这个说法很对。我开始不断地反复问自己："我究竟是什么样的人呢？"并在这样地自问过程中，我的人生主题开始渐渐清晰起来了。我深深地体会到幸福共创理念的重要性。

　　现实中，我做什么才对，应该做什么，能够做些什么呢？"明确事业的目的和意义"，树立光明正大的大义名分的目标。这对我来说，这个目标就是：竭尽全力去成长至今的事业，和所有与我相关的人们一起，提供能创造幸福的场所。具体来说，就是神代店将以饮食文化及其精湛技艺的继承发扬为天职，以让客人喜悦、满足作为毕生的工作目的和使命。神代店要把店铺建设成为除了客人以外，还包括其他同行等所有有缘相聚的人们能够共同创造幸福的地方，也就是说把店铺看成共创幸福的空间。虽然这个空间很小很小，但是从这儿将会永不停步地向外界发射出共创幸福的信念。而且为了使之永不间断地发展，从"公共性作为"的立场出发，为人类的幸福，为社会的发展进步作出贡献。就这样神代公司的理念诞生了。神代在北新地有四家店，在南区有一家店，这在逆境时代是很不平衡的店铺分布格局。为了改变这种局面，我制订了把北新地的店减为三家、南区增设到两家的"平衡店铺分布格局"计划，推进合理化经营。

正好当时我所希望的位置上有了一块空地，于是我们就开始进行了一系列的租赁交涉。在泡沫经济时代地价上涨到一坪（3.3m²）7 000万到1亿日元左右，但是，介绍给我的时候却只是20多年前的地价水准（一坪500万日元）。这是由于地价上涨才成为空地的土地，由于牵涉多种利害关系和权利斗争，尽管聘请了专家，交涉还是没有任何进展。后来，我运用神代的理念进行了交涉："我是在这个行业得以生存的，很想回报所有曾经帮助过我的人。我希望用食物来款待客人，建立一个能和所有相识的人一起共同创造幸福的场所。"通过这种直接地寻求理解和合作的发自内心的交涉方法，终于打动了对方。对方的态度开始有了变化，渐渐地权利相争得到了缓解，最终众人一心。我想这也许是某位无形的权利者在中间为我们周旋，给予帮助的结果吧。我自信这是神代的理念在各位权利者的真心、良心中产生了回响。就在那块空地上，我们委托建筑公司修建被命名为"神代幸福共创馆"的神代第一座公司大楼。由于最初预算很少，我们本来决定把大楼外墙设计为在混凝土的基础上稍加一些日式风格的设计。但是，当我一说完神代理念后，这个计划就发生了变化。设计师找到信乐陶艺家奥田国人氏，对他说："在包容这么志向远大的小宇宙的外壁上，我想使用通过从奈良正仓院获得灵感的寡默且具有强烈存在感的陶瓷。"奥田老师听后很感动，决定把这个建筑物作为自己的作品来制作。于是老师亲手一枚一枚地制作，总共制作了1 300枚。后来听说仅是装贴到外壁上就费了很大工夫。建成后的大楼被刊登在有名的建筑杂志上。我建店时，对那些被称作寿司店灵魂的柜台都很重视，一直采用自然的木材，以此来迎接客人。我把神代的灵魂既理念描述给对木材深有研究的横滨金平先生，他从奈良的木材商那儿筹备到了本来要用于寺庙建筑上的木材。初次见到那种木材的人们都会有一种被灵气包容的感觉，使人产生一种难以言喻的庄重的存在感。据推测，树龄约为250年，长9米，宽60厘米，厚15厘米，是天龙地区产的无节扁柏木。这么大的国产扁柏，算上没有打枝的在内，也不到300棵。刚刚提到的那个杂志的总编看了以后惊讶地直说："这是国宝呀！"能够用这样珍贵的木材来为神代幸福共创馆的柜台坐镇，真是奇迹般的缘分。我认为柜台和厨房是寿司制作人的舞台，因此作为背景的壁面就有着重要的意义。在我对以和纸艺术活跃在世界舞台上的堀木先生传达了神代理念之后，他当即就产生了一种灵感，制作了以神代的"扇子的纹样"为主题展现寿司制作人的男子汉气概的艺术品。为什么要说这么多听起来好像自满的话呢，因为如果有足够的预算可以支付这些开销的话就没有什么不可思议的事了。但是我并没有支付因为更改方案而超出预算的额外费用。说钱的事好像不怎么好，但那个用来做柜台的干燥了6年的国产扁柏，那么大的尺寸，足足值1 000万日元以上，而我当初的预算不过390万日元。外壁及和纸作品的价值不清楚，但仅从定购的材料来看大概就是预算的 2 倍。

通过这些事实我想说明，当时理念超乎了利益的追求，在制作人的灵魂深处得到了共鸣，并以这些高艺术性的具有独特格调的有形的姿态得以展现。人们常说"人生的最终目标是幸福"。我们知道"想把那种幸福创造得更具有公共性的幸福"，这一无论谁听起来都能够理解的高尚理念（思维方式），是能唤起大家的共鸣，推动大业，具有创造出新事物的力量的道理。从今以后，神代以此为核心，决心把客体的公共化即神代灵魂（理念）的知行合一贯彻到底。要做到这一点，最近塾长在讲话中也提到："人格是会改变的，且结果也是随着人格的变化而变化着。领导者应该是提高理念和人格，有胆识且敢于实践、实施的人，真正的领导应该选择能不断提高自我的人。"因此，应该不断学习、不断提高"精神指针"的精度，从我做起，把利他的大义公开，不断提高理念。不但如此，我还决定凝聚所有员工，把幸福共创二十一世纪的故事继续推广下去。

今后，要更加树立具体的目标，并把定下的目标和社员共有。"以关怀之心诚实处世""始终保持明朗的积极进取之心，抱着梦想和理念以纯朴之心经营"。我从稻盛塾长那儿学来的东西就是以心为本的经营及生活方式。不仅仅是对我，也应该是适用于全人类的精神指针。今天，我发表的核心内容，提到了关于塾长教诲的经营十二条，其中的第 3、4、7、8、9、10 六点，我曾经在不知不觉中，即进入盛和塾之前就实践过，其他是我进了盛和塾之后才觉察到的。然而我也曾由于没有解决明确事业的目的、意义这最重要的一条而烦恼过，后来通过在盛和塾这个公共的高层次的场所活学活用，我才终于能够以心为本，树立起了光明正大的大义名分的崇高目标。为了和社员共同拥有这一目标，我举办了学习会。为了拥有共同的哲学，以视觉为手段为使大家能早日理解而努力着。

在我发表的经营体验将要结束之时，请允许我最后引用塾长的一句话："人生的目的不是为了立业功名，而是为了创造美好的灵魂，而人生和工作是磨炼灵魂的场所。为磨炼出比刚出生时更美好的灵魂展开自己的人生之旅，付出这样的努力是非常重要的。"我通过现在的事业得以成长到今天，对此我非常感谢。为了让继承这个事业的年轻人们懂得其中的意义和涵义，懂得人生的意义和涵义，领悟到自己的存在、自己的使命，共创幸福之心和公共心的重要性，我希望能通过努力尽量多给他们提供能亲身体验感动的空间，使他们充满勇气。我要继承在盛和塾所学到的真理，培养出明白生命可贵、拥有平衡心性和技巧的厨师。并把由此产生的共创公共幸福永续地发展下去，成为这方面的奠基石。只有中学毕业的我能有和这么了不起的理念相遇的机会，应该由衷地感谢以塾长为代表的盛和塾的各位给予的引导。

"尽己照隅"是我这作为一个凡人所理解的天命。

（本文系作者2001年9月在日本京都"盛和塾第九届全国大会"上的发言）

稻盛经营哲学树立和坚固了我的经营理念

汉珍堂（天津）日化有限公司董事长　焦丽珍

1998年4月我在日本工作期间，突然接到年仅62岁的家父病故的噩耗，火速回到家乡中国天津市。家里人都不知所措了，泪水未干的我就接替了父亲经营天津开发区圣亚有限公司。

在出国以前，我曾在天津一所普通工科大学里教书，家里仅我一个女孩，从小备受父母疼爱从未离过家门，心理脆弱。到日本后，受周围文化环境影响，磨炼得比以前坚强多了。开始语言不通，工作紧张，寂寞无助时偷偷流了很多泪。父亲在世时常对我讲："努力学习，锻炼自己。"随着工作的熟练和生活习惯的适应，我同日本人一样"一生悬命"地工作，自己觉得在日本学到的"一生悬命"的精神战无不胜。可突然做了经营者，却又不知怎么好了。面对未来真像邓小平同志所讲的"摸着石头过河"，也曾听到过只言片语的经营理念，试着支撑过来。

今年2月，因有在日本工作的经历产生的特殊情感，参加了稻盛哲学研究会。稻盛哲学十二条经营理念，理顺了我很多经营中的误区，纠正了一些不科学的杂念，十二条经营哲学在我心里深深地扎下了根。我想对我一生都会有很大的帮助。

一、把销售额增加到最大，把经费压缩到最小

这一经营"秘诀"我深有感触。我刚当上总经理时，首先面对的是发工资、付房租、交水电费、车杂费、税费等多项支出，当时毫无计划，只是想该花的就不能省，太财迷成不了大事。见了朋友、客户就大手大脚地去消费，一年下来现金流动发生了困难。我感到了压力，不得不考虑节省公司的开支，否则照此发展下去就危险了。真是不当家不知柴米贵。过去对当老板的那种羡慕与渴望心情，在当自己进入这个角色时，却找不到那种感觉了。面对支出大、收入少的现状，我只是着急却没有马上采取有效的解决办法。

今年2月开始，我学习了从实践中得出的稻盛经营哲学"十二条秘诀"之后，对照检查了自己的工作，我的心豁然开朗了，一直压在心里的顾虑打消了，我给自己提出了要求"从管理入手，找出支出大的原因及时解决"。于是我根据公司经营的流程，用稻盛哲学里的"变形虫"经营法对下属的各部门、各岗位人员，以及各项支出情况进行了仔细的核算与分析，原因找到了，心中有数了，于是我大胆果断地采取了对策：

（1）精简人员。把工作效率提高，把员工人数减少。原来我有专职司机，我不用车时司机也没事可做，在我妥善把司机介绍到别的公司之后，公司里会开车的员工便都有了"第二职业"，一个人能做的事不需要有两个人，在这一原则下，员工人

数减少了一半，而销售额却没有减少。

（2）工资定位。把效益提成和奖金增加，把基本工资减少。

（3）每月向员工公布费用支出情况，随时提醒员工自觉为公司缩减开支。由于新的措施大大提高和调动了员工的积极性，从而也坚固了我的第一经营理念。

二、以诚实之心理顺债权债务

开始时如同新马拉车，不拉又不行。不知公司具体经营的业务等方面的情况，主管会计又不辞而别，那时真是雪上加霜。后来新会计接手后一查账，留下了一大堆债权债务吓了我一跳，一时又搞不清来龙去脉，说不明前因后果。呆呆的我坐在父亲留下的办公椅上，一片茫然。真是每天要账的人不断，欠账的人却难以找到，以往 7 年在日本工作期间正赶上中国发生巨变的年代，人的思维、心理发生了很大的变化。开始到天津工作，我时常找不到感觉。新的用语不太明白，父亲的客户到底有多少？他（她）们是谁？都在哪里？我都不知道。白天常常忘记吃饭，回家还要安慰悲伤的老母亲。不清理不行，只好同会计一齐整理账目。搞清了债权、债务的具体数据，从而有针对性地建立起一个具体的工作目标"要债还钱"。

债务要不要？当事人不在了，要起来很困难。不要，又拿什么来还债呢？见到来要债的人，心里觉得愧对人家，为了还债只有去要债。于是我鼓足勇气充满斗志地详细列了清单，将数百万元的债务按重点排列，分头要债。刚开始出兵就遇到了阻力，不是找不到主管厂长就是我见到人也没钱给，几次下来我退却了，这么多钱今后怎么去要，我强迫自己冷静思考重新调整战略，大致划分三种态度：①有偿还能力，却根本不想还的单位。我是抓住不放，用法律和合同说话的同时又不伤和气、耐心、细致一追到底，重视思想工作，谈心、交心感化对方直至成为朋友为止。②有一定偿还能力，通情达理的单位。对这样的单位，不能紧逼，也不可放松，在对方遇到困难时，主动帮助想办法解决，取得了相互的理解和信任后，就好解决问题了。③面临破产的单位。这种情况要灵活，以物抵债也得认头，但尽量争取有价值的东西，总之在处理这些事情中最根本的一条是"赢得人心"，最后用真情和诚意打动了客户，当我把债务要回来，接下来就是还债。在还债的时候有朋友对我讲，反正国有企业的债，不还他们也没办法，还不如买张去日本的机票一走了之吧。但我没有这样做，本来就是为了还债去讨债，怎么能走。到2000年底我共平掉了600多万元的债权债务。通过这样做，我交了很多朋友，赢得了许多客户。收回的钱，我主动给债主送去，取得了客户的信任。人家还表示愿意跟我做生意。如果我有贪心，在诱惑面前摔倒，钱会比现在多，但公司的路会越来越窄，我和员工也不会像现在这样平静、踏实。经过几年的努力，创造了良好的人际关系和工作环境，再加上当前我国各方面越来越规范，总体工作环境大为改观，我对今后充满了信心。稻盛哲学中"拥有一颗为他人着想和诚实的心"这一经营秘诀深深地融入我心里。

三、积善之家庆有余，不积善之家殃有余

我一边清理债权债务，一边开展新业务。面对新的形势，

家父的朋友圈又取代不了我，父亲的经营方法也没有文字可寻，怎么办，自己开拓吧。1999 年在圣亚公司最困难的时候，我想用多种收入的经营模型来改变现状，于是创建了汉珍堂（天津）日化有限公司，主要生产销售化妆品系列。但是由于对市场缺乏了解，价格定位不好，资金后劲不足，而没有能批量上市，创收的设想落空了。急于求成不行，今后公司如何生存与发展，我又是一片茫然。

稻盛哲学的第 4 条秘诀"付出不亚于任何人的努力"告诫我们在失败与挫折面前不能低头，只有"一生悬命"地努力，才会迎来希望走向成功。我在这条经营秘诀的鼓舞下冷静的反省，认真、仔细地分析原因。我意识到搞一个新企业，风险大、周期长、见效慢，不能盲目追求效益，应该先从已有的传统经营项目中寻找亮点，争取在公司有了生存的保证之后再求新的发展。明确了方向之后重新制定了奋斗目标"一年内消灭赤字"。在过去两年多清理债权债务期间，我坚持了让债主主动还债，不使劲逼债，友善待人的原则，为他人排忧解难，从而换来客户的信任。有一欠债厂家，后来不用去要，到时候就主动打电话过来让我去拿钱。这些共事中建立起来的友好客户，才是发展事业的基础。于是我仔细琢磨研究调查了解市场与企业经营情况，主动上门拜访老客户，虚心取经，光明正大地争取大企业的支持与合作。在我的不懈努力下，生意终于来到了。在市场看好的钢材圈子里我挤到了一个位置，今年仅 5 个月，公司销售额就已超过了 2 000 万元，比去年提高了好几倍。"一年内消灭赤字"的目标有了保证。回过头来，才感到"以善为本"的稻盛哲学是大公司的经营之道，可我们小公司也受益匪浅，实践证明了"积善之家，必有余庆"。

四、带着理想和希望开创未来

从接手父亲的公司到创建自己的企业，经历了 3 年曲折不平的路程。稻盛的经营哲学思想改变了我的经营观，指引我从逆境中走了出来，虽然才刚刚有了一点发展进步，还不算成功，但我的意志坚强了，对事业的发展充满了信心，稻盛的哲学思想和十二条经营秘诀深深地在我心里扎下了根。"提高心性、扩展经营"这一稻盛哲学的思想核心也使我树立和坚固了自己的经营理念，"用具体的目标实现理想，用努力赢来希望，用每一个小的成功开创未来"。踏踏实实地巩固和发展自己的事业，在中国今年 11 月加入 WTO、北京 2008 年的奥运会这一新的经济改革与创新时代，寻找新的发展机会，用自身的优势促进中日贸易，再不断深入学习稻盛哲学，深入理解稻盛经营理念的过程中提高自己的经营水平，向国际化标准靠近，努力成为一名成功的企业经营者。

（本文系作者 2001 年 10 月在天津"第一届中日企业经营哲学国际研讨会"上的发言）

苦难是上天赐予的礼物

株式会社 JST 代表取缔役社长　西智彦

和稻盛塾长一样，我也出生在鹿儿岛的冲永良部岛。天晴的时候，能看到距离 110 公里以外的冲绳本岛，岛上一年四季气候温暖。

稻盛塾长非常尊敬的明治时代伟人——西乡隆盛曾经被流放到这个岛上一年零七个月。据说西乡隆盛的"敬天爱人"思想就是在冲永良部岛上产生的。

我从出生到小学六年级也是在这个岛上长大的。我觉得我现在的思想和行动的源泉都在这个岛上。

我现在在东京、大阪和名古屋经营股份公司 UST，公司专门经营海外旅行业务。大学四年级的时候我休学一年去了美国，在加利福尼亚学习了 3 个月英语，后来一个人坐公共汽车环游美国，这次经历是我日后开公司的起因。我现在仍然记得很清楚，在去佛罗里达州的基威斯特的桥上我一边看着落日，一边想海外旅行真好，年轻时去海外是一件非常好的事情。我毕业以后进了一家专门经营美国旅游的小旅行社。

工作非常有意思，但是总经理的经营方针是赚钱优先，所以顾客意见非常多。那时候毕竟我年轻，向总经理提了很多建议，但最终都没有被采纳，经历了很多周折，我终于发现总经理的性格和想法不是那么容易改变的。于是，我想到自己开一家理想的公司。

一般工作 3 年以后就可以领到退职金，但是我觉得拿着公司的退职金还做与公司竞争的相同业务有些不太好，所以工作了两年零十一个月以后我辞去了工作，那一年我 26 岁。

我开公司的时候首先所想的是"堂堂正正做生意"以及"为客户着想"这两点。还有，我想到"旅行是学习的起点"这句话，于是我为公司制定了留学旅行的业务内容，为年轻人提供良好的建议，让尽可能多的年轻人体验海外生活。

我想把公司作成"旅行的家庭医生"，因此把公司命名为日本学习旅行团（Japan Studies Tours）。最初是以提供留学和 home stay（以较便宜的费用住在当地居民家里，短则二周，长则一年）服务开始的，但是后来一些留学归来的客人想再去看望从前住过的家庭，于是公司由此开辟了出售低价飞机票的业务；一些白领女性希望能在夏威夷拥有别墅，但是个人很难买得起别墅，于是我们公司买下了位于夏威夷威基奇的一座分期付款式的宾馆 30 层以上的 10 个房间，在公司里设置了专门销售夏威夷旅行的部门，我们的服务甚至到了能保证从这些房间看得到美丽的风景。同样地，公司又设置了密克罗尼西亚部门。这些客人们到了结婚年龄以后，公司又开设了专门部门，负责全包蜜月旅行和在海外举行结婚仪式。公司就是这样随着客人的成长而不断增加经营的项目。

由于上述的理由，公司的名称已经逐渐不能表现公司的业务内容，我从"日本学习旅行"三个词中取下第一个字母 J、S、T 组成了现在的公司名称。

公司刚起步的时候，一个月只有 17 位客人，现在一个月有 400 位客人，年销售额 60 亿日元。在设立公司的时候我就觉得公司一定能够成功。

为什么呢？我小的时候就认为"只要不放弃，愿望就一定能够实现"。

这个想法是在我小学三年级的时候产生的。我的父亲是邮局的局长，母亲是教师。父亲很勤劳，邮局的工作完了以后，又开始干农活和养鸡场的工作。所以，我从小学三年级开始帮父亲干活，放学以后出去卖鸡蛋。一袋 100 日元，每卖一袋可以得到 10 日元的报酬。一天大概能卖 10 袋，那时候我想到了一个办法能把剩下的鸡蛋全部卖掉。到了傍晚我把卖剩下的鸡蛋送到一个人的家里，他们会把鸡蛋都买下。

好，现在提一个问题。

把剩下的鸡蛋全部买走的是什么人家呢？

给大家提个醒，小学三年级学生的我天黑了以后还上门去卖鸡蛋，所以他们买下了我的鸡蛋，而且还夸奖我。倒不是这家人需要鸡蛋，而是觉得小学生这么晚还在干活太可怜，才买我的鸡蛋。

情况是这样的，这家人是校长家。卖给校长家以后，第二天教务主任，第三天班主任，我一家挨一家的到老师家里去。

学校总共有三十多位老师，轮一圈，一个月以后我再去校长家，所以鸡蛋绝对不会剩下来。

我小小的心灵获得了自信，我觉得做生意有意思，用自己的头脑好好想一想，事情总会成功。我从小就是这样，不管发生了什么事情，多想一想，一切向前看，所以至今为止没有碰到什么难办的事情。

就在公司发展顺利，我也春风得意的时候，我在"撒尔贝森埃克特"公司的野村先生的介绍下加入了盛和塾，野村先生也参加了这次中国旅行。

加入了盛和塾之后，我才认识到自己只不过是个井底之蛙。

我认识到，世界上有那么多优秀的经营者，他们都在努力提高自己的心性，都在为世人奋斗。稻盛塾长所说的每一句话正是我所探求的哲学，所以很自然地进入了我的大脑。

销售额最大经费最小、定价就是经营、在赛台的正中交锋等，把稻盛塾长说过的话同样在公司说了一段时间以后，公司的销售额不断增加，公司创建以来从来没有失败过，而且利润也不断提高。就这样，23 年来，公司虽然发展得缓慢，但确实得到了稳步的发展。

我过去经常说，旅行公司是先收钱的买卖，只要销售额不降低就会永远不停地增长。

于是，我坚信由于日本人喜欢海外旅行以及我们公司的战略再加上员工的努力，公司销售额绝对不会降低。我为自己描绘了一个美好的蓝图。

但是世上没有那么容易的事情。

大家都知道，由于 2001 年 9 月 11 日在纽约发生的恐怖事件，情况彻底发生了变化。没有预料到的事情发生了，昨天公司还一切顺利，今天却突然发生激变，而且是突然地发生。

刚开始我以为事件发生在纽约，去纽约的人当然会减少。但是第二天开始，夏威夷、关岛、欧洲所有方面的旅行者都纷纷来取消预订。有一周左右刮起了取消预订的风暴。

有的客人问，夏威夷没事吧。我甚至觉得这个人是在开玩笑。在纽约发生的事跟夏威夷会有什么关系呢？开始我没有搞懂。但是，有越来越多的客人提出同样的问题。原因在于日本的电视、公共媒体的过激反应。媒体报道说："夏威夷有美军基地，是恐怖分子攻击的目标。"

但是好好想一想谁都会明白，恐怖组织攻击的是防备薄弱的地方。恐怖组织攻击美军基地就好比小偷袭击警察局，但是普通的日本人不用自己的头脑思考，一味相信媒体说的都是正确的。不用自己头脑思考的国民不断增多是日本作为一个国家的悲哀。

但是其中也有一些人没有取消预定。比如盛和塾事务局长诸桥先生，还有组织公司员工参加夏威夷旅行的盛和塾大江户的崛口先生，都是盛和塾的成员。

让我高兴的是我发现，在盛和塾学习的人就是不一样，对世间发生的事情能够自己进行分析判断并得出结论。但是现实情况是取消不停地来，新报名的人几乎等于零。

下一步该怎么办好呢？

幸好我一直明白旅行业是预收客人团费的一个行业，因此一直把利润和预收款项分开管理，所以报名的人即使全部取消旅行，我还是有足够的钱退还给顾客，这一点倒不用担心。但是销售额上不去，还不能根本解决问题。

这时候我想起了稻盛塾长说过的"灾难是上天赐予的礼物"这句话。开始工作以来23年上天第一次赠予了我礼物。我在想上天让我们干什么呢？上天期待我们什么呢？一定是要试试我的力量，好，说干就开始干。我鼓起勇气，同时想这样的事情一生又能有几次呢？为什么不乐观地对待这次苦难呢？

于是我把员工集中起来，首先稳定他们的思想，告诉他们不管发生了什么事情我们公司都不会有问题，这样的经验非常难得，要乐观地看待现在的形势。

我努力告诉大家，只要大家心连着心，神灵就会保佑我们，奇迹就会发生。

奇迹就是稻盛塾长经常所说的，只要认真努力去做，神灵会给我们架起桥梁，一切就会好起来。

自从设立公司以来，从前曾经发生过很多次奇迹，所以老员工很快就相信我说的话，但是新员工还是半信半疑。

作为具体的措施，我首先想到的是让员工忙起来。人一旦闲下来就会胡思乱想，就会变得不安。

因为没有工作，所以10月和11月尽可能让员工带薪度假，让他们去海外旅游，回国以后把他们的感想在公司的网页上公开。于是10月和11月一半的员工在海外，剩下的一半留在公司工作。工作量虽然减少了，但是员工也减少了一半，所以表面上看忙起来了。

第二个措施是，至今为止因为忙而没能做的事情，新销售渠道的开拓，资料、信息的整理等，能想到的都试了。但是销售额还是没有上去。10月份单月的销售额只有去年同期的一半。

知道这个结果时我受到了很大的打击。如果这样的状态持续下去，说不定有一天会破产。我自从生下来，"破产"这两个字还是第一次在我的脑子里忽隐忽现。

但是我马上改变想法。我还是干脆不去想"破产"两字了，如果老是和去年进行比较，销售额只有一半，而且老是怕这种状态永远持续下去担心会意气消沉。

既然是这样，那我不和去年相比，我把10月看成是公司刚开张，第一年的第一个月销售额就达到2亿5千万日元，多了不起的事情啊。我再次召集员工，让大家不要再和去年进行比较。要大家把10月当成是公司刚开张，只要11月比10月，12月比11月销售额确确实实增加了，就什么也不用担心了。

我想出了一个很有意思的主意——玩游戏。我们公司根据职能不同分成17个部门，正好美军在阿富汗发动打击恐怖组织的战争，我们就玩如何把销售额恢复到恐怖事件以前水平的游戏。

我们马上买来阿富汗的地图，把地图分成17块，分给17个部门，比赛如何占领阿富汗全境。

规则只有一个，销售额超过10月份之日即算作那个部门打败恐怖组织之时，比赛哪个部门先打败恐怖组织。我是想通过游戏的成功让那些以为情况越来越坏的员工获得自信。

进入11月以后不久，11月13日这一天，东京出售低价飞机票的部门已经超过了 10 月份的销售额。于是地图上写上 11 月 13 日并涂上颜色。这是打败恐怖主义的记号。又与大阪，名古屋的部门经理取得联系，在那边的地图上也写上日期涂上颜色。随后，11 月 16 日名古屋的留学部门，11 月 20 日大阪的海外婚礼部门也先后打了胜仗，员工们每天都在讨论着今天哪个部门有可能打胜仗，公司里气氛十分活跃，恐怖事件造成的沉闷空气一扫而光。不和去年进行比较，大家的目的只是想超过 10 月，占领分配给自己的那块阿富汗领土，涂上胜利的颜色，想着再有几个客人报名本月目标就可以实现，照这样下去 11 月几号可以全部占领，于是大家终于又心情愉快地像以前一样工作了。

11 月 27 日除了名古屋的北美部门之外，其他的部门全部完成了"超过 10 月"份的目标。但是，我告诉名古屋的北美部门，如果这是真的战争，只要有一个地方没有占领就不算是胜利。

无论如何也要全部占领，我怀着仿佛向神祈祷一样的心情等待着。奇迹出现了。

11 月 30 日，即 11 月的最后一天，有 6 名顾客报名参加加拿大的滑雪旅行，于是 17 个部门全部超过了 10 月份的销售额，全阿富汗全域都被我们占领了。11 月的销售额竟然达到了上年同期的 95%。

名古屋的北美部门经理打来电话告诉我占领的消息时，我深深地感动了。"全部占领了阿富汗，我们打败了恐怖组织"，与这个电话一起，我们的员工重新找回了自信。只要好好干，什么事情都不值得害怕，无论什么困难都是可以克服的。这种自信是任何东西都替代不了的喜悦。

员工们还拿出钱来，召开了 JST 战胜恐怖组织庆祝大会，招待了我和副总经理，让我很受感动。

看着员工们充满自信的面孔，我想，公司绝对不会出问题。随后 12 月—3 月，所有月份销售额都超过了去年同期。但是日本旅行行业很多公司至今仍然没有走出低谷。

为什么我们公司能够在短短的两个半月之内恢复到原来的水平呢？这是因为面对灾难我们没有唉声叹气，没有把这当成是回天乏力、只能放弃的事情。

相反我们认定就像稻盛塾长所说的那样"苦难是上天赐予的礼物"，决心用我们自己的力量拯救公司，全体员工力气朝一个方向使，抱着必胜的信心，一点一滴地做着。这种天赐的礼物又让我想到很多其他的事情。

2001 年 9 月 11 日在美国发生的恐怖事件是一个悲惨的事件，旅行行业受到了很大的打击也是事实。现在渡过了难关之后反思一下，我觉得自己眼前发生的事情全部都是神灵要转达给我的一种信息，我更从心眼里认为苦难是神赐予的礼物。

我觉得老老实实地倾听神的话语，以谦虚的态度努力工作，这在任何时代都是成功的唯一途径。

对我来说这次是一个宝贵的经验。我现在仍然感谢和我一起克服了重重困难的副总经理村濑先生和员工，感谢神的帮助。

我们和恐怖组织进行斗争的故事到这儿就说完了。

最后请让我谈一谈自己的梦想。

我有一个梦。从设立 JST 这个旅行公司的时候就有的梦。

在我的人生中，中国小说《三国演义》曾经让我激动不已。看了这本书以后我懂得无论文明和科学如何发达，人类的思维和行动与 2000 年前没有什么两样，人积德，才能有所作为。我的梦想是和友人一起周游《三国演义》旧址官渡、赤壁等地方。

这一次，我更希望能够和参加这个日中交流会的中国友人一起周游这些地方，对我来说这将是无上的幸福。我将以这一天的到来为目标，把公司进一步发展壮大，为周围的人带来幸福。

（本文系作者 2002 年 5 月在南京"第二届中日企业经营哲学国际研讨会"上的发言）

浅论稻盛"意志经营"的意义

四川自贡市富源化工公司总经理　刘洋

经营是一场意志力的搏斗，必须以意志力克服许多意想不到的困难，才能成功。稻盛和夫先生把自己的经营哲学思想总结为"心灵经营"，而在重视心灵作用中，稻盛先生更重视意志力的作用。他的心灵哲学可以归结为"意志经营"哲学。研究稻盛的"意志经营"哲学，对广大企业经营者有实际指导意义。

一、经营者的坚强意志成就经营结果

稻盛谈到自己经营成功法则时，特别指出："经营的结果，由经营者坚强的意志而定。"他认为，经营必须要有明确的目标，但在实践中目标的实现会遇到许多意想不到的问题，这些问题造成经营的障碍，动摇人的信心，这时经营者的意志坚强与否，能否凭意志力坚持到底，成为经营成败的关键。稻盛先生说："不管发生什么情况都要有非达到目标不可这样一种坚强的意志，这对经营者来说是十分必要的。"稻盛先生的看法，道出了经营的真谛。市场竞争，不仅是人力、物力、财力、智力的竞争，而且特别是意志力的竞争。许多企业人力、物力、财力甚至智力都占优势，但最终失败了。究其原因，关键一条是缺乏一种排除万难，去争取胜利的意志力。意志力对经营如此重要，它是经营事业成功的重要支持因素。

确定经营目标之后，能否盯住它，毫不动摇，一年不动摇，二年不动摇，三年不动摇，这是一个很艰难的事情。动摇它的因素有万万千千，但盯住它的因素只有一个，就是坚持力、意志力。失败的经营在于不能始终盯住目标。盯住一个目标，狠下功夫，毫不动摇，三年必有所成。所以能有所成，一是克服了实现目标的许多困难，扫除了许多障碍，使"不可能"不断向"可能"转化；二是在坚持中加深对目标的认识、充实、修正，使之更加符合实际具有更大的可行性。三是在坚持中开拓实现目标的资源，找到实现目标的途径、道路和方法。所以，坚持就是胜利，而要坚持下去，没有坚强的意志力是不可能的。世界上的一切事情成功，只有坚持才能创造条件。意志力对经营者之重要，可想而知。

意志力的作用不仅发生在经营目标的坚持中，而且发生在企业的竞争中。企业竞争本质上也是意志力的竞争。在竞争过程中，竞争者之间常常比赛坚持力，谁能坚持下去，谁能在坚持中不断克服困难，谁能在坚持中不断坚定自己的信念，谁能坚持最后五分钟，往往是胜利的关键。在坚持背后发生作用的不仅是人力、物力、财力、智力，还有意志力。意志力一旦崩溃，其他因素立即不起作用，于是溃不成军，一溃千里而无法收拾。而胜利者其实也虚弱到了极点，其困难的程度并不亚于失败者。所以没有崩溃，乃是经营意志力起了支持作用。两军相争勇者胜，两军相争顽强者胜，这是千古不变的道理。

经营意志力不仅在竞争中发生巨大作用，而且在经营的一切方面发生作用，它是一个企业经营内力大小的标志。研发的进行，要经历无数失败的考验，无意志力而不能坚持，就是彻底失败；质量的改进要有细心、耐心、坚持心，不能坚持不懈地改善，时行时止，不可能有质量根本的改善；开拓市场，没有一点一滴的成长、一天一天的扩大、一城一地的争夺，没有吃苦心、忍耐心、水滴穿石的意志力，要想在市场上有立足之地根本不可能；做好服务工作，只有对顾客的需求日积月累地了解、熟悉，只有对服务一丝不苟地改进，积少成多、积好成优，才能不断形成顾客满意的服务。经营意志对企业经营如此重要，所以稻盛先生根据自己经营企业的长期体会，予以高度重视。他一再告诫经营者"要有烈火般的斗志"。在自由竞争的体制下，经营就是真刀真枪地去决胜负。企业总是处在非常激烈的竞争之中。所以一个经营者必须始终燃烧着强烈的斗毒，不管处于多么艰难、多么严峻的情况下，都绝对不屈服，绝对不认输。而部下们看到经营者这种态度，也就会士气高涨。相反，要是经营者一露出稍微那么一点怯弱，要想在严峻的竞争中取胜是不可能的。经营者就必须有着像激烈决斗场上的格斗者那样的不屈的斗志与气魄。稻盛先生的这一看法，是经营经验的集中，世界上没有一个成功的经营者是意志薄弱者，这是至理名言。

二、把经营意志和经营愿望结合起来

稻盛先生认为，经营意志要发生作用，还必须把经营意志和经营愿望紧密结合起来。经营愿望是对实现经营目标的想法，经营目标必须是具体的，是方方面面"具体的数值目标"。要实现这个具体的数值目标，就要把经营意志和经营愿望紧密结合起来。

首先，经营意志与经营愿望相结合，才会使经营愿望变得十分强烈。强烈的经营愿望，就是对目标达到"誓不罢休"的精神。有了这种精神，"员工经营的参与意识以及努力去达到目标的干劲，就会大大提高"。但愿望变得强烈，不仅需要对愿望的可行性有深刻认识，而且需要有定见、有强大的意志力作支撑。意志是人性中至大至坚之力量，它推动人克服一切外力阻挠和抵抗，实现愿望的伸张和发达。意志力是成就生命的伟力，也是成就事业的伟力。凭着不可阻挡的意志力，愿望才会熊熊燃烧，力量才会超常勃发，行动才会至刚而至强，气势才会至大而至猛，行为才会踔厉推韬而一往无前。正是意志的力量，成全成功经营者，使其有万夫莫当之概，并使其员工有田横五百壮士之勇。一人舍死，百人难挡。意志力就是强烈经营愿望蕴含的生命力、创造力、冲动力。必须凭意志力奋斗，事业才能永恒。稻盛先生深刻体会：要想去成就某一个事业，必须"要让它成为一个强烈愿望，不管是睡着还是醒着，24个小时随时随地都去想着它。把定一个强烈愿望，在内心深处期待着，描绘着它的实现，甚至让它渗透到自己的潜意识中去，这就是所谓强烈的愿望"。经营者获得了强烈愿望，就实现了经营意志和经营愿望的结合，经营必然走向成功。

其次，经营意志与经营愿望结合，就会产生巨大经营热情。热情是做事情绪高昂、充满自信和梦想的精神状态。这种良好状态会使经营者保持正常情绪，心中充满希望和梦想，工作起来精神饱满、心态积极，不仅感染自己而且感染他人，造成热烈的工作场面，保持高昂的工作氛围。要保持一贯的经营热情，就必须以强大的意志力作支撑。热情为做事的一种情感倾向，隐藏在情感倾向背后的仍然是意志力。情感总是和意志力结合构成所谓"情意"，意志力强则情感强烈，做事不仅持久而且热情洋溢、精神饱满；意志力弱则情感脆弱，时高时低，做事不能持久，情绪低落，精神萎靡。两种状态造成两种经营。稻盛认为，一个没有热情的经营者是一个不合格的经营者，这种人"老是对未来感到不安，老是用一种否定的想法考虑事情"，这种心态就会招来真正的不幸。热情经营是成功的保证之一。要做到热情经营，就必须有坚强的意志力。

最后，经营意志与经营愿望相结合，就会产生深刻的经营智慧。经营需要智慧，智慧是对经营目标如何实现的深刻理解，对资源的有效组合和利用的创新思路。没有经营智慧，经营就会迷失方向。但是要获得经营智慧，经营者必须充分发挥主观能动性去探索、研究、实践；主观能动性的重要组成，就是经营的意志力。有了经营意志力，才能坚持不懈地进行探索，在这个探索过程中，经营智慧就会产生出来。诚如稻盛先生所说，有了经营意志，"就会在意想不到的地方得到犹如上帝的启示一般的启发与灵感，而在不知不觉之中一步步地走向成功"。经营是一件十分艰难而富于挑战性的工作，对经营者个人要求很高。经营者必须在精神上做到"知情意"结合，知是知识和智慧，情是情感的倾向，意是意志力和支持力。在"知情意"中，知产生导向，情产生倾向，意产生动力和恒力。虽然知对情和意都有统率作用，但意则对知和情产生发动作用、支持作用和定力作用。许多智慧高明、情感丰富鲜明的经营者事业上所以失败，就是意志薄弱，或者优柔寡断，难下决心；或作出决策，一有风吹草动，一有困难挫折就难于支持。一句话意志力缺乏。而意志力强大、有耐力、有恒力、能对事业持久奋斗的人，鲜有不能成功的。所以，做大事必有大意志力。孟子说："天将降大任于斯人矣，必先苦其心志，劳其筋骨，饿其体肤，空乏其身，增益其所不能。"凡是经过磨难而成为有意志力的经营者，往往最能经受经营困难、障碍甚至失败的考验，最能满怀信心去克服它们。所以经营成功的人，大都是经过许多磨难、有坚强经营意志的人。

中国企业经营者正在经历越来越激烈的市场竞争的考验。这场考验包括了经营意志力的考验。我们企业的经营理念是"改革开放企业早到 5 分钟，市场竞争企业坚持最后 5 分钟"。我们四川自贡富源化工有限股份公司，原来是一个国营中型企业，由于经营不善 2000 年上半年破产，经过资产重组组建了现在这家公司。公司重组后引进新的经营理念，号召全体员工背水一战，置之死地而后生，激发全体员工的意志力。公司响亮提出："改革开放企业早到 5 分钟，市场竞争企业坚持最后 5 分钟。"全体员工投入经营决战之中，在45天设备检修中，工人日夜奋战在厂里，没有吃过一顿安生饭，没有睡过一个囫囵觉，45天凭战斗意志完成了过去3个月才能完成的任务。在市场营销方面，以顽强拼搏精神和经营智慧与强大竞争对手争市场，以优质服务赢市场。经过拼搏，当年赢利800万元，一个过去已死的企业，竟然得到新生，靠经营意志和智慧创了奇迹。2001年公司走上发展的快车道，经营规模迅速扩大，上了一个4万吨的化肥厂，使企业又有一个新的增长点。全体员工经营意志得到更大磨炼，企业经受风险考验的能力大大增强。笑得最后的，才是笑得最好的。我们在经营中磨炼经营意志，又用经营意志支持企业长期经营和成功经营。因之，意志经营哲学是我们成就经营成果的奋斗哲学。

（本文系作者2001年10月在天津"第一届中日企业经营哲学国际研讨会"上的发言）

树立让员工得到幸福的企业志向

日本株式会社 B&P 代表取缔役　和田山英一

株式会社 B&P 于 1989 年，在大阪西区开始了静电复印的服务。5 年后，公司购入大型彩色画像制作装置，开创了宣传广告板制作这项新兴事业。随着时代的发展，以文字为中心的宣传广告板也被要求跟照片一样色彩缤纷，B&P 也开始了彩色屏幕标牌业务。接受广告代理店或设计公司的委托后制作彩色标牌，施工工程交给全国的合作公司来做。我们已经受理过手机专营店、大型超市、家用电器专营店等的彩色屏幕标牌制作。

我们本着"通过完善的工作，追求全体员工的物质与精神两方面的幸福"的理念，不怕失败，全体员工齐心协力，为营造一个能在愉快的工作环境中赢利的机构，朝气蓬勃地工作着。去年我们突破了创业以来的首次纳税前赢利额 1 亿日元的大关。

1988 年，35 岁的我从富士施乐公司辞职后，在大阪开办了一家从事复印服务的企业，这就是 B&P 的开始。虽说采取了股份公司的形式，实际上只是家个体商店。刚开始的时候，没费什么辛苦就顺利发展，员工也增多了。开业 5 年后，生产销售、催收账款这些日常业务都由员工打点，我的工作只剩下每月一次的工资计算和支付业务，即便这样公司也能顺利运行。作为社长，我的工作一天天减少，每天都出现了空闲时间。我想这样下去可不行，于是开展新事业，购入了大型彩色图像输出设备，和另一名年轻员工一起，两个人开始了广告牌制作业。出于年轻的冲动，盲目借钱购入了当时价值3 500万日元的昂贵机器，可是毫无广告牌制作的经验和技术。我把正业丢给员工，每天工作到深夜，在不断的失败中掌握了广告牌的制作技术。当时正处于鲜艳夺目的广告牌大受欢迎的时期，生意得到发展，我决定一心一意从事大有前途的广告牌制作业。

我们公司的广告牌制作不直接与企业的广告部门打交道，而是以广告代理店、制作公司、印刷公司和设计事务所为顾客。主要产品包括：促销展示屏幕制作、户外广告牌的制作和安装、少量大张的海报制作、店铺展示的制作施工、商品目录、小册子的设计和制作。

我们的特点是公司位于大城市的正中心，拥有大量电脑、大型彩色绘图机和加工设备等，注重迅速满足顾客的各种制作需求。总是率先引进最新设备，努力制作出更美的广告牌。另外在销售方面，由于只注重制作，向来只有两三名销售人员，主要是与顾客就有关制作内容进行洽谈，但近几年来在开发新客户方面增强了销售力量。刚开始时录用了有经验的销售人员，配备了专门开发新客户的负责人。

然而，我本来并不是由于胸怀大志和理想而独立，而是出于想赚钱的动机才开始创业的。因此，创业以来很长时间里，企业不过是只顾自己做生意自己赚钱的个体商店，所以企业没有得到真正发展，销售额也一直停留在 2 亿日元，员工总是不愿长留，企业作为集体的素质很薄弱。在距今 7 年前的 2000 年，由于我为人的不成熟和品格的缺陷，导致发生了员工干部的大批辞职事件。这是长年以来我自私的态度，不为他人着想的自我中心的性格，认为公司是社长的私有物的错误想法，长期以来错误的人生观结合在一起所导致的结果。我与留下来的 4 名员工、2 名加入公司后接受培训的中途录用的员工、4 名刚刚参加工作的毕业生，十几个人选定工作重点，重建企业，努力从头再起。

有半年左右时间，每个月都出现几百万日元的赤字。我每晚工作到一两点钟，半夜回到家，看到正在读高中的女儿熟睡的脸，垂泪不止。想到如果破产的话，将给孩子的心灵带来无法挽回的伤害，我的泪水夺眶而出。由于忘我地工作，半年后总算恢复了单月盈余。从那时起，我开始希望成为一名合格的经营者，正确地开展经营。可是，对于 15 年来光凭自己的私利私欲经营企业的我来说，仍在摸索着应该把什么作为大义，以什么作为中心来领导员工，每天都在为此而烦恼。虽说出现一些利润，可是公司一直不太安定，我总是和员工发生冲突。

员工大批辞职事件发生后的第 3 年，即 2003 年 1 月，我认识的一位前辈经营者送给我一盘稻盛塾长的讲演录音带。听到这盘录音的瞬间，我感到这正是我所寻求的，对于一直盼望着能够成为一名出色的经营者的我来说，凭直觉感到所有的答案尽在其中。马上进行调查后发现，我所借的经营讲话一共有 50

多张 CD，于是我向那位前辈借来了全部 CD，拿出时间专心致志地埋头听了所有讲话。在路上时自不用说，就连洗澡和吃饭时也一样昼夜不停，3 月底前全部听完了。听过之后，给我留下深刻印象的教诲很多，其中最令我铭刻在心的是塾长所谈到的"男人必须坚强，可是没有爱心的话就没有存在的价值"。3 年前那段不堪回首的日子里，深夜回家看到孩子熟睡的脸，作为父亲愧疚的心情油然而生，垂泪不止。我终于认识到由于我对人没有关爱之心才导致员工都离我而去，心里深深地感到惭愧自责。

我的性格独断专行，以自我为中心，对弱者总是专横跋扈，盛气凌人，惹人生厌。对人没有关爱之心的冷酷性格，这个做人的根本缺陷直接反映到公司风气上。

"做人的根本"是与经营密不可分的，塾长的讲话深刻地阐明了这种哲学，我感到这对自己来说至为重要。我也注意到，公司经营中没有树立起正确的理想和真正的目标，无论怎样努力扩大销售额，公司都决不会变得更好。非但如此，还会导致公司发生扭曲，我意识到了这种危机感。

我又一次拜听了塾长讲话的 CD，归纳出每张 CD 的要点，分类加以重新整理。接着第三次，再一次重听了印象深刻的讲话。所有 CD 的讲话听过 3 次后，已经是 5 月份了。我想更加深入地进行学习，于是决心加入盛和塾，参加了当时的大江户塾也就是现在的东京塾。到今年 5 月入塾就满 4 年了。

因为我最初是从听塾长讲话 CD 开始的，对每张 CD 中塾长的讲话能够部分理解。因此，我尽可能出席东京塾的学习会。

即使减少在公司的时间，也要参加盛和塾的学习会，通过这样做，我相信能够学到正确的经营之道，能把公司搞好。

刚加入盛和塾时，参加学习会也没有熟人，像只借来的猫一样只有眼睛滴溜溜地转。刚开始时什么都不懂，能够理解的只有：①抱有强烈的愿望②付出不亚于任何人的努力③时常保持正直诚实。

可是不管怎样，随着参加学习会，逐渐开始一点点地系统地理解，入塾1年后总算能够在头脑中系统地进行整理并理解。我懂得了大分类包括"六项精进""经营的原点12条""78条京瓷哲学"，这些都是开展正确经营所必不可缺的。

另外，也清楚地懂得了应该和员工共同分享什么样的哲学。从入塾当月开始，我们公司每月一次，利用星期六半天时间召开学习会，全体员工一起听稻盛塾长的经营讲话CD。

这个学习会采用的方法是，每次从塾长讲话的所有CD中选取2张，全体员工一起听。大阪本社时间定在第一个星期六，东京营业所定在第三个星期六。我一心所想的是，无论如何，必须和全体员工一起听塾长CD中的讲话。因为即使我一个人听过理解了，可是我所说的话员工们是无法很好领会的。我并不具有让员工们好好领会塾长的众多教诲的能力。学习会刚开始时，气氛很压抑，我深知员工们是很不情愿地来参加学习会。

因为突然被要求周六上班，员工一开始也没有理解其意义。可是不管怎样，姑且让全体员工来到公司，大家默不作声地围坐在桌前，一连两个多小时，一动不动地听着放在正中间的收录机。我对有关成本折旧和库存等名词进行了解释说明，但对塾长讲话没有加以评论，因为我觉得这样做太不自量力了。我相信只要他们能听进去就行，就这样持续每听过一次 CD 后，我都以身作则，率先实践其内容。比方说，听过第 36 卷"以心为本开展经营"的讲话后，我马上在那年夏天组织全体员工在琵琶湖和河口湖举行了烤肉会。这种活动在此之前也时常举办，但我总是不参加。只要业绩好我就满足了，不善于与员工进行更深一步的交流。可是，听过塾长的很多讲话后，我想跟员工们结成真正的父子兄弟般的真心朋友。带着这种积极的想法，我和员工们一起举行了烤肉大会，看着员工的满面笑容畅饮啤酒时，自己感受到了与员工同在的快乐。一起喝酒的时候，我从心里意识到，"对我来说，员工不是创造利润的工具，而是不可代替的人的存在，喜怒悲欢，辛苦操劳都与自己同样，甚至有过之而无不及"。

入塾当年的决算期，我第一次制定了经营理念，这是直接取自于塾长的教诲，"更加努力工作，创造全体员工物质与精神两方面的幸福，为社会作出贡献"。还制定了经营计划书。入塾半年，虽然尚处于不知怎么回事的状态，但不管怎样还是向前推进了。

另外，对于从塾长讲话中学到的京瓷会计学实务，也不管三七二十一拿来便开始实践。正因为我们是小公司所以才能做到这一点。如果想要系统地实践，就会拖延时间了。

实际上，我们对塾长的 CD 讲话中很多具体知识进行了实践。下面我来介绍几项。

一、追求销售额的最大化和经费的最小化

在销售额方面，我们构筑了自己的销售能力。在东京和大阪的市中心，按地区进行精密调查，把客户对象的行业锁定在广告代理店、广告制作公司、设计事务所和印刷业 4 种行业，列出了 16 000 家公司，有计划地坚持每年进行促销活动（即地毯式登门销售）。结果，销售业绩顺利增长。在经费方面，为了节约电费，把天花板上的日光灯管减少了 1/3 左右。下班回家前把所有的电源从插座上拔下，节省待机耗电。有一次，因为晚上传真无法接收，还受到客户的批评。

另外，还在 8 月前禁止使用冷气，实在是热得令人无法忍受，但当年省了好几十万日元的电费，让我们吃了一惊。总务的女职工看到节约的经费额吓了一跳，同时也感到很高兴。

二、一一对应的原则

这指的是传票和物品的流动相一致，我们公司以前也没有好好遵守。有几次在截止日期前发出了出货票，可是过了期限后商品还放在公司的角落里，这被当作为典型，严格地予以改善。

三、赚到的钱在哪儿

这是塾长讲话 CD 第 30 卷第三章中，塾长担任京瓷社长时询问会计部长的话，指出决算书的利润数字与实际的金额不符。听到这段话以后，我也认识到现金流的重要性，向税理士请教

了计算公式，懂得了"折旧是个聪明人的腰包，未付税金等是现金钞票的私生子"的道理。

四、买一升

即不买多余的东西。以前即使只需要 1 张板，也以 10 张为单位购入。

因为只买 1 张不给送货，所以必须开车在交通堵塞的情况下去买。可是，即便存在略微不合理的情况，也将其忽略不计，让员工去买。这样彻底做到没有多余的库存，使库存减少到极限。

五、双重确认的原则

在会计方面贯彻实行这一原则时，存入一览表等需要两个人读出声来核对，不管什么全都需要两个人进行确认。不管怎样，只要是学到的东西都不断将其付诸实践。全体员工都听过了京瓷会计学的 CD，所以不需要说明，员工也能很好地理解并取得成果。

两年前，在丰桥塾长例会上，塾长对京瓷的决算书进行了讲解。之后，塾生中的会计专家对此赞不绝口，评论说"决算书美得像艺术品"。我对那次塾长例会中所学到的东西印象十分深刻，因为之前我只关心损益计算书，每个月只依照它来进行月度业绩评价。

认为贷借对照表跟自己没什么大关系，这种想法很幼稚。从那次塾长讲话以来，我开始在每个月月度决算时，同损益计算书一样，对贷借对照表进行详查。当时，账目中还出现过上个月的"下月滚存金"与当月的"上月滚存金"金额不一致的严重情况，我对此感到很吃惊。由于追加订正记账只进行了项目归类而没有在贷借对照表中追溯体现出来，因此出现了这种错误。我感到愕然："我的公司居然会编制出这样的贷借对照表。"

为了彻底改造成完美的贷借对照表，我鼓足了干劲。首先彻底消除了多余的资产，但是机器设备从 2006 年开始由租借改为使用自己资金购入。因为租借是隐形的借款，我们选择了更健全的路线。另外，每个月把微妙的会计科目、未付款、预支款、垫付款、存款等余额都归零，余额不可避免地将要留到下个月时，做到掌握明细，提前结算。还有，期中得到的机器设备等从取得当月开始按月计提折旧费。我不断开展这些不显眼的工作，入塾后的第三次决算时，把长短期借款也变成了零，自有资产比例达到 73%，被税理士称为"最佳状态"。

入塾两年后，在塾长例会上所学到的知识和在公司所进行的实践取得了成果，业绩飞速发展。不知为什么，入塾后公司员工对我也变得热情起来。以前我从外边一回到公司，员工们一般都突然停止笑声，大家都低着头阴着脸。明明是自己的公司，给他们发工资，却遭到这种冷遇，这让我非常生气。现在我一回到公司，大家带着从心底里发出的笑容来迎接我，对我而言，这是人生最大的奖赏。我心里也涌出干劲来，"我也会多给大家发薪水的"。公司的气氛在紧张感中也变得带有快乐和爱心，销售额也不断增长。

　　盛和塾的各位前辈都是拥有规模很大的企业，听到几十亿的销售额几百名员工等这类话的时候，我有时会想，为什么自己公司是只有 20 人左右的小企业呢，这样下去自己能满足吗？即使有几分勉强也应该努力把企业做大吧，对此我很苦恼。去年 2 月在神户的塾长例会的联欢会上，为了直接接受塾长的指导，我大胆地提出了"是否应该扩大企业规模"的问题。

　　塾长这样教导我说："不要急于把任何企业都搞大。广告牌制作业这种行业，其规模并不具有很大的发展空间。盛和塾的塾生并不是都在为成为大企业而学习。只要能取得足够的利润，能让员工幸福，这种状态就挺好。"听了这番话，我非常高兴，心情也轻松起来。在那之前，我时常觉得自己的公司只是家个体商店，而感到脸上无光。

　　想要扩大公司规模并不是坏事，但那毕竟只是一个结果，我所应该做的事情是实现经营理念，"追求实现全体员工丰富的物质和精神生活"，我下定决心，要竭尽全力打造品质卓越的公司。

　　首先，我决心对从前一直放心不下的上班规则加以全面修改，光明正大地出示给员工，端正企业形象。广告业界普遍工作到很晚，我们公司也总是晚上最后收工，加班费只从晚上 8 点开始支付。关于这项规定，我总是担心是否违反了劳动法规。如果修改加班费的那部分内容，每月人均收入将增加数万日元，根本无法马上实行。因此，过去制定的上班规则一直没有公开。神户塾长例会之后，我向有交情的社会保险劳务士进行了咨询，向他坦率地介绍了公司的实情，表明了自己希望正确经营的决心，结果答案非常简单。他回答说："因为你们公司不会早于8点下班，所以如果把基本工资的一部分拿出来作为出勤奖金，作为6点到8点的月度定额加班费支付，这样在法律上就没有问题了，但是需要全体员工的一致同意。"我把全体员工召集起来，怀着祈祷般的心情坦率地说出了实情，告诉他们，工资绝对不会减少，但是马上涨几万日元现在还做不到，我想制定合法的上班规则，需要采用这种办法规定加班费，希望大家相信我。就这样，我从心里端正态度，努力向员工们进行了说明，获得了员工们的一致同意。从那起用了半年时间制定了上班规则，育儿休假和看护休假都依照法律加以明文规定。之后，通过选举选出了单位代表，三六协定等各种协议的签订和申报都做到完善，颁发给全体员工。颁发后召开说明会时，尤其是从那些成家的员工的眼中，我感到至今未曾见过的安详信赖的目光。我确信这样做是对的，放下心来。如果没有塾长的那番教诲，我们公司如今也不会有上班规则。

在制订就业规则的同时，我还着手与员工们共同分享"经营十二条"和"B&P哲学"，今天发给大家的就是摘录的部分。我对塾长的"经营十二条"加以自己的理解，将其作为我们公司经营计划书的中心和根本。有关讲话和文章，自入塾以来就知道了，可是我用了3年时间才改掉自己平时言行举止的不相符合之处。另外，还把京瓷哲学78条替换成B&P哲学，作为经营理念写进经营计划书，每天早会上全体员工逐页诵读。

制订出这两项，比制订工作规则还令人高兴。

在今年德岛的塾长例会上，一位塾生谈到没有雇用临时工，塾长对此赞不绝口，称赞这真是正确的态度。实际上，我们公司也常常雇用两三名临时工，只是为了节约经费。在德岛第三天的早会上，我发言说："今后在同一工作岗位上停止雇用临时工。现有的人如果希望的话，从下个月开始录用为正式员工。"就这样，对于塾长教导中我所存在的不足，我总是刻不容缓立即完善。

我入塾即将 4 年了，最大的收获是懂得了要"胸怀大志""提高心性，拓展经营"。

这既是起点也是终点。我确信胸怀怎样的志向是重要的，真正的学习是应该向他人学习。这种所谓"志向"的热情是光凭书本知识无法充分领悟的。

我是在塾长的跟前，通过切身感受他的言行举止而领会到的。通过塾长的教诲，我所树立的"志向"就是让员工得到幸福。我时常追问自己："你能够矢志不渝地为员工祈求幸福吗？"可是，当跟别人发火，或是模棱两可地答复别人之后常令人失望，失败成堆。

虽然有失败，但也取得了成果。入塾前 2.5 亿日元的年销售额变成了 6 亿日元。3 600 万日元的税前利润变成了 1 亿 8 百万。最令人高兴的是，去年全体员工的平均年薪自公司成立以来首次突破了 5 百万日元，达到 525 万日元，实现了多年的愿望。员工的平均年龄是 32 岁。我并不觉得满足，年薪还是比较低。

加入盛和塾后，我逐渐用业绩和利润的另一面，即员工的年薪指标来考核评定自己的工作。还有，每年都有大批员工去海外研修。塾长总是教导我们，经营者需要高度兼具爱心和严格这两种相矛盾的人格。这实在是太困难了，好比将贵国伟大的思想家哲学家韩非子冷静透彻的现实主义思想，与孔子的"仁爱"思想集于一身。对我来说这是十分困难的命题，经常出现本应严厉时却表现得很体贴、本应表现体贴时却发火的情况。

因为我本来不具备体贴和替别人着想的性格。我认识到，胸怀仁爱之心严格处理问题，与不具备仁爱之心光凭硬道理去处理问题，不管如何体贴如何严厉，其效果是截然不同的。因此，为了完善作为经营者的真正人格，我决心今后还要进一步学习。为了今后更好地开展学习，从4月份开始以大阪、东京的12名干部员工为对象，召开"社长主持的盛和塾机关杂志轮读会"。计划从10月份开始将其发展为全体员工的轮读会。在此基础上，我决心实现这样的经营目标：①实现税前利润2亿日元；②员工平均年薪达到600万日元。

对塾长，我不知该怎样表达自己的感谢心情，4年来，我学到了很多东西。入塾不久时，东京塾的老前辈"银座寿司好"的成田社长，把他完全灵活运用京瓷哲学的"寿司好手册"送给了我，对这位老前辈也深表谢意。我当时觉得"这样的手册我实在是写不出来，虽说写不出来，不管怎样希望通过学习自己也能写出这样的手册，然而怎样学才能写出来呢"？我一直在想。并总是把它放在抽屉的最上面，让自己每次开抽屉时都能够看到，一心把它作为在盛和塾学习的目标。另外，还有东京塾的老前辈"幼儿活动研究会"的山下社长，他也同样教给我制订经营计划书的方法，把公司的会议室借给我一个人一整天，让我把他公司的经营计划书全部抄写下来，对他也表示感谢。最后，对 7 年前在我最困难的时候，信任我留在我身边的员工们，我从内心里尊敬他们，一辈子也忘不了他们对我的帮助。

（本文系作者 2007 年 7 月在无锡"第三届中日企业经营哲学国际研讨会"上的发言）

经营哲学思想是个宝

中国正泰集团公司　叶逢林

在市场经济的激烈竞争中，大家都处在同一个天、同一个地、同一个太阳下，同一条起跑线上起跑，为什么有些企业纷纷落伍，甚至倒闭，正泰集团却能以超常规的速度向前发展，一跃而成为民企中国家级大型的"双文明企业集团"、中国低压电器行业产销量最大的企业、名列全国民营企业综合实力500强第5位、江泽民总书记等党和国家领导人亲临正泰考察指导。笔者认为，关键因素之一，是由于正泰集团公司董事长南存辉在实践中掌握了正确经营哲学思想并带领集团员工上下共奋斗的结果。

南存辉董事长在每次会议讲话中，十分强调"我们要用'辩证观点'看问题""要用'一分为二'的哲学观点来解剖自己"等。实践证明，正泰集团发展的每一步，都离不开"闪闪发光"的经营哲学思想的指导。

一、企业腾飞要靠物质文明与精神文明两只翅膀

董事长南存辉说："精神文明建设很重要，它也是发展社会生产力。可是有些股东认为我们私营企业只要搞好生产，赚钱发财就可以了，还搞什么精神文明建设，多麻烦。"他们不知道企业的腾飞要靠两只翅膀，物质文明建设是一只翅膀，精神文明建设也是一只翅膀，缺少任何一只翅膀，企业就腾飞不起来。"

正因为南存辉持有"精神文明建设也是发展社会生产力"这一观点，所以，在 1997 年 3 月就成立了精神文明建设委员会组织。这在全市乃至全省民企中尚属首家。

二、你把员工当"上帝"，"上帝"给你以善报

在正泰有两个"上帝"：顾客与员工。

在私营企业里，"顾客是上帝"的话，每人都听得很熟。但"员工也是上帝"，而且还是"第一上帝"，恐怕极少有人听到过。南存辉对这口号是这样解释的：不管加入世贸组织后市场竞争如何激烈，就产品而言，归根结底是四方面的竞争，一是科技含量高、产品新，二是质量优，三是价格廉，四是服务好。这就是说，顾客需要什么产品是客观存在的，而能使顾客完全满意的产品和服务，则是靠员工去创造的。只要有了一流的产品和一流的服务，不怕没有顾客。所以，他提出了"员工是第一上帝"这一全新的口号。

记得有一回，对一位加盟正泰不久而没有向工人赠送生日

蛋糕的经理，南存辉严肃批评他是一个'傻瓜经理'。这次会议，对与会的其他股东、经理触动很大，"员工是第一上帝"就这样在正泰集团宣传着、落实着。

事实也真的是如此，在私营企业里的员工究竟有什么地位，是困扰员工思想、影响工作积极性的大问题。

员工们刚来时认为在国有工厂做工是"领导阶级"，"主人翁"地位明确，而在私人企业里当"打工仔""打工妹"，总有一种低人一头的自卑感。因此，工作时往往提不起精神。但是，来到正泰过了一段时间之后，每当他们的"生日"时，工会领导把生日蛋糕和彩烛送到他们手中，或为他们举行格调高雅的"烛光晚会"，热情祝贺他们生日快乐的时候；当 1998 年夏天，长江、嫩江、松花江流域洪水肆虐，给人民群众造成深重灾难，正泰集团领导及时提出口号"爱人类从爱身边人开始"，继而慷慨解囊，无私援助，把一笔笔救济金和慰问信送到来自"三江"流域 600 多名遭灾员工手中的时候；当一名普通工人出于急着完成生产任务而违反操作规程，轧断了左手无名指一节，而受到及时医疗和补助，并调到行政搞管理工作的时候；当员工对哪一位领导有什么意见，在每周六上午，由党委、文明委和工会领导亲自参加的"主人谈心接待日"，用"6·9 现象与换位思维"的工作方法，使问题得到满意解决的时候，员工们都有一番甜味在心头。有几位大学生员工在座谈会上动情地说："在正泰不止一次地听到、看到和感受到企业经营者把我们员工当'上帝'的生动事例。人非草木，孰能无情？我们自己则要像牛那样忠诚积极，为实现正泰的'争创世界名牌，实现产业报国'

303

这一企业理念而多作奉献，'士为知己者死！'如果企业经营者把我们当'牛马'看，那对不起，我们则要把自己当'上帝'看，因为我们也是顶天立地的工人阶级的一员呀！你要我们加班加点，我们就是不加班加点，你也处理不了我们，因为《劳动法》是我们的保护神。"

这几位员工的话，透彻说明新时期有文化一代工人的新鲜观念，这观念揭示了劳资间这对矛盾是固有的、客观存在的。这对矛盾如果处理得当，就能化消极因素为积极因素，推动企业的发展；如果处理失当，只能激化矛盾，就会衍生出许多麻烦事，甚至是恶性案件。这就要求每一位股东与管理者要从实际出发，用爱心去做趋利避害、扬善抑恶的工作。像日本经营圣人稻盛和夫先生那样"敬天爱人"，把员工奉为"菩萨""上帝"，善待他们，他们自然会感知得到，因为人心思善是相通的，他们会为自身的和公众的事业而去忘我工作，甚至攻关闯险，都在所不辞。相反，如果把他们当奴仆看，当牛马使，人格上、政治上不尊重他们，他们有时候可能会沉默一阵子，但很快会"于无声处听惊雷"的，他们会怒吼，他们会来找你算总账的。这样的例子并不鲜见。这就阻碍着事业前进。南存辉的领导思想之所以受人称赞，就在于他能在劳资间这对普遍的矛盾中，抓住企业主应该如何来对待创造物质财富和精神财富的员工这个主要矛盾，深入把握他们的思想脉搏，然后来个"换位思维"，将心比心，从"我是劳动人民的儿子，对劳动员工要有兄弟姐妹般的真情实感"这种滚烫的"东方人情味"去关爱人、感化人，以己真情换人真心。

三、坚持聚散哲学，聚住人心而不散

有人认为私营老板是"唯利是图""贪得无厌"，对工人总是剥削再剥削的，并说"天下乌鸦一般黑，概莫能外"。这种看法在正泰集团公司今天还没有证实过。听到的是南存辉等高层领导在年关时对有的部门经理打招呼说："员工们奖金要多发些，他们家里有老有少的。"

1997年底，我兼任行政办公室主任，手下有34人年终奖金不知该怎么发？南存辉特地到办公室对我讲："奖金要多发些给员工。我们要懂得'财散人聚'与'财聚人散'的道理。如果我们老板把'财'看得很重，你的'财'算是'聚'住了一些，但有用的人才却让你给'散'掉了，而'散'掉的人才往往都是些熟练的技术人员和管理人员。这些人才为什么会离你而去呢？他们感到'自身价值得不到体现'。若是让熟练的人才走掉，把不熟练的人才招来，长此以往，我们正泰岂不成为为他人做嫁衣裳的'培训中心'了吗。如果我们随着公司的产值增长、销量增大、效益增加，采取'水涨船高'的办法，根据贡献大小，多发一些奖金给员工，也就是说把财'散'掉一些，我们的人就'聚'住了，而'聚'住的有用人才，必定会给企业创造更大的效益、更多的财富。"

在这种经营哲学理念的支配下，我们在去年对集团公司实行了全员劳动保险，解除了他们的后顾之忧。

这个鲜活的聚散辩证法，极大地增强了广大员工的主人翁责任感，他们的精神面貌为之大振。行政办等管理部门早上班

迟下班已成习惯，各项工作人人争着干；公关处一天接待十六七批来访客人，往往顾不上吃饭，可从来没人叫苦喊累。就是春节放假原定正月初八上班，但在正月初五的展销会上，行政办公室的同志们却已全部返回公司，主动协助销售中心搞展销，一个个忙得乐呵呵的。

这几年正泰的产值都是以百分之五十左右的超常规速度向前发展，充分证明了聚散哲学的威力。正所谓精神变物质，德治出成果。灿烂的精神文明之花，必然结出丰硕的经济之果。

"聚散辩证法"或叫聚散经营哲学。不是简单的"聚财"与"散财"，其深层着眼点是要激励"生产力"中最活跃因素中的"人"。要使有用之才在正泰"凝聚"成一个人一样。

四、"两个 X 减1等于0"的观点，塑造了最佳企业形象

南存辉在大小会议上，特别强调两件事，一是强调对人的教育，要文明塑魂；二是强调狠抓以产品质量为核心的各方面质量，质量是企业的生命。

他在解释第一个问题时说：我们有 13 000 多名员工，如果有 1 个人在外干坏事，正泰的形象将会受损害，这就是叫 13 000-1＝0。所以，每逢重大节假日，公司总要举行报告会，宣传"以人为本，文明塑魂，内强素质，外树形象"的精神文明建设 16 字方针，教育大家要认识自己是正泰的"窗口"与"旗帜"，争当优秀的正泰品牌人，为正泰增光添彩。

他在解释第二个问题时说，我们的产品有几千万件，如果有一件产品不合格，而刚巧这件不合格的产品被某用户买走，

那么，正泰的几千万件产品，在该用户及该用户圈中的人则认为正泰的全部产品都是不合格的。你的所有产品也就等于0，这就叫几千万－1＝0。南存辉正是从这个辩证思路出发，他提出质量宣言："宁愿少生产一亿元的产值，也决不允许一件不合格的产品出厂。"他还多次在骨干会议上强调"质量是企业的生命，绝不允许任何人拿正泰生命开玩笑"。由于他把产品、管理、营销服务等方面的质量，提高到关系企业成败兴衰和全体员工职业道德及正泰形象的综合体现这一高度来检查实施，所以，正泰产品质量年年在全国评优获奖，南存辉本人被选为"中国质量协会副会长"。

这些年我们坚持了决不能小看一个小小的"1"字，一旦小看，就会带来"千里长堤溃于蚁穴"之灾难；而一旦重视了每一个"1"的小个数，也就是重视了13 000员工和几千万产品这个大整体，我们就会永远正气泰然。

正泰集团从1984年7月创办"乐清县求精开关厂"起的17年来的业绩：①人员：从8名员工发展到13 000多名。②商标：从无名之辈发展到中国驰名商标。③厂房：从十分简陋的50平方米，发展到有30万平方米的现代化厂房。④资产：从5万元发展到总资产17亿元。⑤年产值：从1万元发展到61.77亿元。⑥规模：从一家小作坊，发展到下辖6大专业公司与50余家持股企业、1 000多家协作厂家。⑦产品系列：从一个产品发展到100多个系列、4 000多个规格、20 000多个品种。⑧销售网点：从一个销售点发展到遍布全国及世界五大洲，共计1 050多家。总之，正泰集团现在是一个跨国、跨地区、跨所有制的现代化企业集团。正泰集团的业绩，离不开优秀的企业经营者，而优秀的企业经营者又离不开正确的经营哲学思想，因为充满辩证法的经营哲学能引导企业健康快速发展。

（摘自《第二届中日企业经营哲学国际研讨会论文集》，2002.5）

关于稻盛哲学在巴西经营实践中的体会

（巴西）伊哈拉布拉斯（音译）

化学工业株式会社社长 二宫邦和

我成为经营者的历程：

伊哈拉布拉斯是 1956 年全部在日方投资下成立的，正式名称为三井·井原化学工业股份公司。公司进行的是农药的生产和销售，我自己亲手做过从进口、开发到注册等一系列业务。1972 年，大股东撤资，从那时起更名为伊哈拉布拉斯化学工业股份公司，一直持续到现在。

1978 年开始计划在索罗卡巴建设新工厂，并从日本寄来了相应的建设资金。但是由于当时正值严重的通货膨胀期，那笔款项在短期内就贬值了。由于种种问题新工厂的建设遇到阻碍，甚至连继续经营都出了问题。日本方面的股东决定卖掉公司，但却迟迟找不到买家。

最后，1984 年与当时的社长有交情的日本团体仅仅用一周时间就成立了接收公司，并收购了其 66% 的股份，维持了公司的正常运作。从那以后，我就作为总经理开始参加公司的经营管理了。

刚一开始承担公司经营管理的责任，就出现了很多困难。特别是要应对每月 50% 有时一年要超过 200%～300% 的严重通货膨胀率。

还有很多内在的问题，特别是员工道德素质低下的问题。首先是营业人员，由于公司内部的规定不完善，在没有确定货款回收的日期时，就按照成交额收取高额报酬。另一方面是工厂员工，由于存在语言问题和劳动条件的差异等，他们受到了不公正待遇，所以劳动积极性低下。

我就一直在考虑如何能让员工为了公司而工作。用了 5、6 年的时间，这些问题一一改善了。

那么在这儿，我还要就我开始管理伊哈拉布拉斯的来龙去脉作一下说明。

我于 1964 年毕业于圣保罗大学农业学部，然后进入克奇亚（音译）农业协同组合工作。这个组合是在圣保罗近郊，由从事土豆栽培的日本移民建立的。协同组合在当时南美农业生产者中规模最大。这也成为日本移民公司模式的骄傲和象征。

进人公司两年后，我开始从事采购部的重建工作。采购部是协同组合的核心部门，供应和分配着从农业到生活用的各种材料。这对于一个刚从大学毕业毫无经验可言的我来讲，实在是有点困难。尽管如此我还是基本上达成了重建的目标，在 11 年后我辞去了克奇亚的工作。

那以后，在亲戚和当地的企业家们的销售大豆、土豆方面的农业消费品公司从事经营管理活动，而且自己也经营农场。但还是在 1984 年作为专务加入了伊哈拉布拉斯的管理。

一、和稻盛塾长哲学的相遇

1994 年中期，通过妻子節子借来的一套带子，我了解到了稻盛塾长的哲学。

刚听到带子的第一盘，我就感受颇深。在经营奄奄一息的伊哈拉布拉斯所遇到的很多问题的解决方法就闪现在我面前。

于是，马上我又继续听第 2 盘。我的兴趣越发浓厚，在从圣保罗到索罗卡巴上班的 60 分钟，在公司吃午饭的时候都不断地听。而且，在每周召开的董事会上也要用 90 多分钟时间听磁带，为了更好地理解塾长的理念还召开研讨会。

虽说在话语方面费了不少劲儿，但我还是马上加入了盛和塾（巴西）。董事会全体成员花了五六年时间理解塾长的哲学和"经营十二条"。

二、"哲学"和"经营基点"的实践

在塾长的讲演中我感受最深的是，他说不能充分赚钱的公司是"破烂公司"这一发言，而且他还说"通常也要有 10% 以上的利润，否则在经营环境不好的时候便无法应对"等。

这样的发言打动了我。正值当时公司的利润率为 1% 左右。我强烈地意识到必须要让公司更为稳定。

那以后，我们公司就不断地认真学习塾长的理念，并在经营管理方面不断努力。从"经营十二条"开始，成功的方程式即人生·工作的结果＝思维方法×热情×能力、一对一和双次检查的原则以及人的一切行动要遵守谦虚、公正、相互友爱的原则，我努力让尽可能多的员工理解这些。

但是，公司要让所有的层面都学习哲学，并让巴西全国的同仁彻底了解它，这是一项很艰难的工作。花了七八年的时间，但还是未能尽如人意。

三、进一步渗透哲学

现职的员工是从《对成功的热情》这本书开始学起的。这本书于 1997 年翻译成了葡萄牙语。

首先是让每个学习小组认真核对，并理解其内容。然后将《敬天爱人》、《实学》、"经营十二条"和塾长的演讲活用为教材。

对于刚进入公司不久的员工，我们是用新人研修项目进行教育的。用一周时间，让他们理解稻盛塾长的哲学和"经营十二条"。然后发给他们《对成功的热情》和《敬天爱人》两本书，并教给他们"成功方程式"和"大善小善"的道理。进入公司没多久的员工们对这些理论理解之快，并能带着这种信念去实践，我深感惊讶。

关于哲学的渗透，我鼓舞大家无论如何也不要放弃。忍耐是重要的。我努力在每位员工的潜意识里渗透"经营基点 12 条"和"结果的方程式"的理念。我以包括工厂最下层的员工为对象，以坚决的态度和无论如何要干到底的气势作了挑战。

而且，在巴西全国的 4 个支部设有学习会，宣传哲学思想。成员大约有 100 人。下面介绍一下学习稻盛哲学的成员们的情况。

诺基玛是一位大学毕业后进人伊哈拉布拉斯工作了两年的年轻女性。在索罗卡巴的农场进行新农药的实验工作。她的感悟是：

"稻盛塾长教给我们的知识，在公私两方面都丰富了我们的人生。他教会了我们：每个人都有完成目标的能力，拿出干劲儿我们可以有很多可选择的道路，而且能够实现目标。

要时常保持谦虚，对自己的工作、周围的人们和自己要忠诚，此外更为重要的是要热爱自己的事业，并感谢给予了我作为社会人、个体人成长机会的伊哈拉布拉斯。"

下面的奥古斯特是伊哈拉布拉斯的合作公司微型化学的社长。微型化学是圣保罗州坎皮纳斯市农业用微量元素肥料的制造和销售公司。

"从第一次接触到稻盛塾长的哲学到现在已有 12 年了。我们公司曾经处于生死存亡的危急时刻。当时最为重要的就是转换思路。也就是结果的方程式，并把负面的能量转化为正面的能量。

我们在没有任何先人之见的前提下接受了哲学，理解了它真正的含义，并将之应用于日常的工作中。结果员工们的态度发生了变化。公司也复苏了，从那以后两年到现在，不断出现好的结果。能得到和稻盛塾长哲学相遇、学习和实践的机会，我不胜感激。"

再介绍一下客人的评价。马萨托斯·奥特尼是巴西东北地方的里约格朗德州博索罗的农场经营者，从事甜瓜的生产和出口。

"认识了伊哈拉布拉斯的技术人员和营销人员，发现他们和同行业其他公司的人在本质上不同。为了弄明白这个差异到底是什么，我去见了位于 2 000 公里以外的伊哈拉布拉斯的二宫先生。他们所实践的哲学是不错的东西。在那儿我让二宫先生介绍我成为了盛和塾（巴西）的会员。"

四、井原的哲学实践例

介绍一下在伊哈拉布拉斯的稻盛哲学实践例子。

第一个是与现有农药的再销售相关的例子。

日本的农药公司向我们提出通过欧美农药公司的销售已经成为不可能，所以想转换成通过伊哈拉布拉斯进行销售的再挑战。

问题是用新的商标重新注册还是继续用现有的"形象欠佳"的商标。我做出要用既有的商标进行再挑战的决断。

之所以这样，是因为我觉得选择容易的道路会没有进步，没能建成大规模的农药公司这正是我们实践的机会，不要隐藏负面形象，要堂堂正正地将商品的特点告诉顾客并进行再挑战，这是基于哲学的思考。

第二个是关于经营战略的例子。

2003 年初，和农户一起建立了帮助提高农作物的品质和生产效率的组织。我想不单纯是销售农药还要通过这个活动对巴西农业有所贡献，使顾客满意，这正是基于经营理念的实现和哲学的思考。

最近，这项战略有所成效，从担当经理人的报告"不只是顾客的信任，还希望有营业额的提高"中感受到了他们的喜悦和自豪。

伊哈拉布拉斯还是巴西农药界规模较小的公司。市场占有率不到3%，将该份额提高到5%~6%是我们当前的目标。为此，我认为跨国农药公司进行他人无法模仿的细致活动是很重要的。

五、我从事该项工作22年间的业绩发展

过去22年间，虽说也有利润少的时候，但没有出现过一次赤字。

这期间，巴西有过5次货币变更，而且日元的汇率也大幅变动，所以关于营业额我想用美元来说明。

1984年我开始参加经营时的营业额为700万美元，利润率只有1%。之后虽说有起伏，但到第10年1993年时的营业额为1 100万美元，利润率为1.5%。

听了塾长关于"破烂公司"的评说以后，完全改变了我的想法，制定了有关营业额、经费、利益的明确而严格的目标。结果，在开始哲学学习第3年的1997年，营业额达到了1993年的5倍即5 400万美元，利润率也增加到了7%。

2001年以后，进一步提高了目标。2004年的营业额为1.2亿美元（约136亿日元），利润率为17%。

我想过去5年伊哈拉布拉斯的业绩是认真学习哲学，并努力付诸实践的结果。我深深地认识到哲学对于企业的稳定成长是至关重要的。

六、关于阿米巴经营的导入

在接触到稻盛塾长的哲学和"经营基点12条"以后，才认

识到必须要实践阿米巴经营理论。虽然尝试了几次，但到真正开始之前还是花费了一段时间。

结果，从 2006 年 5 月我便开始了独自的阿米巴经营。虽说还处于试验阶段，但我想一步步稳步前进，并以坚定的信念，建立高效合理的经营模式。

七、对继任者的传承

对于伊哈拉布拉斯来讲，稻盛哲学是个法宝。现在我们正在全力以赴培养能够继续采用基于哲学和"经营基点 12 条"的经营理念的接班人。

伊哈拉布拉斯公司的员工包括很多人种。我认为塾长的理念是超越文化、人种、国籍的普遍性东西。

塾长所讲的谦虚、公正，如果以充满爱、真诚、和谐的心境去认真思考一下的话，我想是与国籍无关的。

八、稻盛哲学对我的意义

自从开始管理伊哈拉布拉斯已经 20 多年了。

最初的时候，苦恼于存在很多问题的公司的管理。解决方法到底恰当与否，正确与否，让我感到很不安。稻盛哲学对我来说就宛如神之玉音。通过逐一地学习稻盛哲学，消除我心中不安的方法便闪现在我面前了。

它不仅给我指明了经营公司的方向，还带来了日常生活所必要的平和心。在弄清事物的本质之前，我有没有在深入考虑之后作决断、什么是公正的，我想正是由于我经常会考虑这些问题，所以不安因素消除了，并且还能够继续在这条道路上前行。

在培养出继承者之后，如果我的体力允许，我打算继续努力在我管理的关联公司（14家）开展稻盛哲学的学习会，将这些公司逐一地培育成优良公司。而且打算以伊哈拉布拉斯为中心，尽可能地努力为社会作贡献。

九、得到"稻盛经营者大奖"的历程

在2006年伊哈拉布拉斯得到著名的"稻盛经营者大奖"，这并不是偶然的现象。我坚信这是对所有在共同的目标下齐心合力并达到目标的团队整体业绩的肯定。

所以关于这个奖，我想和伊哈拉布拉斯的所有员工，援助我们学习和实践哲学的盛和塾（巴西）的成员们一起分享。

◆塾长点评：让经营哲学在巴西生根，让公司快速地发展

一、高度通货膨胀中的经营

二宫先生的经营方式非常出色。

在巴西的经营管理是很困难的。在过去，每年都会有200%～300%的高度通货膨胀率。

那刚好是在我收购亚西家（音译）之后。我想起了当时几乎每个月都由于通货膨胀而使货币不断贬值，所以为了解决如何把工厂经营下去的问题，我去了几次巴西。

比如一付给工人工资，他们就会在当天去超市，买回一个月的东西。这是因为一天的功夫就会有食品的全面涨价。要是过了半个月的话，那得到的工资能买的东西就会变得很少了。

在公司经营方面，先进原材料，然后就是生产和销售。在销售的时候，由于通货膨胀而涨价这好像是不错的事情，但是却不知道应该用什么样的财会方法去经营公司了。

我想日本进驻巴西的农业公司的经营者们也遇到了各种困难而很辛苦吧。

结果在巴西的农药销售公司由于经营无法顺利进行而撤出巴西了。这样以二宫为首的日籍巴西人才从欲撤出巴西的日本大公司手中购得60%多的股份，开始了公司的运营。

通货膨胀还在继续，他们还在辛苦地继续经营着公司，时而他太太会来拿磁带去听。然后以"经营公司是这样的"为中心去学习。

在巴西推广哲学——

在巴西建成盛和塾之后，还是以二宫为中心。将我在日本出版的书翻译成葡萄牙语，并以此为教材全面深入地对员工进行教育。

而且，在巴西如果一般经营人士有要求，还会举办类似私塾一样的学习班，教授哲学。为了让只懂葡萄牙语的当地人也能学习到哲学，还自费进行了对葡萄牙语的翻译，并以此为教材努力地扩大哲学的影响。

在刚就任社长的时候，营业额还很少。而且利润率也只有1%左右。但自那以后，公司日益壮大，现在已发展成为年营业

额 140 亿日元左右的公司了。经常利润率也提升到年 17% ~
18% 了。

我觉得这真是了不起的事情。在巴西，人的素质和企业经
营管理的道德规范并不算高。这是一个既有公司职员又有不良
行为的社会，也是一个现时社会治安存在问题并频繁发生暴动
的国家。与在和平的日本进行管理不同，二宫先生在难以想象
的艰苦社会环境中，取得了出色的业绩。

二、哲学具有普遍性

二宫先生在盛和塾努力地学习，并坚信哲学具有普遍性。
同时认为哲学是超越国境、人种和一切的，是世界范围内共同
的理论。他坚信于此，并拼命努力而取得了出色的业绩。

最后，他说了下面的话：

"最初的时候，苦恼于存在很多问题的公司的管理，解决方
法到底恰当与否，正确与否，让我感到很不安。稻盛哲学对我
来说就宛如神之玉音。通过逐一地学习稻盛哲学，消除我心中
不安的方法便闪现在我面前了。

它不仅给我指明了经营公司的方向，还带来了日常生活所
必要的平和心。在弄清事物的本质之前我有没有在深入考虑之
后作决断，什么是公正的，我想正是由于我经常会考虑这些问
题，所以不安因素消除了，并且还能够继续在这条道路上
前行。"

二宫先生的确认真学习了哲学，并将此作为自己的血肉，
提升到信仰的高度应用于实践。结果或许就体现在营业额和经

常利润中了。虽说仍是做一些农药的销售和生产的业务，但他却将那样一个公司改变成为一个年营业额140亿日元左右、经常利润17%~18%、在过去曾经达到过25%~26%的高收益的公司。

此外，我认为二宫先生能赢得作为用户的农业相关人士的信任是很了不起的。真心地希望全国盛和塾的成员们能够以此为精神食粮，为把自己的公司发展得更好而努力钻研。

（摘自由教育部主管、东北师范大学主办的《日本学论坛》2007年第2期）

拥有利他之心，播撒美丽花种

江苏黑松林黏合剂厂董事长　刘鹏凯

知道"稻盛和夫"这个名字，准确地说是在1995年。那时我在黄桥镇工业公司任职，兼任黑松林黏合剂厂厂长。一次在书店翻阅资料，看到了一本1994年6月由中国国际文化出版公司出版的《经营之圣稻盛和夫》。读完这本书，感叹之余更多的是崇敬。

2003年5月，江苏企业联合会秘书长陈华蔚先生邀我参加9月在山东青岛召开的中日企业经营哲学研讨会，大会拟请稻盛先生作演讲，主题为经营哲学。我预先准备了一篇题为《心静思远，志在千里》的心得体会，准备发言。后因研讨会未举行，很是遗憾。

此次有幸随中国经营者代表团，赴日本京都参加盛和塾第十五届全国大会，我欣喜万分。会议期间，这位享有"经营之圣"盛誉的世界著名企业家、盛和塾塾长稻盛和夫为我们解读"人生感悟"。演讲近两小时，先生没有慷慨激昂，只是和风细语，面带慈祥与我们谈心叙事说做人。听先生感悟人生，我仿佛坐在一位和蔼可亲的老人膝下，聆听教诲。

先生的人生感悟，不仅说得精彩，更是做得精彩。先生说：一个人、一个企业，需要健康管理、才智管理和内心管理，而其中最重要的又是内心管理。

如何度过人生？先生深入浅出，揭示了深刻的哲理。他从人们日益关注身体健康，每年接受一次健康诊断，进行全面体格检查说起。关注饮食起居，运动活动、保健保养，这是在进行健康维持管理，可是仅仅努力进行肉体的维持管理，保持身体健康，从人生意义上说是不够的。还需要注重才智管理，需要不断读书进修，听演讲学习，进行各种培训充电，在才智方面也努力使自己保持在一定水平。然而，在努力使身体健康和才智丰富的同时，更重要的是内心管理。如今，内心管理往往被人忽视，认真进行内心的管理的人实在太少了。

稻盛先生引用了20世纪初英国哲学家詹姆斯·埃伦《因果的法则》一书中许多观点，并以"人心犹如庭园"作比，如果不加以耕耘，任其荒凉，不播撒美丽花草的种子，必将飘落无数杂草的种子，内心就会杂草丛生。听到此处，我仿佛觉得稻盛先生是一位优秀的"园艺师"，指导我们耕耘自己心灵的庄园，不断铲除不纯洁错误想法的杂草。他让我们种上纯洁正确的愿望，对内心加以管理，辛勤培育，不断选择，提高层次，利他利己，构建和谐，对员工充满爱，成为高尚的"真我"，让"山川草木皆成佛"。

善思生善果，恶思生恶果。回顾自己人生走过的路，我感悟良多。工厂创业初期是"一根棒二只缸"的作坊式企业，如今看到凝聚自己心血的"黑松林"连续 4 届被评为江苏著名商标，并被评为"中国化工行业卓越品牌"，企业最近又被评为"中国化工政治思想工作先进单位""全国企业文化建设先进单位"。我感慨万千，黑松林"幼苗长大树，独木育成林"，首先要感激与我同甘共苦、一起创业的全体员工。

随着时代的不断发展，大多数企业管理者都能做到重视激励员工，有意识地采用薪资福利、培训、授权等方式，激发员工的主动性。这些做法能起到一定的效果。然而也存在企业该给的都给了，该做的都做了，有些员工仍然没有"家"的感觉，没有"主人翁"意识，团队观念不强，效率低下，甚至"身在曹营心在汉"。

稻盛先生的"内心管理"理论恰好能解释这个困惑。在工厂要构建"家"的氛围，营造"家"的温馨，需要对内心加以管理。稻盛先生说：经营哲学不是美词一句，只有真正拥有利他之心的人，为职工和社会服务的企业，才能永立竞争潮头。是啊，企业首先是员工的企业，然后才是股东的企业。在人的内心中，"真我"与"自我"即自私二者并存，问题的关键在于对"自我"即利己之心如果放任不管，往往会任意妄为，"真我"的利他之心就会被排挤在角落里。"以人为本"不是几句空洞的口号、几件做给人看的事。"以人为本"需要培植、呵护，需要关爱、敬人，需要不断修炼内心，提高心性，需要日常自律，以己之坦诚换人之坦诚。因为"以人为本"，必须以此为出发点和归宿点，这就是经营的真谛和精髓。作为一个经营者，提高自己的心性，保持内心的良好状态非常重要。

"人心如同庭园一般，需要加以耕耘，播撒自己所希望的美丽花草的种子，精心浇水施肥，进行管理。"这些年来，我也播撒了些美丽的花种，并加以了精心管理。

送头盔　一天早上，天下着毛毛细雨，营销员小张未穿雨衣，骑着他那辆新车，飞一般朝工厂驶来。见我在厂门口，小张一个急刹，忙从车上跳了下来，笑嘻嘻地推着摩托车进了厂门。看着他满面春风的笑脸，我的心里直打鼓，年轻人少不经事，雨虽不大，可路滑易出事啊！下班后，我让行政科长买了顶头盔送给小张，并带给他两句话：保持冷静头脑，家人盼你早归。小张接过头盔，动情地说："厂长把我们当儿女一样看待，比亲生父母想得还周到。"自此，大凡厂里员工买了摩托车，我们总要送上一顶头盔，另加上述两句话。这个规矩已延续了好多年。

十年厂庆两只水瓶　建厂10周年，我没有铺张搞厂庆，而是给每人送了两只水瓶，并送上心中的话："我这个人像只水瓶，外面冷，里面暖，脾气比较暴躁，请大家不要计较，但愿企业像这个不锈钢的水瓶永不生锈。同时我也希望大家像热水瓶一样，对企业满腔热情。"

家属津贴暖家人　常言道：一个成功的男人背后有一个支持他的女人。一个成功的企业又何尝不是有了一群默默无闻地关心、帮助、支持企业的职工家属呢？"你的生活是我的，我的工作是你的。"在这个情感管理理念的推动下，我们因企而异确定了适合我厂特点的激励方式，制定了"关于发放营销员、驾驶员月度家属津贴的决定"：一个月里，营销员、驾驶员只要出差满 18 天，每天就可享受到 3 元钱的爱人津贴。这种充满了美好体贴的利他之心是调动员工家属积极性的有效办法，钱虽少，但"千里送鹅毛，礼轻情意重"，能促使家属们做好贤内助，让员工感受到一种内心的温暖。

送酒为安全　　安全生产，责任重于泰山。锅炉房是化工企业的心脏，为避免事故，预防为主，我们制定了司炉工"六不准"制度，其中一条是上班不准喝酒，然而制度也有失效的时候。一位老师傅烧炉子的技术精湛，事业心也很强，但脾气很暴，喜欢喝酒。如何指导安全生产，提高安全意识和安全文化水平，是摆在管理者面前的难题。一个星期天，我派一名副厂长带上几瓶酒，来到了这位老师傅的家中，语重心长地对老师傅说："厂长知道你喜欢喝酒，今天专门给你送酒来了，他希望你支持他的工作，让你下班后在家慢慢喝好吗?"一句"好吗"，使这位老师傅很感动，全家人也为之动情，当即表示按安全规程办事，按照安全技术办事，上班坚决不喝酒。我们用送酒融化心灵，变说教为体验，变"要我安全"为"我要安全"，使企业的共同价值观渗透到制度里面，产生了"我敬老工人一尺，老工人敬企业一丈"的利他效应。

助学津贴　　以爱我之心爱人。在黑松林凡是有子女上学的员工，每年都可以从财务科领到一笔数额不等的钱，这是企业一年发放一次的员工子女助学津贴，具体发放标准为：从幼儿园、小学、初中、高中到大学毕业，分别按不同的级别，享受 100～500 元的助学金。这项津贴已经连续发放了十多年。

每年秋天学校开学之前，有些员工就要为孩子的学费想心事。为帮助员工解决燃眉之急，我打破惯例，决定每年九月提前两周发工资。这样做，看上去增加了企业的负担。其实不然，工资迟早要发，但提前两周发，对一些并不宽裕的家庭来说，无疑是雪中送炭，是一种实实在在的帮助他人之心。

员工们动情地说：企业关心员工子女入学，比做父母的想得都周到！

祝福贺寿　前些年，厂里有 6 对新人结婚，我主动为他们举行了盛大而热闹的集体婚礼，同时每对新人都送去 200 元现金和一张贺卡：新婚幸福，白头到老，有了小家，别忘了企业这个"大家"。收到祝福的新人感受到了家的味道，"真我"共存于员工内心。

一位退了休的老工人因为技艺高超而被企业返聘，68 岁时因老伴过世而回家休养，临走时，我对他说："你 70 岁时，为你祝寿！" 70 岁生日那天，我信守诺言，专门将这位老工人请回企业为其祝寿，老人很感动："做一名黑松林人真幸福"！

中秋人情　月到中秋分外明，每逢佳节倍思亲。那年中秋节，我亲自设计，用"黑松林"的商标做图案，定做了 8 寸大的月饼送给每个职工和客户。月饼四周写有贺语：黑松林祝你们花好月圆！给人一种温馨、一种亲近，犹如给品牌加了一点"人情味"，无形中勾起了黑松林人的亲情，使他们怦然心动。

春游鼓劲　每年春天，我都要组织员工及部分员工家属进行一次"春天向我召唤，市场向我招手"为主题的春游，来提高心性，扩展经营。一方面让大家分享收获的喜悦，一方面带领大家到市场第一线体验"市场经济的惊涛骇浪",警醒每个员工要时刻"回顾昨天、干好今天、创造明天"。

稻盛先生说:对经营者来说,他们请了许多员工来公司工作,与此同时,这些员工们的人生也就托付给了经营者。为此,经营者应该负起十分重大的责任。"真我"充满爱、诚实与和谐。一个有"真我"的经营者,其人格和企业经营业绩是相辅相成、密切相关的,"真我"就是利他之心,"自我"就是利己之心,就是只为自己考虑。

10年前,我曾经写过一篇题为《精神、精品、精兵》的文章,说的是一个企业有了自己的精神、精品、精兵,加上不屈不挠的信心、信念,就会在风云变幻的生存考验中战胜困难,稳步发展。这就是提高心性、进行内心管理、逐渐磨炼心性的反复过程。现在,我更加坚信这样的观念。经营者如果疏于心性的提高,即使取得一时的成就,也不会长久,就好像长短脚走路,走不长,更走不远,还会走下坡路。稻盛先生对此也有精辟的注解:这是因为当初你将自己的全部身心和精力都投入到工作和事业中去了,你的人格会随之升华,就会成为一个高尚的人,但事业有成后,忘记了谦虚,不再像以往那样善待员工,努力工作,"自私自利"的利己之心占上风或塞满头脑,你的人格就不会维持在一个高水准上。

看得到大山,更需要看到通往大山的小径。从日本回来已十多天了,稻盛先生的话仍在我内心深处回响。作为中国的一名普通经营者,我也要像稻盛先生那样,拥有一颗利他之心,播撒美丽花种,让鲜花在自己内心世界绽放,辛勤耕耘我的

"黑松林"，让中国胶粘剂绿洲里的"黑松林"郁郁葱葱，让我的员工幸福美满。

（本文系作者 2007 年 9 月出席"盛和塾第十五届全国大会"后的感想文）

第三部分

深入研究　升华理念

从稻盛经营哲学的成功实践，
谈企业家经营理念的培育和提升

江苏省企业家协会副会长　陈华蔚

　　随着经济体制的根本性转变，从长期计划经济走过来的我国广大企业经营者，正面临着如何使自己经营的企业在激烈的竞争中获取更多经济利益，如何在市场竞争条件下正确对待职工、顾客及竞争对手，以完善经营伦理道德的双重考验。前一项考验属经济、技术问题，当前的主要举措是大力推进管理创新和技术创新，后一项考验则是企业家正确经营理念的培育问题。若把企业比作一个人，包括制度和机制在内的管理能力相当于他的神经与脉络，技术能力是他的骨骼与肌肉，而经营理念是他的大脑和灵魂。在一定的财力、人力（人才）条件下，企业的竞争力可抽象为"管理×技术×经营理念"。由于理念是有对错（正负）的，如果理念不正确，难免走上唯利是图的邪道，损害职工和社会的利益，企业迟早会丧失竞争力。

　　经营理念的培育是一项无形而艰巨的任务，不是靠发文件、下任务、考核检查所能完成的。经营理念的培育，就其理论来说，属于哲学社会科学的领域；就其实践来说，属于企业家经营哲学思想的自我修炼（与思想政治工作有关系但不等同）。这种实践，对提高企业家素质和企业竞争力至关重要。

本文拟通过对稻盛和夫经营哲学的形成及成功实践的分析研究，阐明经营哲学对企业家队伍培育的重要作用，从而呼吁广大经济工作者、哲学社科工作者与广大企业经营者一起，为提高我国企业家队伍的素质，进而从企业灵魂的高度为提高企业竞争力而共同努力。

一、稻盛和夫的经营哲学及其实践

1. 稻盛和夫的创业成功及原因分析

日本经济经历了 20 世纪六七十年代高速增长后，在 80 年代中期爬到顶点后，竟连续 12 年跌入萧条困境。日本经济在高速增长中伴生的种种弊情，尤其是过分追求高额收益等引发的房地产、股票过热，银行不良债权过多以及企业生产能力过剩所孕育的泡沫经济终究败露无遗。就在这长期经济不增长甚至负增长的年代里，稻盛和夫创办的京都陶瓷材料公司（下称京瓷）、日本第二电报电话公司（DDI，下称第二电电）和关西移动电话公司（下称移动电话）依然奇迹般高速递增，令世人瞩目。

稻盛和夫于 1959 年 4 月创办京瓷公司时，员工仅 28 人，资金只有 300 万日元（其中稻盛和夫等 8 名技术人员所占的 100 万日元，还是投资者赠予的）。至 1989 年，京瓷公司 30 年间的销售额增加了 8 000 倍、利润增加了 12 000 倍，1989 年后，利

润每年仍以 2 位数百分比增长。1998 年 3 月为止，销售额为
7 253 亿日元、税前利润达 1 053 亿日元，京瓷成为日本制造业
中最大的公司之一①。

日本国内外众多经营者和经济学家都问："为什么只有京瓷
能取得如此成功呢？"对此，稻盛和夫一直是这样回答："因为
京瓷有明确的经营哲学，并且使这一哲学与全体员工达成共
识。"也有不少人说，稻盛先生的成功是因为"京瓷有先进的技
术"，或是说"赶上了时机"等。可稻盛先生坚定地说，正是因
为京瓷有正确的经营哲学，员工都把它作为自己的哲学观去理
解、遵循，于是全体干部和员工都以不服输的劲头拼命工作，
有了成绩也不自满，才取得了今天的成功。他强调：自己迄今
依然付出最大努力去做的是，使自己的经营哲学被全体员工理
解、践行，成为全员共有的理念。由此可见，稻盛和夫之所以
获得成功，是因为稻盛和夫的经营哲学不光是他个人的哲学，
更重要的是，他的哲学已成为企业全员共有的哲学。对稻盛哲
学思想的践行，不只是稻盛和夫一个人，而是全体员工。

2. 稻盛经营哲学形成的思想渊源和实践基础

稻盛和夫经营哲学的形成，既与他的出生环境和挫折经历
有关，也得益于日本传统文化中的正直经商之道和现代经营先
辈的教导，而最关键的因素是他本人的经营实践。

稻盛和夫 1932 年 1 月出生在日本九州鹿儿岛的一个平民家
庭。父亲是一个老实本分的匠人，"踏踏实实工作、正正派派做
人"是家庭教给他的基本人生态度。鹿儿岛是明治维新的发源

地，先辈同乡西乡隆盛是明治维新成功的元勋，其高尚的人格和宏大的理想，对稻盛和夫有着巨大影响。西乡隆盛"敬天爱人"的名言，是稻盛和夫世界观中追求天理、正义、公平的座右铭。1955年稻盛和夫从鹿儿岛大学工学部毕业后，在就业和发展道路上很不顺利，多次获得友人的热忱帮助。这样的出生环境和挫折经历，使稻盛和夫从青少年时代起，就孕育了真诚待人的品格和对他人的感恩、关爱之心。

稻盛和夫接触经营哲学思想，是从他大学毕业后到京都工作开始的。京都是日本的文化、宗教中心，也是近现代日本哲学重镇。京都地区崇尚的堂堂正正经商的为商之道和关西地区提倡的正直行商精神，使稻盛和夫和他经营的京瓷公司深受熏陶。在这块具有优秀商人传统土地上成长起来的"经营之神"松下幸之助，曾亲自给小他38岁的稻盛和夫许多重要的指教。而真正促使稻盛和夫认真思考自己的经营哲学的契机，是他创办京瓷一年后的1960年春，在公司内发生的一起激烈的员工集体抗议事件。当时公司雇用的11名高中毕业生因工作时间长、劳动强度大、待遇低而感到前途渺茫，集体向稻盛和夫提出抗议，如果不答应他们的条件，将集体辞职。这对于创业初期连发放低工资都十分困难的公司来说，近乎是一个毁灭性的打击。稻盛和夫同他们进行了3天3夜的谈判，并以性命做担保说："如果你们最后还是觉得上当了，那么把我杀了也行。"稻盛和夫虽然以对公司前途的坚定信心和对员工的彻底诚意平息了这场风波，但内心受到了极大震撼。残酷的现实迫使28岁的稻盛和夫冷静地思考经营哲学上一些最基本的问题：公司究竟是什么，公司的目的和信念又是什么，自己为什么要办公司，怎么去办公司，什么是正确的经营之道……他开始深刻地意识到：公司并不是经营者个人追求梦想的地方，自己作为经营者，不仅要对京瓷的每位员工及其家属一生的生活负责，还要让他们在工作中实现人生的最大价值，活得有意义。于是，"在追求全体员工物质和精神幸福的同时，要为社会的进步和发展做出贡献"这样一个京瓷的经营理念初步形成了。正是在这种"为公司员工和社会全体服务"的经营理念指导下，京瓷公司和以降低国民通讯费用为宗旨而创办的第二电电、移动电话等企业获得了迅速发展的巨大动力，取得了前述的惊人业绩。

3. 稻盛经营哲学的主要观念

(1) 以心为本，以德经营

稻盛和夫经营哲学的核心是以心为本。具体地说，从企业最高经营者一直到普通员工，都应以一颗相互信赖的真诚之心结成集体去推进经营活动。要做到这一点，首先要求经营者自己具有高尚的心灵和正确的人生观、价值观，全心全意地为员工们寄予希望的企业奋力拼搏，并引导全体员工也以同样的心愿投入工作，在发展企业、贡献社会的共同理念下，一起修炼自己的心灵、提升自己的品格。

以心为本的经营，是对我们常说的以人为本的管理的发展和提升。以人为本主要强调"人"这个生产力中最活跃的因素在生产经营活动中的重要地位和作用，要求经营者懂得尊重人、理解人、培育人，充分发挥每个员工的积极性、创造性。而以心为本进一步强调经营者和全体员工对经营目的、理念和经营行为及道德基准的认同，进而实现经营者和全体员工心灵上的相互信任、沟通和自愿结合。可以这样说，以心为本经营的企业，有着一颗集体的共通之心。也就是说，经营者和员工们在对企业价值观和愿景认同基础上有着心灵之约，这个无形的心灵契约对企业战胜困难、开拓发展具有强大的推进力，是企业无形资产中最宝贵的一部分，有了这个"心本"，"人本"才会得到最好的发挥，企业竞争力才能最大限度地提高。

（2）敬天爱人，天人合一

敬天，就是要敬重人类赖以生存和工作的大自然和社会，并自觉地遵从天理、公理（自然界和社会的客观规律，公认的道德和价值观）；爱人，是要对社会和他人抱有真诚的关爱、帮助之心并付诸行动。这里的"人"，不仅指本企业的职工、顾客，也泛指社会上的普通百姓。关于"天人合一"的涵义，源于人类与自然、社会之间相互协调、和谐、共生和循环的哲学思想，企业作为社会这个大系统中的一员，与其他企业在相互竞争和相互协作中共生，并一起回报社会，才能维系这个大循环系统以及企业自身的存续。

敬天爱人是实现天人合一的基础和前提。一个普通的经营者要想成为名副其实的企业家，使自己领导的企业长期持续地发展下去，必须自觉地到实践中去体会"敬天"和"爱人"，才有可能真正懂得经营和人生的意义，才能逐步形成自己正确的经营理念和行为准则。当前，随着发展中国家工业化进程的加快和发达国家争夺全球市场的加剧，环境污染、资源枯竭和社会伦理下滑的问题日益严重。作为一个企业的经营者，任何时候都不能为了自己的名利而欺压员工、蒙骗客户和交易伙伴，更不能给社会带来公害，否则即使得到一时暴利，最后总会自绝于社会大家庭。与此相反，如能真正做到敬天爱人，志向高远且能坚定不移地攀进，一定会得道多助，走向成功。稻盛先生抱着一定要为国民降低长途通讯费的赤诚之心，面对强大的通讯业霸主日本电报电话公司和多个强大的通讯业后起之秀，克服重重困难和阻力，最终办成日本第二电电和移动通信公司并取得巨大业绩的事例，有力地从正面说明了这一经营哲理。

（3）利他经营，和谐共存

利他经营一方面反映了部分有着高尚经营理念的企业的经营目的、宗旨，但更多的情况下，是企业在市场竞争过度激烈导致你死我活之后的一种反思。今天的经营者大多感受到了前所未有的危机感，从而萌生出互让互利、共同存续的思绪。稻盛先生站在哲学的高度，丰富和提升了利他经营的内涵，并将其列入自己的经营哲学，大力提倡、亲自实践。

稻盛经营哲学提倡的利他经营的"他"，包括全体员工、顾客、公司所在社区、社会公益事业以及众多交易合作伙伴乃至竞争对手。在员工待遇上，稻盛先生不仅信守定期加薪、加奖金的承诺，而且在1984年京瓷创立25周年之际，把个人所拥有的京瓷公司股票无偿地分配给全体员工，使每个员工名副其实地成了京瓷公司这个命运共同体的一员。在日本实行"员工股份所有"的公司虽有许多，但把个人的私有财产无偿地送给员工的，大概只有像稻盛先生那样把"利他经营"列为自己经营哲学信条的企业家才能做到。不仅如此，稻盛为支援青年研究人才，于 1984 年拿出他当时私人财产的大部分（200 亿日元）作为基金设立了"稻盛财团"，并开设了"京都奖"（其奖金额与当时的诺贝尔奖的金额相当），在 1997 年他又捐献了 200 多亿日元的私人财产作为"京都奖"的运营基金。在"京都奖"的评奖条件中，明确规定获奖者"必须是一个利他主义者，能从内心深处真切希望自己的成果给人类带来幸福"。

　　稻盛先生利他经营的哲学思想不但体现在他对公司员工和社会公益事业上，而且体现在激烈竞争的商贸交易上。12 年前成功收购美国的一流电子产品零部件制造商 AVX 公司便是一个典型事例。京瓷与 AVX 同是纽约股票市场的上市公司，当时的市价分别为每股 82 美元和 17 美元，双方商定以股票交换的方式实现京瓷对 AVX 的收购。京瓷提出 AVX 可按每股 30 美元的高价结算，对方仍不满意，京瓷的律师和公司内同僚都认为不能再高了，但稻盛先生最后还是爽快地答应了他们高于 30 美元的要求。稻盛先生认为，收购价高一点并不一定是坏事，因为今后双方人员要统一到京瓷的门下一起干事业。事实果真如此，原 AVX 的股东都感到了归属京瓷门下的喜悦，而且这种喜悦也感染了两公司的全体员工，双方统在一起管理后关系极为融洽。收购后的 12 年来，AVX 的年销售额高达 13 亿美元，税前利润增至 2 亿多美元。对此，稻盛和夫深有感触地说："收购 AVX 之所以成功，是因为在收购之时能多考虑些对方的利益。持关怀之心去决定收购价格，是一个重要原因。"稻盛和夫主张的"利他经营"与松下幸之助提倡的"共存共荣经营"，在哲学思想上是一致的，而稻盛先生的理念似乎更为明确、彻底。

二、经营哲学与理念的作用和力量

1. 经营哲学赋予了经营者伟大的人格力量

经营者作为一企之长，怎样才能管好企业，使全体员工满怀信心地跟着你一起开拓进取？与这位经营者本人是否具有人格力量有着相当大的关系。稻盛和夫的成功实践告诉人们：企业家的人格力量，源于他的经营哲学思想。

日本的政界和财界，不论是在经济高速增长的年代里，还是在后来不景气的时期，出现了各种渎职事件。政府部门、官僚个人和一些经营者为了自己的既得利益，做出了许多损人利己事情，甚至出现了多起证券金融丑闻。更为严重的是，这种利己心理和行为已在普通百姓中蔓延，将导致整个社会精神的衰颓。在这种世情面前，稻盛先生大声呼吁："现在是彻底摒弃利己主义的时候了。"他强调："我们在选择企业领导人的时候，不应以他的才能作为判断标准，而应以其人格来做衡量的尺度。"稻盛先生还指出，人格尺度并非高不可攀，就是公正、正义、博爱、谦虚和诚实经商等最基本的东西。他本人知行合一，身体力行，带头克己奉公，堂堂正正地经商，并拿出合法取得的个人财产去造福员工和社会，赢得了公司领导层与全体员工的信任和支持以及企业界同仁的拥戴。这种人格力量所具有的巨大号召力、统帅力，不是一般的制度和物质激励所能达成的。试想，在创建移动通信公司时，自身资本和技术条件较差，又被挤出容易赢利的优势地域，如果没有撼人的号召力、统帅力，是很难带动全体员工一起拼搏、战胜强大对手，取得巨大成功的。

2. 高尚的经营理念给予了企业家风险决策的勇气和胆识

作为企业家，最重要的职责莫过于企业的经营战略决策，尤其是风险决策。企业家的每一项创新思维转化为现实行动，也往往要经历一次严峻的经营决策甚至风险决策。市场全球化的到来，意味着一场不见刀枪的市场争夺战已超越国境，在全球范围内激烈展开。企业家进行经营战略决策时要考虑的因素，尤其是一些不稳定、不可测的因素更多了，于是决策的风险和难度更大了，连许多原本颇有魄力的企业家在长期发展利益与眼前利益之间、风险与机遇之间也难免举棋不定、陷入迷茫。能否正确决策，已不仅仅受制于资本和技术实力，在相当程度上更取决于企业家的经营哲学思想指导下的经营理念。不同的经营理念所对应的价值观、抱负、智慧和胆识，对企业家经营战略的抉择和实施有着根本性的影响。让我们仍以稻盛和夫1984年创办第二电电前后的思考决策过程，来看一看经营理念对正确地进行风险决策是何等重要。当时，京瓷面对的竞争者，既有强大的垄断了120年的日本电报电话公司（NTT），也有刚成立的、实力雄厚的由日本国铁创办的日本通讯公司和由日本道路公团创办的日本高速通讯公司。它们分别可利用自己的铁路路基和高速公路路基沿线敷设电缆、光缆，大大降低成本。第二电电处在既缺技术、又缺敷线基础设施的不利状态，失败的可能性极大，一旦失败，最初阶段就会损失 1 000 多亿日元（当时京瓷的大部分积累）。如此巨大的风险，使稻盛和夫一连几个月寝食不安。他反复问自己："是真的想利用政府对通讯业垄断刚刚解禁的机会，帮助国民降低长途电话费而办第二电电吗？这里有自己的私心、名利杂念吗？"最后，他坦然地确信，自己确实是本着为全体国民的利益做贡献的经营理念而想创办第二电电的。"无私才能无畏"，正是高尚的经营理念给了他空前的勇气和力量，使他毅然决策，以大无畏的精神，走上了极为艰辛的第二电电创业之路。

3. 正确的经营理念指导了企业家队伍的健康成长

稻盛先生认为：企业的经营者是伟大的。普通一个人在世上求得生存，尚需付出极大辛劳。更何况是一个经营者，他们还要通过事业，对全体员工及其家属负责，常常连一点考虑自己的时间都没有，把全部精力都投到企业中去了，这种努力是了不起的。他还这样说过："对任何一个组织来说，领头人是要负起所有责任的。特别是那些中小企业，稍有丝毫松懈，顷刻间就会破产。担负如此重任的经营者们，如果凡事都能去考虑'作为人什么是真正正确的'这个基本点，通过自己的事业使员工及其家属得到幸福，进而为社会多做贡献，我们的社会才能一天天走向光明。"为了培养年轻一代经营者，稻盛先生在 1983 年 7 月创立了京都"盛友塾"，于 1988 年 12 月更名为"盛和塾"。至今，包括巴西和中国台湾两个海外分塾，已有 54 个塾 3 200 名塾生（经营者）参加学习，并通过 3 200 名经营者在各自企业的传播，成为了 50 多万员工相互启发、共同提高心性的学习型组织[②]。盛和塾以"事业的隆盛与人德的和合"为宗旨组织经营者开展各种学习活动。塾生们通过听塾长和资深塾生的演讲，自问自答与对答以及阅读《盛和塾》杂志等方式，相互交流启发，学习稻盛先生以心为本、以德经营的经营哲理，深入理解摒弃狭谥私欲杂念、谋求多赢的"利他经营"理念以及企业与社会、人类与自然之间循环，协调共存的哲学思想——恢弘博大的"天人合一"观念。参加学习的 3 200 名塾生大多是年轻的中小企业家，他们之间不以资本、产品和技术关联，没有上下级或从属关系，都是抱着学习稻盛经营哲学这一共同愿望自觉而来。在 20 世纪 90 年代日本泡沫经济破灭、大批中小企业倒闭的现实面前，塾生们以稻盛和夫为榜样，从提升经营理念出发与困局顽强抗争，努力调整和改善自己心态，以求突破经济转折期的复合性困难。

　　笔者曾听过两位塾生的心得介绍，一位是经营困难加上爱子突然不幸去世，一个多月不思茶饭、不到公司上班，打算停业，另一位因经营挫败又贷不到款，公司难以生存，准备自尽。他们在最痛苦的情况下，与塾长、塾友长谈，塾长耐心又严肃地指出，经营者在困境中不能只顾自己痛苦的解脱，一定要更多地为员工想一想：企业一旦关闭，失业的全体员工及其家属将是何等的失望和痛苦，我们为什么不能为了全体员工再拼搏一次呢？稻盛塾长提倡的敬天爱人、利他经营的哲学思想终于把他们从极度消沉中唤醒过来。那位家遇不幸的塾生逐渐振作精神又投入到了忘我的工作之中，而原准备自尽的那位在夫人支持下，把家中全部值钱的东西包括住房统统低价变卖后，投入了新产品的开发经营，最终也救活了残局。虽然并不是所有塾生经营的企业都很兴旺，但通过经营哲学的学习和经营理念的培育、提升，这支庞大的中小企业家队伍的素质和精神得到了提高，他们所领导的32家企业，大多有了长足的进步。"盛和塾"的作用和影响告诉我们：企业经营者在正确经营理念的指导下，企业才能健康成长③。

三、研究稻盛经营哲学对我国培育企业家队伍的启示

1. 学习经营哲学、提升经营理念，是培育社会主义企业家的必修课程

经营哲学，是现代经营学原理与哲学思想的有机融合，从哲学伦理的深度去思考经营的成功之道，以企业持续健康发展为目标去探索经营成功诸要素的内在联系和企业兴衰的必然法则。经营理念，则是企业家在经营哲学思想指导下，围绕"为什么要办企业，怎样办企业"这两个基本问题，对"经营的目的、方针、宗旨"以信念（或信条）的方式作集中的提炼和概括。

从与日本许多"盛和塾"塾生的交流中了解到，他们在创办企业的初始阶段，大多也没有认真学习过经营哲学，后来经营上遇到了困难手足无措，通过不同的机会才接触经营哲学，最终体会到：学习和研究经营哲学，修炼自己的心性，培育和提升自己高尚的经营理念，是经营者拓展事业道路上极其重要

的必修课程。

我国市场经济体制的确立还不满 10 年，法规、制度和运作经验还不足，我国经营者队伍的经营理念和经营道德行为还存在不少问题。在市场竞争日益激烈的今天，一些经营者由于缺乏正确的经营理念，把利润最大化作为企业追求的唯一目标，对员工缺乏关爱和负责之心，对客户不讲真诚、信誉，甚至为追求金钱名利而欺压员工、坑害顾客和污染环境，严重的还造成了市场秩序的局部混乱和社会道德的无序。对此，我们必须予以高度重视，有必要借鉴"盛和塾"的经验，在广大经营者队伍中，正面推进对"以心为本""以德经营"和"利他经营"等哲学思想的修炼，努力使经营者在"为什么办企业和怎样办企业"这两个基本问题上，确立自己正确的经营理念，不断提高自己的经营道德和思想境界，进而高瞻远瞩，带领企业拼搏前进。这种学习和提高，主要是经营者在经营实践中不断总结、反省和磨炼自身灵魂的修炼过程，也是一个长期渐进永无止境的过程，不是通过搞集训或搞运动所能实现的。笔者在此衷心希望广大经营者，特别是事业有成的企业家，自觉地重视经营哲学的学习和研究，自觉地实现经营理念的提升。

2. 研究经营哲学，提升经营理念，需要广大经济工作者、社科工作者与企业经营者共同努力

一个企业的领导群体，特别是最高经营者的经营理念和人格道德，在一定程度上决定了这个企业的道德形象和精神面貌；一个地区、一个行业众多企业的道德形象和精神面貌及其相互影响，又在相当程度上关系这个地区或行业的公共道德与社会秩序。因此，对经营哲学和经营理念的研究和实践，绝不是经营者个人可做可不做的私事，而是有必要请广大经济工作者、社科工作者、企业经营者及其带领的千万员工共同参与的宏大事业。在这方面，天津市已经带头做出了许多卓有成效的努力。

去年，在国家经贸委培训司和市经贸委的支持下，由天津企管培训中心牵头，联合理论界和企业界的一大批知名人士成立了天津市企业经营哲学研究会，并邀请稻盛和夫亲自率领70多名塾生（日本企业家）来津交流，国家经贸委培训司司长和京、津、东北地区诸高校的数十名教授学者以及两千多名当地企业家会聚一堂，聆听稻盛先生《经营中为什么需要哲学》的长篇演讲和中日企业家学习经营哲学的心得。许多天津市的企业家都认为，稻盛先生的经营哲学和理念很适合中国国情，适用于中国企业。尤其我国当前正处经济体制转型期，思想价值观念上面临着许多困惑，在建立新的经济秩序过程中，如何实现追求利润和经营道德的平衡，避免因追求利润而破坏公正与道德规范而导致市场秩序乃至整个社会道德的混乱，防止唯利是图、损人利己现象的蔓生，需要参考和学习国内外的有益经验，而稻盛先生倡导的经营哲学和经营理念，对我们有着很好的借鉴作用。笔者认为，我们江苏是个经济文化发达的省份，我省的经济工作者、哲学社会科学工作者和企业家可借鉴天津的经验，在学习和研究包括稻盛经营哲学在内的国内外优秀经营哲学思想的基础上，更好地确立和提升企业家的经营理念，打造一支高素质的企业家队伍，为提高企业竞争力，促进经济发展做出应有贡献。

（本文选自《江苏企业管理》杂志 2000 年 2 月刊）

注释：

①至 2007 年 3 月为止，京瓷集团（包括京瓷公司和从事长途电话、移动通信的 KDDI 等企业）的年销售额达 45000 亿日元，税前利润约 5 000 亿日元。

②至 2007 年 6 月止，参加盛和塾的经营者（包括日本国内外 57 个分塾）已达 4 350 名，他们所在的企业占日本全国企业总数的 0.16%，涉及企业员工 96 万人（含临时工）。

③据盛和塾事务局提供的数据，2006 年日本全国有 255 万家企业，利润 4 000 万日元（约合人民币 260 万元）以上的企业有 7.1 万家，占全国企业总数的 2.78%；而盛和塾的 4 350 名经营者所在企业中，利润 4 000 万日元以上的有 658 家，扣除同一企业有两名以上经营者参加盛和塾的因素，利润 4 000 万日元以上企业的占比为 20.1%。这些数据在一定程度上反映了学习稻盛哲学对企业持续健康发展具有较大的作用。

当代中国为什么需要稻盛经营哲学

天津企业管理培训中心原主任　张世平

　　金秋十月，日本著名企业家稻盛和夫先生应天津企业管理培训中心之邀，专程来到天津参加第三届中日企业管理交流借鉴国际研讨会，为中国企业经营者作了题为《经营中为什么需要哲学》的讲演，使与会者耳目一新，茅塞顿开。会议期间，稻盛先生又到南开大学作了题为《论共生与循环的思想——兼论21世纪的中日友好》的专题演讲，受到中国教育界和企业界的高度评价。稻盛先生的两次讲演，其基本精神是一致的，受到中国各界的尊重与赞同是必然的。其所以是必然的，根本一条是当代中国需要"稻盛"经营哲学。

一、社会主义与市场经济

　　中国现在正处于社会主义计划经济向社会主义市场经济的转变过程中。严格说起来，这个过程早在21年之前，即1978年就已经开始了，只不过是中国共产党十四大、十五大，把这个转变以更加明确的理论语言向全世界宣布了。建设社会主义市场经济，是邓小平建设有中国特色的社会主义的重要组成部分，也是中国人民当前乃至今后一个时期经济体制改革最核心的内容。

对中国建设社会主义市场经济体制，国外相当多的人，包括许多著名政治家与经济学家都认为不可思议，认为社会主义和市场经济是相互对立，不能共容的一对概念，二者不可能统一。

而稻盛先生作为当代世界著名的企业家以其独到的眼光和超人的智慧，明确指出："我是赞成中国社会主义市场经济的，社会主义与市场经济不仅不是对立的，而且是可以融为一体，互相促进的，这是中国的创造，是对世界经济和人类社会的一个重大贡献。"稻盛和夫先生这一论点，不仅是出自他对中国经济体制改革的深刻理解，而且源于他 40 年企业经营实践的哲学思考。这就从根本上决定了稻盛经营哲学是能够为中国企业界所接受并得到发扬光大的。

稻盛先生在天津多次谈到，市场经济无非是主张一切生产都要服从于市场的需要，按市场规律来进行，使人、财、物、资源得以充分的配置与开发。社会主义无非是主张人与人之间的平等，主张人的各种基本权力得到保证，使人在物、心两个方面都得到满足。作为一名真正的企业家就应当把上面所说的两个方面统一起来。

二、稻盛经营哲学的核心

稻盛先生曾把它的经营哲学的核心内容归结为"以心为

本"，他认为"公司是什么？公司的目的是什么？……公司并不是经营者个人追求梦想的地方，无论现在还是将来，公司就是保障职员的生活的地方"，"作为经营者不仅要对自己公司的职员负责，更应该履行自己作为社会的一员的责任"。据此，稻盛先生把"在追求全体员工物质和精神两方面幸福的同时，为社会的发展和进步做出贡献"这一经营理念，作为他所创建的京瓷公司40年如一日的开拓发展的根基。

京瓷公司从一个不出名的小企业成为日本乃至世界闻名的高科技企业，正是沿着这样一条经营哲学之路而发展起来的。稻盛先生用自己辉煌的经营业绩向全世界表明，稻盛经营哲学是完全可以为日本、中国，乃至亚洲及世界各国所接受的。

进一步讲，中国较之其他国家更需要稻盛经营哲学，而稻盛的经营哲学也更适合于中国国情。

三、为什么当今中国更需要稻盛的经营哲学呢？

其一，是由中国正在进行的社会主义市场经济的内在要求所决定的。中国改革开放的总设计师邓小平曾经深刻地指出："计划经济不等于社会主义，资本主义也有计划；市场经济不等于资本主义，社会主义也有市场。计划和市场都是经济手段。社会主义的本质，是解放生产力，发展生产力，消灭剥削，消除两极分化，最终达到共同富裕。"稻盛经营哲学为处理企业利益与员工利益、经营者积极性与员工积极性、企业发展与社会进步等一系列矛盾指出了有效的途径，而且这种经营哲学正是从稻盛先生所创建的京瓷公司40年的成功实践中总结出来的。

既然稻盛经营哲学在资本主义高度发达的日本都有成功的实践，而且为 3 000 多位企业经营者（编者注：1999 年参加盛和塾的经营者人数）所崇拜、仿效，那么以社会主义公有制为基础，多种所有制经济共同发展的中国又有什么理由拒绝这一促进文明进步的经营哲学呢？

其二，中国的国企、民企刚刚接触市场经济，难免一些企业经营者一方面对市场经济的客观规律不熟悉，缺乏实践经验，把竞争视为痛苦；另一方面又受市场经济的竞争利益驱动，把复杂的经营行为简单地概括为或误认为利润第一，甚至不顾牺牲他人，牺牲道德、牺牲社会公共利益、牺牲人类所共存的环境，而把竞争推向极端。稻盛先生"利他"的经营思想，可以为中国企业解决上述两种倾向找到正确的答案。

其三，搞社会主义市场经济当然要追求利润，但是有了利润干什么，如何使用利润。从中国的实际情况看，有一些企业经营者，当企业赚不到钱时努力去赚钱，但是有了钱之后就堕落危害社会，后患无穷，这方面的教训实在太多了。如果这种倾向得不到纠正，伴随着一批又一批有钱经营者的出现，中国乃至世界就会受到巨大的伤害甚至酿成灾难。而稻盛先生的经营哲学以他对职工、对社会、对世界、对人类所作出的突出贡献告诉了经营者，有了钱怎么做。

四、为什么稻盛的经营哲学更适合于中国的国情呢？

其一，稻盛经营哲学的许多人生理论，做人与做事的原则，都来源于中国古代的哲学。换句话说，稻盛经营哲学有着深厚的中国古代哲学的渊源。正因为如此，稻盛经营哲学体现了以中国为代表的东方民族传统文化中的精华，必然适合于向稻盛经营哲学提供思想营养的中国。

其二，中国与日本同属于亚洲的经济大国，两国的经济具有很强的互补性，彼此的经济往来十分密切，特别是改革开放以来，日本成为中国的第三大投资国，大批的日资独资、中日合资企业在中国经济的改革开放和发展中发挥着越来越重要的作用，这种经济的联系必然促进中国企业的经营理论、经营哲学的相互渗透，相互借鉴，而稻盛经营哲学在中国的传播也就有了经济的载体。

其三，维系 WTO 最核心的东西是各国贸易往来所必须遵循的一系列贸易规则，这些贸易规则无疑是必要的。但是，这些贸易规则是否就会给各国带来协调与可持续发展呢？实践证明，光有贸易规则来维系各国的经济关系是远远不够的，世界还需要另一种无形的"WTO"，那就是靠人类彼此信任、互谅互让的道德纽带而建立起来的以"利他"为出发点的国家与国家、企业与企业之间的命运共同体。稻盛的经营哲学引入无形的"WTO"，无疑是对 WTO 的新贡献。

总之，中国需要稻盛经营哲学，稻盛经营哲学适用于中国。

（本文系作者 1999 年在天津"第三届中日企业管理交流借鉴国际研讨会"上的讲演）

解读稻盛和夫成功方程式

稻盛和夫（北京）管理顾问有限公司董事长　曹岫云

日本著名企业家稻盛和夫先生，总结出一个"人生和工作结果的方程式"，也称"成功方程式"。笔者认为这不但是经营学而且是哲学领域中的重大发明，几乎可以运用于所有的人。同许多自然科学的方程式一样，应该成为人类共有的宝贵财富。

一、成功方程式

人生·工作结果＝思维方式×能力×热情

或者表达为

成功＝人格·理念×能力×努力

我们且把"人格·理念""能力""努力"称作成功三要素。

这个方程式中的"能力"，按稻盛先生的解释，主要指先天的智力和体力，包括健康、运动神经等，属天赋条件。这种"能力"有个人的差别，用0~100分来表示。

"努力"（或称热情）也因人而异，从饱食终日、无所事事的懒汉到忘我工作的模范，也用0~100分来表示。但这个努力与上述能力不同，不是先天的，可以由自己的意志决定。

稻盛先生举例说，一个天资聪明又很健康的人，"能力"可打90分。但他自恃聪明不思进取，"努力"只能得30分，那么两者之积：90×30＝2 700分。另一个人天赋差些，"能力"只评60分，但他笨鸟先飞，特别勤奋，"努力"可打90分。这样他的乘积为：60×90＝5 400分。后者得分比前者高一倍，就是说，天资一般而拼命努力的人，可以比天资优良而不肯努力的人取得更大的成就。我们周围很多人就是这样。

然而三者中最重要的是"人格·理念"，它是矢量，有方向性，从-100分~100分。一个人能力越强，热情越高，但如果他一味以我为中心，损公肥私，损人利己，或者哲学反动，那么他的人生就是很大的负数，并可能给他人给社会造成很大损害。这样的例子，古今中外屡见不鲜。稻盛说，"能力"和"努力"的重要性众所周知，但人生道路上最重要的"人格·理念"，即人生哲学，令人遗憾，许多人都不太明白，也不求甚解。

看看社会上腐败层出不穷，看着那些才智过人却并无出息或者昙花一现的人物，就晓得稻盛先生说得多么正确，多么深刻，多么一针见血。

二、几点说明

对上述方程式有几点还需加以说明。

1. "人格·理念"的含义

日文叫"考え方"，直译为思考方式，可分为两个侧面。一个是人格的侧面。正面的比如，公正、诚实、开朗、勇敢、谦虚、善良、克己、利他等。负面的比如，不正、伪善、卑怯、傲慢、任性、浮躁、妒忌以及以我为中心等。另一个是科学的侧面，就是"认识论"。实践，认识，再实践，再认识之循环。由五官从外界收集各种必要的信息，用头脑加以分析，从复杂现象中导出事情的本质，据此制订计划，然后实行。在实行过程中继续收集信息，再分析，并对照计划，作必要修正，然后再实行这样一个循环。简单讲就叫"实事求是"。先是正确认识事物，然后是拿正确认识去改造事物，或创造新的、美好的事物。

人格侧面和科学侧面相辅相成。稻盛先生说："充满利己思想的心中，只呈现复杂的事像，利己的动机，势必模糊问题的焦点。"现实生活中常有这样的事。有时候事情本身很简单，但因为当事人有私心要掩饰，掩饰真相，事情就变得复杂。真相变得扑朔迷离，叫人弄不清，人际关系也因此复杂起来，变得棘手，叫人难以处理。因此，一个人格高尚、心地纯洁的人，不受私心蒙蔽，就容易看清事实真相，看出事物规律，并勇于按事实、按规律办事。就是说，只有人格高尚的人，才能始终实事求是。反过来，只有坚持实事求是，才能保持或提升自己的人格。

2. 成功三要素之间为什么是相乘，而不是相加

这里有一个"相乘效果"的概念。就拿稻盛先生作例，天资自然极高，给100分未尝不可，但若考虑健康和体力的因素，

"能力"姑且打95分；他自始至终有火热般的工作热情，"努力"该打满分，即100分。他是优秀的企业家兼哲学家，但考虑到哲学还要发展，"思维方式"也打95分吧。如果三者关系是相加，总分不过95+100+95＝290分，不能突出同我辈常人之间的差距。如果是相乘，95×100×95＝902 500分，这样的结果符合客观现实。

稻盛先生的成就与常人比有天壤之别，他的企业集团去年的销售额超过4万亿日元（约3 000亿元人民币），是天文数字。而反面的例子，如希特勒也是天才，他的演说曾使德国人民倾倒，"能力"可以打100分；我读过《第三帝国的兴亡》这本书，他有他的使命感，也有燃烧般的热情，"努力"程度达到狂热，也可打100分；他的法西斯思想算负100分。若三者相加，仍可得正100分。完全不能解释他给世界带来的空前规模的破坏。若三者相乘，得－1 000 000分，那就差不多与历史相符。"小人无过世之才，不足以乱国"，世界上没有比心灵扭曲的天才疯狂努力所造成的后果更为可怕的东西。

另外，三者如果是相加，智力一般而加倍努力的人，往往始终超不过聪明但懒惰的人。换言之，"富贵在天"，努力的作用不大。这也不符合事实。若真如此，兔子和乌龟赛跑的寓言就失去了教育意义。同时，如果三者是相乘，三要素中只要某一要素分数增加，结果将以倍数增加，我们在现实生活中看到的正是这种情况。

3. 三要素哪个最重要

"能力"和"努力"的重要性，连小学生也懂。但"人格·理念"的决定性作用却常被忽略。因它有正负之分，对结果而言最为重要，稻盛先生用他的亲身经历作过说明。

稻盛先生大学毕业找工作，到处受挫。当时的日本，没后台，没后门，有证书也难就职。屡屡碰壁之余，不免产生过自暴自弃的念头。他想既然这个社会如此不公，穷人得不到照应，没有出路，不如干脆投身黑社会，或当个"义贼"（中国叫劫富济贫的绿林好汉）算了。他说："如果当时我真的参加了黑社会，或许就成了略有名声的黑帮头目，因为我有不亚于他人的热情，也并不缺少能力，但这想法是反社会的，若真跨出那一步，我的人生必将呈现很大的负值。"

一个才能出众而又不懈努力的人，可以积很大的能量。但这能量如果没有人格来管住，可能制造灾难。如果把能力与努力之积比作巨轮的发动机，那么人格就是巨轮之舵。巨轮是乘风破浪驶向成功的彼岸，还是倒行逆驶或冲向冰山暗礁，关键全在控制航行方向的人格之舵。

4."人格·理念"是变数

它既能变好也能变坏，既能提升也能下降。"听君一席话，胜读十年书"，主要指受人影响，"人格·理念"快速提升。我们看到许多高官落马，比如成克杰、胡长清，他们能走上高位，并非一开始就是坏人就持坏思想。大凡这类人有能力，肯努力，会办事，贡献比常人大，因此很容易脱颖而出，地位上升，权力大，威信高。所有这些既可成为做出更大贡献的资本，在制约缺失时，又可用来为非作歹。此时，他就来到常人不遇的风口浪尖，如果人格动摇，一念之差，就会一落千丈，从功臣变罪人。因此，一个有本事的人，尤其有了权力，春风得意时，特别需要具备以下品质：

第一，谦虚精神。正视自己的种种局限、种种弱点，谦虚就有十足理由。

第二，感激的心态。自己再有能耐，毕竟孤掌难鸣，机会是别人给的，没他人协助，一事无成。所以理应心存感激，乐意将利益名誉乃至威信，与人分享。

第三，知足意识。人有私欲，不能否定，但听任私欲膨胀就不正常，必然危及他人，危及组织，害了自己。"良田万顷，日食三升；广厦万间，夜眠七尺。"知足是睿智。与其追求虚荣，过度挥霍超过实际需要的物质财富，不如获取精神的满足和心灵的安宁。这才接近真正的成功和幸福。

这些无非都是理念的提升。

5. 怎样提升"人格·理念"

稻盛先生说，学习先贤们有关做人的道理，比如佛教、基督哲学以及中国的孔孟之道等，是很重要的。我们也多少拥有这方面的知识。但把圣贤们的教诲仅仅作为知识来理解和记忆，并没有多大的价值。必须用它来戒勉自己，提升自己的人格。

学习不可能一蹴而就，必须反反复复才能见效。运动员必须天天锻炼才能保持和提高体能。通过学习提升理念一事，更是如此，稍稍懈怠，立即降归原处。

其次是反省，反省自己的言行是否有违为人之道，如果有错，马上纠正。正如人的面孔会沾上灰尘，需要天天洗脸一样，人的心灵也会蒙上污垢，需要天天反省予以净化。人是血肉之躯，一不小心就会屈服于本能的欲望，屈服于周围的环境，脱离正道。

学以致用，从知到行，从理论到实践，这中间需要一个能动的飞跃。这种能动性本来是人类特有的潜质，但是如果不发挥，一切无从谈起；如果不持续发挥，一切都会半途而废。

稻盛先生说："回顾自己人生的每一天，其实就是通过经营实践，不间断地提升理念的每一日。"

总之，"实践+学习+反思"才能有所领悟，才有可能进入哲学的境界。强调高尚人格，强调提升理念，并把这作为成功的第一要素，乍看似乎近于迂腐，但其实这才是我们摆脱烦恼，在人生和事业方面防患于未然的最好的、也是唯一有效的办法。除此之外，还能有什么良计妙策呢？

6. 成功和命运

在成功三要素中没有提及命运。是不是不够完整，是不是命运和成功毫无关系？中国有句成语："天有不测风云，人有旦夕祸福。"命运这东西终究不能完全否定。其实成功三要素中，先天的"能力"也包含部分命运的成分。稻盛先生说，人生由命运（经纱）和因果法则（纬纱）交织而成。所谓因果法则，就是说在正确理念指引下努力奋斗，就能创造人生的辉煌，乃至根本上改变命运，"精诚所至，金石为开""自助者天助"。使三要素的乘积变大，成功概率就大大提高。

几年前，儿子考上大学时，笔者写给他一封信，其中有以下几句话："欣悉考入横滨国立大学经营学部，爸、妈为你感到骄傲。你有企业家欲望是好的，至于将来能否成为一个成功的经营者，主要看你自己的努力程度，努力是否得当，也看时运，看你周围的大环境、小气候，现在还难以预料。"在学习了稻盛哲学以后，笔者这个观点有了改变或者说发展。我告诉儿子："相信你将来一定可以成为成功的经营者。既然你能考上横滨国立大学，就职时又能考上有名的'野村总研'，证明你的天赋能力算中等偏上。而根据稻盛先生的成功方程式，要获成功还需两个条件：一是不懈努力，二是观念对头。这两条缺一不可。但也只要有这两条就行。而这两条不是先天条件，全靠人为。换言之，你完全可以做到而绝不是不能做到。当然，像稻盛先生这样出色的大企业家，属稀贵资源高不可攀。但像你爸一样，当个稍有作为的小企业家，或比我更有出息，应该没问题，而能这样也就不错。"在这里我不再提时运或环境，即命运的因素。我认为过分强调命运的作用，不是积极有效的思维方式。

7. 三要素之相互关系

在成功三要素中，稻盛先生把"能力"定义为先天因素为主，是有道理的，也便于解释，便于同"努力"是后天的人为因素这一概念相对应。但我们实际上讲的能力，比如语言能力、作文能力、经营能力等，可以经过训练，或者说后天的努力来提高的。就是说人的"能力"中，有即使努力也提高不了的先天的部分和经过努力可以提高的后天的部分。

另外还有所谓"潜在能力"的说法。就以学开汽车为例，笔者50岁才学会驾驶汽车，如果说20岁可合法学开车，那么这30年之间，我虽然没有开车的实际能力，但在我身上一直存在着开车的潜在能力，经过两个月的训练，这种潜在能力就变成了实际能力，或者说显在能力。如果我不努力，或怕出事故，或认为当老板的大可不必亲自开车，那么我就不会主动去学，就永不会开，开车这种潜在能力最终将同我的身体一起埋葬。学游泳、学外语，甚至经营企业等也一样。人有许多可以开发的潜质，几乎人人具备，并不要求特别的天分。话说回来，我虽会开车，技术却差劲，特别倒车蹩脚。我成不了赛车手。当赛车手，特别要当赛车冠军，那只是少数或个别人的天资。我的潜质中缺乏这种天赋。不过我能自己开车上下班，星期天不麻烦驾驶员，有时还可提高办事效率，达到这些目的就足够了。就是说"潜在能力"要变成"显在能力"这件事，同"努力"和"思维方式"有关。

另外，"理念"正确，就能保持旺盛的"热情"，坚持不懈地"努力"。同时努力工作，努力学习，也有助于提高心性。总之，"人格·理念""能力""努力"这三者既互相独立，又互相影响，互相渗透。

三、结束语

对稻盛先生的"成功方程式"的阐述归结到一点，无非想说明"人格·理念"对人生、事业、社会的决定性的作用。而我们大多数人总是忽略这个真理。社会上一切乱象因此而生。

成功方程式是稻盛先生一个伟大创造，而稻盛先生本人就是实践这个方程式的典范。在日本培养经营管理人才方面没听说过"索尼塾"，却有个"盛和塾"，有弟子 3 000，而且都是经营者，下面员工有几十万人。"盛和塾"还扩展到了美国、巴西、中国（包括台湾地区），由此可见稻盛先生之人格魅力，可见稻盛哲学之引人入胜。

在通过光明大道到达巨大成功的实践中产生的稻盛哲学，包括这个方程式，不仅是经营者的无价之宝，而且不失为医治中国社会现代浮躁病的一副良药。希望社会各界都有人来研究它。

（本文选自《江苏企业管理》杂志 2001 年 6 月刊）

编者附言：

本文作者著作《稻盛和夫的成功方程式》一书（东方出版社），简介如下：

《稻盛和夫的成功方程式》是著者曹岫云先生怀抱时代使命，为每一位在人生之旅中辨识航向追寻成功的读者奉献的一部内容厚重、好读且管用的上乘之作。

《稻盛和夫的成功方程式》一书，文风别开生面，充满哲理而又深入浅出，书中主要介绍了稻盛和夫成功方程式的模式、意义及相关哲学思想，不时迸发出诸多的真知灼见。作者长于思辨而落笔总挟性情，阐述事理往往娓娓道来像随笔般挥洒通脱。书中还附有几篇著者的论文，如遇逢稻盛先生之前的《百术不如一诚》，结识稻盛先生之后的《劝君常深思》等。

这本书被译成日文后，迅速畅销，令许多日本业内人士大为惊叹。

读了《稻盛和夫的成功方程式》以后，可使人提升对成功的理解并为之奋斗不逾。愿广大企业家能有幸阅读并喜欢此书。

稻盛经营哲学与盛和塾

日本盛和塾本部理事

日本株式会社 FELISSIMO 名誉会长　矢崎胜彦

今天有机会与江苏省的企业家交流学习经营哲学，感到非常高兴。我要谈的不是我自己创业的故事，或是芬理希梦公司的经营体验，而是关于"盛和塾"的理念与活动，以及大家所关心的稻盛哲学的理论体系与发展前景。

刚才，稻田二千武先生在讲演中介绍了许多稻盛和夫的经营思想和他本人学习稻盛哲学的实践体验，使大家能够初步接触到稻盛哲学的内容，并对稻盛和夫的经营思想与人生哲理有了一个大致的认识。我和稻田先生都是"盛和塾·大阪"支部的代表召集人。盛和塾大阪支部是一个有着 200 多家公司的企业家参加的研究会，我们用中国明代思想家李贽的"胜己之友"的哲理名言为大阪研究会命名，以此表明我们的学习的宗旨。

日本的企业家里有一种可能有些片面、但很有意思的比喻：如果孔子在现代社会里复苏，他很可能会以松下幸之助那样的企业家的形象出现。曾任北京大学副校长的季羡林先生在阅读了稻盛和夫的著作后，给予了很高的评价，赋予他"现代经营之圣"的称谓。如果孔子、王阳明那样的圣贤大哲在今天出现的话，很可能会有许许多多的人，包括我们在内，跨越国界，不远万里来向他们学习。向稻盛和夫学习的盛和塾就是超越了国家、民族的界限，跨越了语言的障碍，扩展到了世界各地。至 2006 年 8 月底为止，在日本和世界各地共有 57 个地区的4 108 位企业家作为正式会员参加了盛和塾的学习活动。

一、盛和塾的成立与发展

1983 年 7 月 18 日，在京都成立了学习稻盛和夫思想与实践的"盛友塾"。开始时共有 25 名京都的青年企业家们自发地参加了学习活动。稻盛和夫的初衷是，已成为国际企业集团的京瓷公司是从京都地区发展起来的，为了对京都市民、下一代的青年人作出贡献，作为一种报恩的形式，开始了京都盛友塾的学习研究活动。当时，我们都还只有 40 多岁，从大阪赶到京都共同参加了学习研讨。从此，我们的人生和人格有了本质上的变化，企业经营活动也有了明显的发展。

稻田二千武先生的体验非常有代表性，在学习中他被稻盛和夫"立善去私为动机"的经营思想深深地打动，从而改变了自己以"私心"为动机的经营立场与方式，不仅摆脱了严重的经营危机，而且还创立了享誉世界的品牌。

对我震撼最大的是稻盛和夫的"作为一个经营者，最重要的是不断地提高自己的理想与人格"的教导，它像一道闪电切开了我在人生道路与企业经营上的迷茫，成为我终生不渝、为之奋斗不息的座右铭。

佛教的经典上有"众生自秘"的教导。正如一轮明月普照万方，不余一人。宇宙是开放的、平等的，如果只为自己考虑的话，就会造成一个完全封闭的自我世界，把自我与大宇宙隔离开来。许多的企业家、经营者都被自己构造的围城禁锢，不能够超越闭锁的思想观念和实践经验。如果，能够将自己每天的经营体验用一种全方位的方式加以总结，提高为一种经验价值的话，就能够成为如同开放的宇宙那样的，人格全面发展的企业家和经营者。这就是稻盛和夫所教导的"日新月异的提高自我的理想与人格"的实践真理。

为了学习稻盛和夫的经营思想，我和稻田两人多年来来往于京都与大阪。京都与大阪虽然只相隔 50 公里，可是两地的风土文化却有很大的差异，企业经营的状况也有很大的不同。因此，到了 1988 年 9 月我们向稻盛和夫塾长提出了在大阪创办学习会的请求。在塾长的同意下，我们考虑用"盛和塾"来为学习会命名，突出显示学习会的宗旨是"人德和合与事业隆盛"，其中特别重要的是"人德和合"这一重要的基本理念。从第二年起，"盛和塾"这个名字和它的实体一起，开始在全国各地推展开来。

以"经营与人格共同成长"为指针的盛和塾在日本全国各地很快形成了风潮，各个地区都成立了盛和塾的支部，企业家们的学习热情让人备受鼓舞，企业家们对稻盛哲学认识的深度和广度也叫人感叹不已。我和稻田先生说，水能载舟，亦能覆舟。所谓真正的经营活动就是浴血战斗，生与死只悬于一线。每一个盛和塾的成员都要有"常在战场"的觉悟，以自己的整个人生为学习的过程，践行与实现稻盛哲学的理念。这应该是每个盛和塾成员的责任与历史使命。

在各地成立盛和塾的基础上，稻盛和夫塾长开始考虑构造全国性的组织。在充分讨论的基础上制定了具有前瞻性的"全国组织化运营考案"。此后，无论是盛和塾成员之间的交流，还是机关刊物的编辑发行，盛和塾支部的建立和扩展，都是根据"全国组织化运营考案"有步骤地推进着。

当时，有不少人反对扩大盛和塾的设想。因为，他们希望组织的范围小一些，以便有较多机会与稻盛和夫塾长进行面对面的个别交流，而不希望对话的几率从五十分之一降到为五千分之一。这种想法本身就是将学习私有化，而没有考虑到学习面对社会的公共性质，以及学习面对下一代的未来性质。我们提倡的应该是一种面向社会和未来，能够无限分割增殖的开放性的学习方式，这也是盛和塾每一个成员的共同立场。

二、稻盛哲学的理论与目的

阳明学对稻盛和夫的哲学的形成有着不可忽视的深刻影响。以前他常说："我的思想里有阳明学。"王阳明作为中国明代伟大的思想家，虽是浙江人，但在南京任职多年，相信在座的各位对阳明学并不陌生。我以为，王阳明的心学里最重要的部分之一，是对圣人这一概念的理解。王阳明认为，圣人的定义就是"存天理，去私欲"，谁能够做到这一点，就能够完成自我的人格，成为圣贤之人。也就是说，圣人并不仅仅是一种历史存在，并不仅仅为孔、孟、老、庄等上古时代的圣贤所独占，任何人只要认识到自己的人性的自然本质，认识到每一个人与生俱来的人性，并自觉地在实践中进行正道、严格的修炼，就有可能成为圣贤。学习的过程就是认识与发掘自己的、内在的神圣性，而私欲之"私"，是一种虚假的、假象的自我，是依附于外物之上的自我，因此会妨碍对内在的本质的自我（圣贤性）的认识。

王阳明认为，每一个人的本质里都有圣贤性存在，每一个人都有可能成为圣人，因此有"满街皆圣人"之说。遗憾的是，一般的民众没有认识到这一点，人性中的本质性（圣贤性）被埋没了，得不到启蒙与开拓。稻盛哲学不是对一般知识的抽象，而是追求人性本质的回归，倡导企业家人格的全面发展。王阳明所提倡的立善去私、天理即人心、致良知等理念都包含在稻盛哲学的学习方法论与成功方程式之中，即所谓良知经营学。

有关良知·良心的思想不仅存在于儒学思想之中，在欧美哲学里也是一种显学。德国的教育学家、哲学家斯普兰格（E. Spranger）在批判法西斯主义教育思想的同时，提出了良心教育论，认为教育的重点应该是唤起人的良心觉醒，在人性解放的过程中掌握人性的本质。教育的核心课题是人格的形成，稻盛哲学的核心课题是经营者人格的全面发展。

学习的出发点是自我，学习的对象是自我。通过学习、工作、经营的实践，通过对自我人格·人性本质的认识，达到为他人谋幸福的终极关怀。企业家的变化，带来企业经营的变化；作为企业家网络的盛和塾带来全国各地的连锁反应。这就是盛和塾存在的意义。

作为组织形式的团体，大体上有三种类型：一是以权力和财力为后盾的团体；二是个体之间的自由组合，在没有争议的前提下存在；三是以教学相长为目的，以和合互助为哲学的团体。盛和塾就属于第三种类型。盛和塾不是一个利益集团，而是以人与人之间平等互学，经营者人格的形成与全面发展为中心课题的和合团体，是一个开放性的教育团体。

三、稻盛哲学与盛和塾在日本的影响

去年，我们曾对盛和塾大阪支部成员的 139 家企业做了一次问卷调查。这 139 家企业的产值为 7752.5512 亿日元，利润总额为 375.4 亿日元。从业人员的总数为 29 905 人。平均每家企业的产值为 56 亿日元，平均利润为 2.7 亿日元，平均从业人员为 215 人。如果，以此统计为基数，盛和塾的整体规模大致可以估算为：产值 23 万亿日元，经常利润为 1.1 万亿日元，从业人数为 90 万人。这些统计数字都超过了丰田集团的规模，可以自豪地说，盛和塾是日本最大的企业家集团。

盛和塾于 1983 年成立，已经有 26 年的历史，从当时的 25 家企业发展到 4 000 家以上的盛和塾，有许多经验值得总结。我认为，除了稻盛和夫塾长的人生体验，经营体验以及思想本身具有其普遍性，更重要的是，4 000 多名成员真诚的学习与实践的积累，4 000 家企业的经营体验与实践的凝炼。稻盛哲学不仅属于稻盛和夫塾长一个人，而且是盛和塾全体成员长年学习与体验的结晶。

盛和塾不是一个追求利益的共同体，而是一个志同道合企

367

业家追求理想的共同体，是超越利益，超越国家，跨越时代的有志者的团体。盛和塾的宗旨就是：为天地立心，为生民立命，为往圣继绝学，为万世开太平。

作为朱熹、王阳明等伟大思想家的先知者与先行者，宋代哲学家张横渠"为天地立心，为生民立命，为往圣继绝学，为万世开太平"的四句箴言道出了东方思想的宗旨和目标，开辟了新儒学长江大河般无穷无尽的源泉。如何在现实社会里理解与诠释古代圣人即人类的共同理念，如何在现代社会里实现天地自然和谐、百姓富裕安宁、世界和平昌盛的崇高理想，如何为下一代人、为千秋万代开拓永久的太平盛世，是盛和塾二十多年来孜孜不倦努力与奋斗的志向与哲学。

二十多年来，我们4 000多名企业家以日本"经营之圣"稻盛和夫为师长，以创立新时代的经营哲学为理念，以一介仁人志士的胸怀与抱负夜以继日地锤炼自己的意志，不断升华与净化自己的人格与心灵。自身的至诚入圣的经营体验，自觉磨炼的实践之学，稻盛和夫塾长的一言一行都率先垂范，体现着他高尚的品格与道德，体现着一种创造性的智慧与实践哲学。因此，学习不能只停留在对稻盛和夫塾长的话语认识的表层，停留在对一般语意语境上的理解，必须领会其更为深刻的人格与心灵上的意义。只有通过自我与他人之间人格心灵上的交流、对话，才可能觉悟到"言灵"即语言内在的神灵，才能理解语言所拥有的灵妙的力量，才可能产生心灵之间的交融与共鸣。师生之间"言灵"的共鸣，塾生之间"言灵"的共鸣，烘托起了盛和塾全体成员心灵交融、"言灵"共生的和谐世界。

四、稻盛和夫与中国的友好关系

稻盛和夫塾长为中日友好做了大量有益的工作，为增进两国人民的相互了解作了不懈的努力。

首先，稻盛和夫与盛和塾的思想构成的一个主要部分来自中国文化以及儒学的影响。稻盛和夫塾长和盛和塾的成员们都非常尊敬中华文明对亚洲以及世界文明的贡献，特别对儒学中的孔子、孟子、王阳明等伟大思想家的哲学有着深刻的理解和共鸣。比如，我们所引用的李贽的"胜己之友"一语，就体现了在志同道合的友人之间，应该不断地认识他者的长处，发现自己的弱点和缺点。"胜己"的宗旨是战胜自我，是今日之我向昨日之我的挑战，以回归人性的本质（良知）。因此，"胜己之友"的思想在盛和塾里得到广泛的运用，在一定程度上也说明了稻盛哲学与中国文化的密切关联。

作为盛和塾成员的经营者们个个都怀有"天生我材必有用"的豪情壮志，他们以稻盛和夫塾长为"胜己之友"，为自己学习的目标和典范，达到克服私欲私利的诱惑，超越自我，超越世俗的目的，在孤高的经营者之间生成一种"胜己"与"胜己"的共存关系。这种超越自我的"胜己"与"胜己"的关系，就形成了一种公共的主体性，就是盛和塾成员未来的理想人格与形象。

我以为，王阳明关于发掘人的内在良知的学说，应该是稻盛和夫的经营哲学，特别是京瓷公司经营管理系统的理论基础和源泉。北京大学副校长季羡林先生在读了稻盛和夫著作的中译本以后，认为稻盛哲学深入浅出，整然有序，具有理论上的说服力。季羡林说，在自己漫长的人生之中，像稻盛和夫那样即是企业家又是哲学家的人物还不多见，誉以"经营之圣"的称号当之无愧。

1995 年，我随同稻盛和夫塾长到北京。在人民大会堂里稻盛塾长为国家机关的干部们作了以"为何经营需要哲学"为主题的讲演。后来，江泽民主席到大阪来参加 APEC 会议，在与日本关西地区经济界座谈时，曾经围绕那次讲演的内容，论述了许多自己的见解，气氛十分友好、热烈。

稻盛和夫塾长 1999 年在南开大学，2000 年在新疆大学，2001 年在东北师范大学、天津市国际论坛，2002 年在南京中口企业经营哲学研讨会，2004 年在北京中共中央党校等重要场所作了讲演，受到了非常热烈的欢迎。2001 年设立了稻盛西部开发奖学金的基金会。在东北师范大学设立了稻盛和夫经营哲学研究中心。

稻盛和夫塾长在 1990 年被授予石龙镇名誉市民，1996 年被授予东莞市名誉市民，1999 年任南开大学客座教授，2000 年后先后被聘任为东莞市最高顾问、新疆大学名誉教授、中山大学客座教授、东北师范大学名誉教授、天津市经济顾问、南京大学客座教授以及中日友好和平发展基金会高级顾问等重要职务。同时，在上海市、东莞市等地投资设立大型企业，加强了中日之间的经济交流。稻盛和夫塾长还邀请中国的少年儿童到日本参加中日友好活动，多次被授予促进日中友好的奖章和奖励。

五、稻盛哲学今后的学习和发展方向

有关稻盛哲学和盛和塾今后的发展方向的问题，是一个必须面对的现实课题。稻盛塾长本人与盛和塾的关系。按照盛和塾事务局的正式见解：如果出现稻盛和夫本人不能够领导盛和塾的时候（编者注：例如因身体与健康原因），盛和塾总部解散，不再设立塾长一职。各地的盛和塾支部自主学习与实践稻盛的经营哲学。稻盛和夫推荐的图书有 26 册，讲话录音有 62 卷，都是学习的基础资料。由此，我们可以认识到，稻盛哲学是属于盛和塾全体成员的，它的发展有待于全体成员的实践与体验，是稻盛塾长与大家共同的经验价值和实践价值的综合与结晶。稻盛哲学存在于盛和塾这个生命体之内，必将与盛和塾共同成长与发展。

稻盛哲学的道理并不复杂，但是要成为自己的哲学，需要反复的长时间的学习和实践，才有可能开拓新的认识领域。中国古代的管子就曾经对人生与时间的关系作了很好的比喻：一年之计，莫如树谷；十年之计，莫如树木；终生之计，莫如树人。日本的文豪幸田露伴在他的《努力论》一书中，提出了"树福"的概念。以个人的幸福、社会的幸福为目的，种植与培育幸福。稻盛哲学与盛和塾的学习目的与终极关怀就是追求全人类的幸福，培育世世代代的幸福。生命不息，树福不已。

在此，我衷心希望中国的企业家们学习稻盛经营哲学能够与中国的具体实践相结合，创造出有中国风格和特色的经营哲学来。在座的曹岫云先生的著作《稻盛和夫成功方程式》，用中国企业家的眼光审视稻盛哲学，提出了许多新见解，是一次很好的尝试。

稻盛哲学从一开始就是一种公共性的哲学，它那种通过经营实践回归人性的本质，通过人的良知发展有益于社会的经营方式的基本原理具有普遍的意义。孔子说，"知之者不如好之者，好之者不如乐之者"。我期望关心和爱护稻盛哲学的中国企业家能够勇于实践，让稻盛的经营思想在中国的企业界得到长足的发展，并从实践的快乐中创造出超越稻盛经营哲学的全新的经营思想。

注：作者与稻田二千武先生曾在 2002 年 5 月应江苏省企业家协会邀请，作为日本企业家代表团团长，率领 100 多名日本企业家（盛和塾成员）专程来南京参加江苏省企业家协会主办的《中日企业经营哲学研讨会》。本文系作者在 2006 年 9 月应邀在江苏省企业家协会召开的稻盛经营哲学学习交流会上的演讲。

"深沉厚重"是企业家的最基本的资质
——论稻盛和夫的"领导人才学"

东北师范大学日本研究所原经济研究室主任　刘荣教授

"深沉厚重"一词，早在十几年前阅读台湾学者廖庆洲《经典与经营》一书时我就读到过。具体情景是廖先生在 1983 年 8 月 26 日上午，同日本"全国师友协会"事务局长山口胜朗的一段对话。当廖先生询问山口事务局长长年与日本汉学大师安正笃接触与共事有何心得时，山口说道："安先生，诚如明朝吕新吾所著《呻吟语》一书品藻人物所分类的，是'深沉厚重'的天下第一等人才。而且，他的学识涵养固然以东方为主干，但是对西方的近代哲学，照样精通。他经常中西互相对照，并以现代人的眼光，来阐释中国古典的精神，这是最大的特色。"然而，当时只不过是过眼烟云，并未留下特别深刻的印象。去年 10 月，在天津召开"第一届中日企业经营哲学国际研讨会"时，偶然听到天津企业管理培训中心主任张世平谈到稻盛和夫强调必须是品德高尚的所谓"深沉厚重"的人，才能担任企业最高经营职务。可能是稻盛先生在我心目中的地位使然，这句话对我产生了强烈的冲击。为了深入研究稻盛和夫的这一观点，我重新阅读了廖庆洲的上述著作,细细体味"深沉厚重"一词的含义及分量。为了弄清稻盛先生是在什么场合和背景下谈及这个问题的。于是,我给日本盛和塾发了一封信。承蒙福井诚先生等的热心指点,得知稻盛塾长于2001年2月,在东京召开的"当今社会需要怎样的领导人"为主题的日美领导人会议上,做了"就领导人应有的资质"为题的主题讲演。在讲演中,他援引中国明代吕新吾著的《呻吟语》中的关于领导人资质的一段话,即"深沉厚重为第一等资质,磊落豪雄为第二等资质,聪明才辩为第三等资质"。这使我的研究进入了"柳暗花明又一村"的境地。于是,我仔细阅读了这本书,并从该书"呻吟语卷——礼集内篇卷——之一性命"一节中,查到这段话。这使我最终敲定了它的原文确切出处,但原著对此并未展开论述。当然,总览全书以后,对此会有更全面、深入的理解。为了使研究深入一步,更准确、全面把握稻盛和夫关于这一思想的全貌,必须更多地搜集有关这一主题的详尽资料。于是,我徜徉于稻盛和夫的论著和讲演的海洋之中,以便从其一贯的思想中寻求有助于解开此谜的线索。经过近千日的寻寻觅觅,我发现稻盛和夫不仅多次系统地论述了"深沉厚重"问题,而且,这种思想贯穿于其论著的字里行间和讲演之中,是构成其经营哲学的重要组成部分。

稻盛和夫1997年11月28日在盛和塾"关东地区联合例会"上发表的讲演中指出:"选拔'深沉厚重、公平无私'的人为领导者。"具体地说,是"经常深入思考,慎重而踏实,具厚重的性格,并且判断基准公平无私。这才是第一等人格"。该讲演的内容要点，被收入盛和塾名古屋分塾纪念该塾成立 10 周年发行的小册子《天地人》中。可见，"深沉厚重"这一观点，已为盛和塾的塾生接受。稻盛和夫在与堀场雅夫对谈中，也谈及"深沉厚重"的问题。稻盛指出："担任领导的人必须人格高尚，是公平无私的人。这是无论古今东西，到处都提倡的观点。然而，我们选出的领导，头脑聪明，能说会道，也有能力。但是，那并不是真正的领导。在中国的吕新吾著的《呻吟语》一书中，有'聪明才辩是第三等资质'的说法。头脑聪明会办事的灵巧的人，很宝贵，应该提拔使用，可是不能放在最高的领导职位上。但是，最近的日本并非如此。有些人从优秀的大学毕业进入了公司，头脑聪明，会办事，取得了业绩，由于表现不错而当了社长。但他果真应该担任组织的领导者吗，并不是。我认为应该修改选拔领导的基准和尺度。"去年 10 月，稻盛先生在回答中国学者关于京瓷培育人才方面有哪些机制和做法时说，"京瓷选拔人才时，当然也看学历，但最关键的是看人品。通过面试等考核其人品、人格，学习成绩是第二位的。我们公司进行育人教育，当然也教技术、生产、销售等，但主要的是育人"。

稻盛和夫以其远见卓识和高度的历史责任感，在各种场合，多次强调要由"深沉厚重"的人担任国家、企业领导者的重任，是非同寻常的。只要全面、深刻地分析当今日本政界、官界和企业界等所面临的各种困境与危机，就能感受到稻盛先生忧国之情之切，爱国之心之深。

面对危机四伏的日本社会，稻盛和夫在其论著和讲演中，对日本社会发生的各种卑劣污浊的事情进行了无情的鞭挞。同时，他也以一位正直的企业家和执着的哲学家的精神和智慧，提出了一系列根治这种社会痼疾的良方妙药。

战后的日本，特别是20世纪80年代中期以后，发生了一桩桩骇人听闻的大事件。

首先，是处于日本社会金字塔顶端的政界和官界，发生了一起起道德沦丧、贪污腐败的恶性事件，由此，对日本社会造成了强烈的冲击。1988年，新闻媒体将里库路特贿赂丑闻曝光。经过一系列的调查和江副浩正董事长的招认，其公司共向76名政界要人"转让"过股票。数额高达125.6万股，平均每人1.6万股，转让价格每股1 200日元，而出售价格为每股5 270日元，是转让价的4.4倍，每人平均获纯利6 700万日元。令人震惊的是，一个小小的里库路特公司，竟能以金钱为炮弹，使如此众多的自民党及一些在野党的国会议员中弹，其中包括前首相、在职首相、自民党干事长和内阁大臣，而且，连官厅、财界、新闻界和学术界的要人和名流也"榜上有名"。更令人担忧的是，这些人在日本社会上仍能招摇过市，照样当议员，做财界领导人。更有甚者，有的人后来还能当上首相。这起"战后最大的结构性贿赂案"，不是偶然的个别现象，它表明了日本社会的道德沦丧已漫延到社会的各个领域和阶层了。接踵发生的爬金库问题、佐川快递贿赂案、金丸信受贿和偷税等，编导出了一集集政治丑闻连续剧。至于政治家以招待会等名义向财界等募集资金，更是司空见惯。这一切导致了执政达38年之久的自民党分裂，日本政坛动荡不已。国民对政治失去了信任，才使青岛幸男和横山诺克两名演员打败自民党等推荐的候选人，而当选为东京都和大阪府知事的原因。

其次，经济界和财界的情况也不比政界好，也许更有过之。以1985年西方五国财长和银行行长在美国广场会议上决定日元升值为契机，日本产生了泡沫经济。在此期间，日本企业界和个人都为五彩斑斓的经济泡沫诱惑，形成了一股涵盖面极广、涉及众多企业和个人的抢购土地及证券的投机狂潮。甚至连许多著名的大企业也落入这场金钱游戏的陷阱之中。据《东洋经济周刊》统计，1988年，包括日产、松下、三洋、五十铃等大企业，从股票投机所获得的业外利益，几乎是它们本业获利的20倍。日产汽车自1985年起连续多年出现赤字，幸亏在股票投机上获利甚丰，才使企业损益表上呈现黑字。而金融界则以低利率贷款和房地产抵押等大量放款，为这股投机狂潮推波助澜。结果，人为炒作起来的证券和土地价格暴跌，使靠神话支撑的日本繁荣一下子跌入了深渊。在泡沫经济破灭后，首当其冲的就是金融界。尽管政府拿出巨额的国民血汗税金来拯救金融界，可叹仍杯水车薪，无法阻止山一证券、日本长期信用银行、北海道拓殖银行等大金融机构破产。许多大企业纷纷倒闭或陷于经营不良状态。至于中小企业和个人破产，甚至导致的自杀事件更是层出不穷。它使长期以来关于土地不贬值、证券不贬值、金融机构不倒闭以及就业天国的神话纷纷破灭，动摇了国民对日本经济的信心。在经济秩序一片混乱之中，屡屡发生金融机构贪污渎职事件及大藏省官员与银行互相勾结的犯罪事件。大建筑商为了赚钱，更是不择手段，使住户蒙受重大损失，关于住宅质量诉讼的案件不断增加。对此，日本国土交通省争端委员会官员说:"日本存在一种支持公司而不支持消费者,注重数量而不注重质量的倾向。这种倾向并不仅存在于房地产行业。"这一切说明,日本泡沫经济的形成和破灭,长达10年多的经济结构性复合萧条,有其深刻、复杂的社会、政治、经济及文化背景和根源。稻盛和夫对此尖锐地指出:"泡沫经济崩溃以后,金融界、证券界、大建筑公司出现了许多漏洞,暴露了日本社会上层机构存在的为了赚钱而不择手段的积弊,也暴露了社会背后的人际关系,以及过去自私、利己的积弊。"

最后,关于日本社会文化情况,也不容乐观。从1995年发生的奥姆真理教的地铁沙林毒气事件和后来的"法之华三法行"邪教有组织的谋财害命事件,以及日本的中小学屡禁不止的欺凌、杀人等,都反映了日本社会并非是生活者的天国。特别是作为承担现在和未来政治、经济、文化发展重任的青年一代"价值观",更令人担忧。他们不再努力学习,不愿意辛勤地工作,而是游戏人生,调侃社会规范,视"认真"为"较真",放纵私欲、追求享乐,表面为人热情,内心异常冷酷。对日本青年的种种异常行为,著名青少年问题专家千石保写了一部在日本引起强调反响的著作《"认真"的崩溃——新日本人论》。

对于上述在政界、官界、财界和公司发生的种种事件,我早就从书刊中阅读过。虽然当时也深感问题的严重性,但只把它们作为一个个孤零零的偶发事件来看待。这次把它们串起来进行系统思考,使我的内心犹如受到了八级地震般强烈冲击和震撼。对于像我这样的"旁观者"尚且如此,那么,对于身在其中而又极为关注日本社会现状和前途的稻盛和夫先生来说,其受到冲击之大，震颤之烈，是可想而知的了。正如著名哲学家梅原猛所说："不仅是我对资本主义有危机感。通过这次对谈，感到京瓷公司的稻盛董事长也有同样的危机感。"日本所面临的资本主义危机，说到底是人的危机，是伦理道德的危机，是价值观和人心的危机。稻盛先生以警世醒民的"天堂"和"地狱"的典故，作了生动的比喻，深刻地指出了日本社会所患的重症。他说："这里我感到了好像是借地狱来谈现在的世态。包括新兴宗教在内的事件，泡沫经济崩溃的现象，政界的变动等，都是'我'热衷于利己的人们居住的世界发生的。日元过度升值、贸易摩擦全都是如此。这是居住在那里的人们的心制造出来的。那里煮着面条，还有筷子——仅有这些是事实。制造出阿鼻地狱似的悲鸣，是住在那儿的人们的心。"稻盛和夫作为一位勤于学习和思考的企业家，与一般学者不同，他非常讲究实际，并不专注于纯理论研究。他的著述、讲演，都是有感而发，切中社会和企业经营的时弊。他在谈及由于日本人的利己主义而导致的日美贸易摩擦加剧时说："这不仅是就外交而言，从日本国内来看，同样具有真正信心的人，不根据庸俗的判断基准，而是具有值得尊敬的伦理观、哲学、价值观的人越来越少了。人们常说官僚是'有省没有国''有课没有局'，他们考虑的只是利害得失。拿经营者来说，不都是处于这样的状态吗？"长时间以来，我一直思索着稻盛先生的这些观点。2001年10月，在天津召开的"中日企业经营哲学国际研讨会"上，我冒昧地向稻盛先生提出了一个非常敏感的问题。我说："看了稻盛先生关于日本问题的许多论著和讲演，感到您谈的不仅仅限于企业经营问题，而是关乎日本社会发展的全局性问题。从某种意义上来说，我认为您的思想、哲学，是非资本主义宣言。不知这么定位是否符合您的思想实际。"他回答说："资本主义要发展，必须把各种好的思想引进日本。正如邓小平先生为了发展社会主义，将资本主义好的东西吸收过来一样。因此，我确实在许多地方谈到了资本主义必须改革。"这使我感到稻盛和夫的思想是开放型的。中国著名学者季羡林甚至提出："我们常讲的唯物主义的分析，不就是这样吗？稻盛先生一句马克思主义的词句都不用，然而，谁能说他没有获得马克思主义的真髓呢？"可以说，为了克服资本主义危机，整治日本社会的混乱，稻盛先生一直在苦苦探索。他坦诚地披露说："以前我作为一个平凡的经营者，废寝忘食地从事经营和研究，并通过这些活动认真地思考过人生。我觉得这是很有意义的经验。在这里所谈论的是，现在我们所需要的是什么，解救现在日本混乱的根本道路是什么。这同时也是探索避免的资本主义的崩溃、文明的崩溃的办法。"

"深沉厚重"是稻盛对人才观的重大发展。稻盛和夫根据自己长期经营企业的切身体验和理论研究，以及考察日本国内政界、财界人物沉浮与事业兴衰，深刻地认识到经营一个国家，一个企业，究竟用什么人，以什么标准来选拔接班人。这是一个关乎国家兴亡、企业盛衰的重大问题。为此，他在总结自己成功的经验及他人的经验教训的基础上，努力钻研东方"帝王学"，从中吸取古代先哲们的"修身、齐家、治国、平天下"的智慧，提出了要重用"深沉厚重"的人，让他们担负起领导国家和企业的大任。

稻盛先生作为一名成功的大企业家，他经常思考的就是自己亲手创建的事业的继承人问题。不光稻盛先生，许多成功的企业家都是如此。但究竟应该把企业最高领导权交给什么人，他们必须具备哪些最基本的资质，则视各个企业家的价值观和心理偏好而有很大的不同，甚至截然相反。就拿堤清二和堤义明兄弟来说吧，他们在经营方面各有特色，从某种意义上来说他们都是著名的企业家，而堤义明在事业上更成功。他们二人选用经营管理者的标准大相径庭。堤清二认为应该选用聪明人，对此，堤义明则说："你时常有经营管理上的麻烦，可能就是因为你用了太多自以为比你聪明的人。我的公司里，一概不用这种人。我觉得，所谓的聪明人，时常是公司里制造麻烦问题的分子。"堤义明的用人观，来自荀子。"在荀子的思想里，他坚持要求，为人领袖的人，不只要有学问，但仅有活用的学问还不能成为领袖，必须要有良好的品德。这种做人的德性，是长年不断的自修才达到的。活的学问加上自修而来的品德，才是担任领袖的条件。"发人深省的是，堤义明的观点竟被许多机构作为新职员就职教育课程讲义的一部分。日本"经营之神"松下幸之助，为了培养其外孙女和她的丈夫，曾让他们跟堤义明学习他的"帝王学"。

稻盛先生非常推崇"德才兼备"这样的选拔人才的标准。然而，在现实中，这样完美的人是不多的。那么，在无法得到德才兼备的人才时，在对有德而才不足，与有才而德不足的二者进行取舍时，他认为必须选择前者而绝不是后者。他尖锐地批评道，战后以来，日本发生混乱，就是用人上标准不当。不注重"德"，而是"能力一边倒"。结果，使许多确实有才而缺少道德的人占据了政界和企业界许多重要领导岗位，他们私欲重、只顾自己，而根本不考虑他人和社会利益。

关于德才关系，孰重孰轻问题，中国古代司马光有过一段极为精辟的论述。他说："智伯（晋大夫）之亡也，才胜德也。夫才与德异，而世俗莫之能辨，通谓之贤，此其所以失人也。夫聪察强毅谓之才，正直中和谓之德。才者，德之资也；德者，人之师也。……才德会尽，谓之圣人，才德兼亡，谓之愚人；德胜才谓之君子，才胜德谓之小人。取人之述，苟不得圣人、君子而与之，与其得小人，不若得愚人。何则？君子挟才以为善，小人挟才以为恶。……自古昔以来，国之乱臣、家之败子，才有余而德不足，以至于颠覆者多矣！实特智伯哉！故为国为家者，苟能审于才德之分，而知所先后，又何失人之足患哉！"稻盛强调重用"深沉厚重"之人，同司马光所说的重用"德胜于才"的君子是完全相通的。

稻盛强调"深沉厚重、公平无私"，同福泽谕吉提倡的实业人士必备的四条标准中的第一条和第二条是一致的。福泽认为实业家必须"思想之深远如哲学家，心术之高尚正直如元禄武士。"对此，稻盛赞赏有加。同时，他又不失时机地批评现代日本人本末倒置，把所谓的机灵、商业才干提到了第一位。"而重要的'哲学''善良心地'却不知道放到哪里去了。从事实业的人应当恢复福泽所说的第一、第二条。"当然，关于企业家必须具有高尚的道德，并不是稻盛和夫首先提出来的，他的贡献在于恢复了道德在当今社会应有的地位，并赋予它时代精神。早在明治维新以后，为了推行"殖产兴业"的国策，日本企业之父涩泽荣一力行《论语》加算盘，"道德经济合一说"。他指出："有人以为道德之书和商人并无关系，其实，所谓商才，原应以道德为本，舍道德之无德，欺瞒、诈骗、浮华、轻佻之商才，实为卖弄小聪明、小把戏者，根本算不得真正的商才。商才不能背离道德而存在，因此论道德之《论语》自当成为培养商才之圭臬。"

稻盛和夫关于重用"深沉厚重"之人，同他的"以心为本""利他经营"哲学是一脉相承的。如果担任企业最高领导职务的企业家，本身心性、品德不好，专门为利己而经营，当然也就不可能带领企业员工走正道。因此，所谓"深沉厚重"的人就是有自己的哲学的人。这里的哲学不是指象牙塔里的纯理论性的哲学，而是指人生观、价值观和企业经营理念。也就是作为企业家必须以"作为人什么是正确的"作为基本的判断基准。稻盛在谈到他所倡导的哲学时说："这种哲学是由理智、公平、正直、正义、亲善、体贴、和谐以及真诚所形成的。我们必须要用这种哲学作为决定时的凭借和人生依循的尺规。"在这里，稻盛所强调的哲学，其着重点仍然是做人的基准和本分。他用这种哲学来不断地提高自己的心性，拓展利他之心。他把哲学视为自己的灵魂和生命，甚至是比自己的生命还重要的东西。同时，他也积极地用自己的哲学向社会发出振聋发聩的呼号，为唤醒日本的政治家、企业家的良知而四处奔波。中国学者周国平对哲学家有很精彩的分类。他说："有两种哲学家。一种人把哲学当作他的职业，即谋生的手段。另一种人把哲学当作他的生命甚至是比生命更宝贵的东西。在公元前5世纪的希腊，智者属于前者，用苏格拉底的话说，他们是'智慧的出卖者'；而苏格拉底自己则堪为后者的典范，他也许是哲学史上因为思想被定罪并且为了思想而英勇献身的最早也最著名的一位哲学家了。"我认为，从某种意义上来说，稻盛和夫就是当代日本的苏格拉底。当然，许多人会讥笑我的浅薄。我是从稻盛先生把"以心为本""利他经营"哲学，视为自己的生命和企业的生命，并敢于直面日本社会弊端，欲以自己的哲学去改变日本的献身精神而言的。

如上所述，稻盛先生一而冉，再而三地强调企业家应该是"深沉厚重"的人，要有高尚无私的道德。但他也深知这实行起来并非易事。他在去年10月回答一位中国学者关于"以德治国"和"以德治企"的问题时说，"以德治国"很好，以德搞贸易、以德治企业能够成功。在日本，他虽然大力宣传以德治理企业，但不是很多人都同意。参加盛和塾的3 200多人，他们对他的以德经营比较赞成，这是中小企业。但大企业只顾弄钱，不顾道德。也对他们宣传，劝他们率先垂范。如果以德治理企业，就不会出现泡沫经济了。就是因为太顾自己，太追求金钱了，结果把企业搞成目前这个样子。尽管在日本宣示道德哲学很难，但是，稻盛先生仍锲而不舍，不改其衷。这是难能可贵的布道精神。

除此之外，稻盛先生还针对不同场合或具体问题，从不同侧面强调了企业家必备的其他素质，这与其关于企业家必须具有"深沉厚重"的人品并不矛盾,而是互为表里、相辅相成的关系。

稻盛和夫在谈到企业家的基本修养时,强调"以'爱''诚'和'和睦'之心为基础。""我认为,'爱''诚'和'和睦'这些词汇所表述的心性是最重要的。这种心性是我们人类在灵魂层次上所原本具有的……具体地说,把他人之喜悦作为自己之喜悦的心性就是'爱';为社会和他人着想就是'诚';不仅希望自己而且还希望周围的人都始终幸福地生活之心就是'和睦'。具有尊重这种'爱''诚'和'和睦'之心,以及由此产生的想法是把人引向成功的基础。"如果连这种基础都不具备,也就妄论其他素质了。稻盛先生认为:"作为领导者,能够受到部下出自内心的尊敬和信赖最为重要。因此,领导者必须时时思考'真正的人是怎样的?应该如何生活?'同时,还必须认真追求'如何才能提高自己的品性?'只有在自己的品性得到提高之时,才能成为真正的领导者。"这都属于稻盛所强调的基本资质的范畴。另外,稻盛也未忽略企业家必备的许多素质或能力。本文因篇幅所限,准备另文详述。

综上所述,本文对稻盛和夫关于企业家必须具备"深沉厚重"的资质进行了阐析。关于用什么人、用什么标准选人问题,不仅对日本企业界,而且对政界、官界都是一个重大的原则问题。其影响不限于日本,对于我们中国企业家队伍的培育及企业家个人品德修养,都具有重大的现实意义和深远的历史意义。现在中国强调"以德治国",这就要求严格坚持选拔人才标准,排除各种干扰,切忌"才能一边倒",把好入口关,将那些真正具备"深沉厚重"资质的人，提拔到各级领导岗位上来。勿做买椟还珠的蠢事，善于识别那些口是心非者，勿受"金玉其外，败絮其中"者迷惑，将品行不端的猎官者拒之门外。

（本文选自 2002 年 5 月在南京召开的"第二届中日企业经营哲学国际研讨会"论文集）

以德治企与富国有德

天津企业管理培训中心原副主任　杨达民教授

江泽民同志从 21 世纪中国社会经济发展的战略高度出发提出了"以德治国"的立论。稻盛和夫塾长于 2001 年 2 月份在盛和塾关东地区合同例会上也提出了日本国 21 世纪的经济发展的"富国有德"的战略观念，由此可以使我们感悟到"德"已成为 21 世纪的人类或是企业生存与发展的重大的关键课题。

一、为什么"德"这一课题引起世人的重大关注

1."德"是国家与企业永续兴旺之本

针对日本经济在当前所面临的困境和出路的探寻，稻盛塾长以"40 年周期"的视角，从 1867 年日本明治政府成立开始的明治维新为起点，分析了日本经济的战略发展历程。稻盛塾长讲到，明治维新时日本的国策是"富国强兵"，历经 40 年历程，在中日甲午战争的基础上，于 1905 年爆发了日俄战争，日本战胜了远东军事大国俄罗斯。在此基础上又进一步鼓舞了

日本政府向着"强兵"的方向急驰,其后经历了第一、第二次世界大战,日本在 1945 年终于战败投降,使日本由日俄战争胜者的山顶一落而入二次世界大战战败的"谷底"。1945 年后,日本开始走上了"富国强兵"的"富国之路"。日本在这条道路上,一方面创造了经济上的奇迹,成为经济大国;而另一方面却也迎来了日本的泡沫经济时代,这种泡沫经济的崩溃使日本经济陷入困境。同时也给日本的各界人士敲响了警钟,使人们不得不考虑到 40 年后,即 2025 年左右日本将变成什么样的国家?

对此,稻盛塾长预见到在 2025 年日本各级政府内债将高达 1 000 兆日元、65 岁以上人口将占日本国民人口的 1/4、日本人口总量将大幅减少的环境之后,推出了日本今后出路何在这一命题。

为此稻盛塾长提出了个人的见解,即日本的经济发展要一改过去日本自身经济发展至上主义的方针,要认真考虑作为世界第二经济大国的日本,在与各国经济协调,追求世界经济繁荣与和平事业中的责任,进而谋求各国经济共同发展,尤其是协助发展中国家经济成长的义务。在此基础上,塾长进一步痛感并描绘出"21 世纪的日本既不是压抑发展中国家发展的经济力,更不是蹂躏其他民族的武力,而是凭借自己所拥有的经济力为世界和平和人类幸福作出贡献,获得世界各国尊敬和信赖的日本"这一蓝图。

稻盛塾长之所以提出这一见解是基于他的一个基本观点,即要"以德报答已有的富裕",而且他还引用了中国《易经》

中的一句话"积善之家，必有余庆"来告诫日本民众：只有我们世世代代积善行德，日本才有可能成为他国的先驱，成为世界上率先垂范的国度，才可能为世界作出贡献。由此日本才可能真正获得世界的尊敬和信赖。

稻盛塾长从日本国的长治久安角度，向世人提出了"德"的呼吁；江泽民同志从中国国家在 21 世纪的改革深化和对世界政治经济贡献角度，提出了"德"的号召。由此我也深感对一个企业来说，如果没有明确的企业运营的"大义名分"，没有清晰的"企业社会责任感和使命感"，而一味地实施企业利益至上主义，那这种企业也同样是一个没有"德"性的企业，也是不可能长久兴旺的企业。

2. "德"是国家与世界可持续发展之本

稻盛塾长用"食物链"的知识，讲述了自然界的循环法则，阐明了人与自然，人与动物共存共荣的最根本的原因是造物主给了人以"知性"，而这种"知性"可以理解为"知足"这一伦理观，而这种"知足"正是人类行为的理性自我约束，实际上也是稻盛塾长所提倡的"德"。

今天社会经济急速发展所带来的是能源的危机、不可再生资源的毁灭性采掘、水资源的枯竭、沙化面积扩展、耕地迅速减少，人类的生存受到了不可再生资源短缺的急剧威胁。社会的工业文明给人类带来了便捷富足的生活享受，却同时也带来了臭氧层的破坏、空气水质的污染、农药的泛滥、化肥的滥用和土地的板结，人类生存的环境也急剧恶化。

但是对于"知性"丧失的人，可能为了局部利益和个人利益，而不顾他人和社会的最高利益，去继续恶化环境，去进一步毁灭人类已剩不多的资源。在21世纪开始之时，人们比以往任何时候都更加清晰地认识到人类所面临的危机，面对这一危机，我们最首要的是举起"知性"的大旗——即用"德"的思想，作为法律和公约的"后盾"和"堤坝"，教育世人从内心深处建立确保人类社会可持续发展的"心理堤坝"，实现人类社会的共存共荣，持续发展。

3."德"是实现企业存在价值之本

稻盛塾长经常讲企业存在的价值是两个，一是"追求职工物心两个方面的幸福"，一是"为社会作出贡献"。但是，企业如何真正地实现这一价值呢？我认为企业首先要能够生存下去，然后是顺利地运营，这至少是实现上述目标的基础和前提。但企业存在和顺利地运营的根本在何处？在2001年2月份的塾长讲演中，在讲到"心的构造"时，塾长特别精练地提出了"如果不磨炼自己的心性，经营就不可能顺利"这一观点，塾长还讲到"这是我多次与大家讲的话，企业顺利经营有很多因素，但最根本的决定因素是企业经营者的心性，或者说企业经营取决于经营者的品质。经营者的心性提高了，经营业绩也随之增长，要想把企业搞好，除了首先磨炼心性之外别无他途。"塾长还讲到："到2001年1月30日我已满69岁了，这已到了古稀之年龄。我如今更加想到人生是要干什么呢？结论仍然是提高心性，磨炼心性。"为什么塾长反复强调磨炼心性呢？在稻盛塾长亲自主持的京都奖的理念中也明确提出"在今天的社会中，人类的最高行为是为社会和为人类作出奉献"，京都奖受奖者的最首要条件也一定是"为世人、为社会作出奉献者"，这二者有什么关系呢？塾长回答道："我磨炼心性的最好窍门，就是为人类和社会作奉献。"他还讲到："人生是由许多要素构成，但归根到底就是磨炼人性，磨炼心性，产生为善之心，舍此之外的目的是不应有的。"联想到塾长在有关个人戒律的讲话中，多次提到施舍与灵魂净化的关系，在企业经营哲学中多次提到"以心为本"，提到企业经营要有"大义名分"。这一切都说明了塾长心目中企业的"德"性，对企业经营成功是最根本、最基础、最重要的"魂"。

企业的生存与发展，源于社会各界对企业的宽容、理解与支持。企业的经营者始终要报着以德报德之心去经营，切不可以怨报德。靠着伤害社会和用户利益去达到自己的经营目标的企业，是不可能得到社会宽容的，也是不可能顺利经营的。

21世纪将是中国和世界经济融合的世纪，中国的企业，尤其是经营者的文化理念如何与世界的先进文化理念相融合是中国企业走向世界的大命题。在经历着改革开放历程，由传统计划经济走向市场经济的大潮冲击下，中国企业经营者的心性提高应从稻盛塾长反复叮咛的话语中得到悟性，江总书记提出"以德治国"的基础是企业要以"德"治企，经营者要以"德"治人，中国企业才可能有着光明的21世纪，切记"德"是企业实现其存在价值之本。

二、怎样理解"德"

1. 孔子论"德"

企之强弱，国之安危，无不与"德"有关。"德治"作为一种管理思想的提出，始于孔子。孔子在《论语·为政》一篇中提出"为政以德，譬似北辰，居其所，而众星共之"。这句话的意思是：如果领导者以德治来进行管理，那他就像北极星一样，定居在天的中枢，其他星球都围绕着它转动。

孔子"德治"的核心是教化。通过教化，引导和规范人的行为取向和途径，使人们建立起共同的价值观。在《论语·子路》一篇中，记有孔子和他的弟子冉有的一段对话："子曰：'庶矣哉'，冉有曰：'即庶哉，又何加焉?' 曰：'富之'。曰：'即富矣，又何加焉?' 曰：'教之'。"这段话的意思是：孔子到卫国去，他的弟子给他驾车。孔子说："卫国的人口真多啊!"冉有问："一个国家有了众多的人口后，下一步怎么办?"孔子回答："让他们富起来。"冉有又问："人富了，又该怎么办?"孔子回答："教育他们。"孔子讲其治国、管理的步骤，说得一清二楚，这就是庶、富、教。庶是人口多，在春秋时代地多人少，只有人多，才能发展农业生产，才有强大经济实力。富是指使人民生活富足，这有利于安定人心。教是对人民进行教育感化，教化的基础是"富之"，否则就是空谈，教化不得其效，甚至产生逆反心理。但是，在富的基础上必须"教之"，否则精神空虚，近于禽兽，管理的目的也无法实现。所以，"富之""教之"虽都是孔子"德治"的内容，但是"教之"是最高层次。

孔子教化的主要内容是伦理道德，当人们的道德观念统一时，意味着在处理人际关系上取得了一致的的价值取向，这时人们的行为也必然自觉地保持一致。在这种情况下，不仅组织获得了巨大的整体力，而且可免去繁杂的管理制度、监督、控制，有形的管理可以变得简单易行。

孔子教化的主要形式是言教与身教相结合，以身教为主，在《论语·子路》一篇中，孔子说："其身正不令而行，其身不正，虽令不从。"在《论语·颜渊》一篇中，孔子说："君子之德风，小人之德草，草上之风，必偃。"意指领导者品德好像是风，被领导者的品德如草，风吹到草上，草就会顺风倒。这说明领导者品德端正，被领导者就会效仿。有一次鲁国大夫季康子因盗贼过多而忧虑，他问孔子怎么办，孔子回答："苟子之不欲，品赏之不窃。"这是讲如果你自己不贪图财物，那么即使悬赏奖励偷窃，老百姓也不会去偷盗的。这话有两个含义，一是上行下效，二是管理者必先"足民"，使民无所不足，而就无盗窃之必要了。

2. 宇宙之道是"德"

宇宙之运动规律是由"德"支配的，稻盛塾长的"敬天爱人"思想，首先是教育我们要敬"天道"，因为人是不可逆"天道"而行的，宇宙的运动规律是负反馈系统，是中庸，是自动平衡和协调的。例如"善有善报，恶有恶报"，这就是宇宙之道。"多行不义必自毙"就是指一个人多行不义就必然不能被天道所包容，其结果必然会受到制裁。《易经》一书中讲的"积善之家，必有余庆"也是这个道理。人类发展到今天，还能继续发展，得益于宇宙之道。

我认为宇宙之道最基本的是三个规律：一是中庸，二是负反馈，三是循环链。

首先说中庸，如种粮食，种子撒得太稀，每颗都长得很好，但由于太稀疏而亩产不高。种子撒得太密，由于土地肥力不够，或是通风不好，每颗长得都不壮，亩产也不高。只有适度地不稀不密地撒种，亩产才是最高的。这就是中庸。中庸讲的是"度"和"正"，指适度和正确。稻盛塾长在日本21世纪经济发展方针中提到的"知足"讲的是度。讲到日本经济发展从日本经济至上主义方针调整为与地球上各国，尤其是发展中国家共同协调发展，讲的是正确方法的"正"。

其次是讲负反馈，宇宙有自我纠正自己失衡的能力。从自然规律上看，如天气放晴气温就高，水分蒸发就多，于是就下雨。雨下过了，地面温度降了，水分蒸发就少了，雨也就下得少了，天又晴了，这就是负反馈。宇宙的周而复始，就是源于负反馈这一天道之律。从社会规律上看，无论是政治还是经济，历朝历代，都有从错误中改正、修正的能力，否则人类就活不到今天了。

三是循环链。稻盛先生讲植物为食草动物提供了食物，食草动物为食肉动物提供了食物，食肉动物的粪便又为植物提供营养的循环链、食物链、生物链、社会链等就是宇宙赖以生存和发展的最基本"生命链"。

　　以上三个宇宙之道其最本质的"支配力"就是"德"。循环链是一方为下一方奉献。形成宇宙的生命之源，这不是"德性"吗？负反馈能力，从社会规律上看，若不是正义，不是"德性"，也就不可能使社会规律有这种自我纠错能力；从自然规律上看，这种负反馈使人类的生存环境得到保证，这是宇宙给人类赐予的最大的"德"。宇宙的中庸，仍然是以"度"和"正"使宇宙之间、宇宙和人之间达到天人合一的协调，其最大受惠者仍然是人类，这也是宇宙对人类的最大的"德"。

　　稻盛塾长讲，"为社会和人类去奉献"这就是"德"，我们所以要敬天，因为"天道"给人类以思想，使人类能和谐地生存与延续。所以说"德"是宇宙之本，"德"是宇宙运动之源。受惠于宇宙的人不敬天不爱人，天理不容，岂能生存与发展？

三、中国企业家在"以德治企"方面所面临的抉择

1. 率先垂范，首先正己，以身作则，以德戒律

　　孔子说："政者，正也。子帅以正，孰敢不正？"。正，是管理所追求的，为社会、为人类作出奉献的高尚境界。"政者，正也"是孔子对这一境界的科学表述。而要实现"正"，必须管理者率先以正，也就是必先"正己"。"正己"是孔子为政以德的基础和前提。同样，今天中国的企业家应首先想到自己身为企业领导者和带头人所肩负的历史使命，在今天中国社会向市场经济转变的过程中，面临着一系列转化的"阵痛"和新矛盾的不适，人们的思想由于受到冲击也较为混杂，企业家们率先垂

范，以身作则，首先表现为正己，而正己则表现为用邓小平的"三个有利于"的思想和江泽民的"三个代表"的论述作为自己思考问题、行为动作的准则，即作为自己以德戒律的标准。

2. 企业家要高举责任的大旗，带领员工把为社会、为世人作出奉献作为己任

中国亚圣2 500年前就提出了"人有恒产才有恒心"的千古不变的真理。随着中国改革开放的不断深入，随着中国股票债券市场、房地产市场、生产资料市场的不断健全和完善，随着股份制和股份合作制企业产权制度的不断完善，中国社会有产阶层不仅形成而且日趋成熟。在今天的中国，倡导对用户、对社会、对世界的责任的经济基础已经具备。为了自己企业的永续发展，也为了创建企业内外的经营环境，中国的企业家必须牢记稻盛塾长多次讲述的"心性提升了经营就会顺利"的经营哲理，要明确提出企业对社会、对人类首先要作出奉献的"大义名分"，才能进一步从根本上和心性上动员职工产生价值观的认同感，才能真正实现社会大众对企业价值观的认同。也只有做到这一点，中国企业不仅自己的经营会顺利，而且中国企业也才可能更大踏步地走向与世界经济相融合的境界。责任和责任机制的确立，是中国企业21世纪"以德治企"的根本和前提。

3. 中国企业家应该认识到在贯彻"以德治国"的战略中，企业是中国社会扬善弃恶的战斗堡垒

随着市场经济的深入发展，中国社会的价值观也迎来了多元化的时代。与此同时也出现了拜金主义、假冒伪劣、坑人害人的各式各样的社会不道德现象。由于社会的道德基础不完善、法制建设不健全，这些现象也存有一时得逞之现实，它们也构成了对今天中国主流价值观的冲击。但是，中国企业家也最应该感受到随着市场经济的不断完善和渐趋成熟，竞争机制的优存劣汰，也在发挥着巨大的社会"净化"功能。那些不正当的、缺德少责的企业，最终会被社会淘汰出局。而有德有责的企业，则会存在并兴旺发达。所以，社会的"德"与"责"，单纯依靠教育，没有治理不行。而治理一是法制的治理，二是社会选择的治理，显然后者的作用和引导功能是更为远大的。社会的选择手段就是企业的竞争，归根结底，企业的竞争是企业经营者的心性高低和企业为社会奉献的大小之争。由此可知，企业的名分和行为，对社会"德"的倡导所起的作用有着决定性诱导作用的。这是因为企业是社会附加价值的最大"创造源"，是社会财富增值的"聚宝盆"，是"以德治国"的经济基础和"战斗堡垒"。

为此，怎样充分发挥企业的堡垒功能呢？我认为首先是经营者要带头，与员工们一起树立感恩思想，要懂得企业有了今天的存在和发展，是社会对企业提供了大量的支持与关照，乃至于宽容所致，因此要以感激之心答谢社会之恩，要以感激之心去为社会服务和奉献。要懂得作为个人能在企业工作，是企业投资者和社会给你创造了环境，是企业同仁对你的教育、帮助和宽容所致。而作为员工，要以感激之心为企业的存在目的去奋斗、去服务、去奉献。一个由有着感激之心的经营者团队和广大员工所组成的企业，就自然会是一个以德报恩，而不是以怨报德的企业，他必然会成为"以德治国"的战斗堡垒。

4. 中国的企业家应把"修己"当成是实现自己带领企业实现其最高目标境界的基石

本文在前边讲到"正己"，而孔子在总结实践经验的基础上明确提出"修己"是"正己"的前提。"修己"就是管理者的自身修养，孔子讲的"修己"具有明确的方向和目的。在《论语·宪问》一篇中，子路问孔子何为君子，子曰："修己以敬"曰："如斯而己乎?"曰："修己以安人"曰："如斯而己乎?"曰："修己以安百姓。"这些话的意思是：孔子说君子就是"修养自己做好工作"，子路又问："这样就行了吗?"孔子说："不够，自己修养好了，要去教育影响周围的人。"子路又问："这样就行了吗?"孔子说："不够，要进一步教育影响老百姓。"

在孔子的眼里，"修己以敬"是自身修养的基础，是根本；"修己以安百姓"是"治人"，是修己的目的。由此可以看到在企业家个人和企业群体治理之间，存在着一个"修己"——"正己"——"治人"的三段模式，体现了由"己"向"他人"，由企业家个体的目标向群体的目标转化的过程。

所以"修己"不是单纯为了"修己"而修己，而是以群体或是企业的完善为目标的，从根本上讲，"修己"实际是不断反省自己的不足、不断改正自己的错误的手段。所以，"修己"的基础是自己不断反思、反省和自觉。而在"修己"的过程中要注意倾听社会的舆论、他人的意见，要主动接受组织和社会的考察和监督，要做到"兼听则明"，要懂得"偏信则暗"。

中国企业家今天"修己"的最核心内容仍然是"为社会、为人类作出奉献"的心性，今天的中国则突出表现为对人民、对社会的使命感、责任心，只有中国的企业家认识到了这一点，21世纪中国的社会、政治、经济才能进入有史以来的最高境界，而且也会成为受到人类和世界的信赖和敬重的国度。

（本文选自2001年10月在天津召开的"第一届中日企业经营哲学国际研讨会"论文集）

浅论稻盛经营哲学思想中的
"以心为本"与"利他经营"

天津企业管理培训中心　李凤银副教授

　　稻盛和夫先生是当今日本最负盛名的大企业家，近年来被誉为"平成圣人"，其地位与素有"经营之神"之称的松下幸之助不相上下。他的经营哲学思想和经营实践蕴涵着极其深刻的人生哲理，具有很强的指导性和实践性。其独到的经营哲学思想为日本企业的经营和发展作出了一定的贡献，也为日本的经营哲学思想的形成，提供了丰富的理论思想和实践经验。

　　稻盛先生的经营哲学思想就是他的人生哲学，是他人生路上成功经验的高度概括与总结。他的成功正是由于他确立了正确的人生观、价值观，并且不断地修炼自己的品德、行为，以自己的人生哲学去指导企业，指导每一个员工，使得他的经营哲学思想成为企业全体员工的共同信念，成为企业的经营信条，企业的经营哲学、经营理念，成为企业制胜的法宝。可以说其经营哲学思想既对日本的经济发展起到了良好的推动作用，也对中国的经济发展具有很好的借鉴作用，非常值得我们进行研究与探讨。本文仅就稻盛经营哲学思想中的"以心为本"和

"利他经营"思想做一些粗浅的研究和探讨。

一、倡导"以心为本"的经营哲学思想

稻盛和夫经营哲学思想的核心可以说就是"以心为本"的经营哲学思想。也就是倡导企业经营者与员工之间彼此应以可信赖的心与心的紧密结合来推动企业的经营活动，实现企业的经营目标，谋求企业的发展。他认为企业要发展、要成功，重要的是要使企业的员工和经营者同心同德，建立一种牢不可破的、相互真诚信赖的、可以同舟共济的人际关系，这是企业的立足之本。

稻盛先生曾经说："我到现在所搞的经营是'以心为本'的经营。换句话说，我的经营就是围绕着怎样在企业内去建立一种牢固的、相互信赖的人与人之间的关系这样一个中心点进行的。"他还说："为何必须重视人心？这是因为无论是在人生上，还是在事业上，要产生最佳效果，对事物的思考方法和心态都起着决定性作用。事业和人生成功的秘诀在人心。"正因为稻盛先生认识到人的心态和对事物的思考方法在人生中、事业中起着至关重要的作用，所以他认为必须要注重依靠、培养和维持人的心性，充分发挥"心"本身所具有的认知善性的能力，培养完善的道德性人格。这就要既注重自我心性的培养，也要追求一种人与人之间的"心性"的培养与沟通，为企业的经营活动创造一个良好的人际关系氛围。

另外，稻盛先生所倡导的"以心为本"的经营哲学思想，实际上是提倡一种"企业的团队精神"，也就是我们平常所说的

"人心齐，泰山移"的协同精神。一个企业只有全体员工心往一处想，劲往一处使，具有极强的向心力，事业才能成功。反之，人心涣散，各行其是，指令无人执行，那么企业又如何能发展，企业的经营目标又何以能实现呢？企业只有内部密切地团结合作，才能形成一种强大的合力，人心不失，才有利于完成任务，提高绩效。和谐的人际关系，人与人之间团结和睦，亲同手足，心灵契合，会使企业内部形成一种良好的氛围，使人人心情舒畅，视企业如家庭。这样，既有益于每个员工的身心健康，又有利于企业的发展。

稻盛和夫先生既看到了人心契合的重要性，又认识到要在企业内部建立一种牢固的相互信赖的人际关系，关键是要求企业的经营者自己首先要具有高尚的心灵，要不断地修炼自己，并要常怀一颗真诚关怀他人之心。他说："世间都认为京瓷是靠技术而发展起来的所谓风险企业的代表，其实并非如此。到现在为止，我从来是花在培养心性上的时间要比花在搞技术上的时间多上一倍。我认为，京瓷成功的原因正在这里。关于培养心性，我用一句话来说，就是指'以心为本'的经营。"稻盛先生的"以心为本"的哲学思想，可以说在体会到"心性"在道德认识活动中的主观能动性作用之外，也理解到经营者本人的人格完善、人格魅力，良好的道德修养，正确的人生观、价值观，对于部下"心性"的培养具有很大影响力。因此，非常注重自身良好"心性"的培养。他认为一个经营者既要有顽强的斗志和坚定的意志，又要有良好的技术能力和管理能力，更要有从内心关心他人、爱护他人之心。认为在人的心性中最重要的是要具有"爱""诚""和睦"之心。"爱"就是把他人的喜悦作为自己的喜悦的心性;"诚"就是要处处为社会和他人着想;"和睦"就是不仅希望自己,而且还希望周围的人们都能够始终一起幸福生活。具有"爱""诚""和睦"之心是把人引向成功的基础。广泛、真诚地关心和爱护员工是事业兴旺发达的根本。他认为自己之所以能够取得一些成功,正是拼命努力,以求拥有这种心性的结果。

稻盛先生在要求自己要常怀一颗爱护他人之心的同时,还经常敦促自己要不断地内省,以求减少工作中的失误,达到良好的工作效果。例如,当他看到日本长途电讯费很高,国民负担很重时,为了给国民减轻长途电讯费用的支出,也想抓住这一商机,就打算创办第二电电公司。在做这一重大决策时,稻盛先生曾反复自问:"创办第二电电公司,开拓长途电讯事业的动机是不是出于善意?有没有自己的私心?真是为了社会、为国民的利益而进行这项事业吗?完全是这种心态吗?这里有没有为了显示自己的实力,为自己赚取更多金钱的不正之心?"在他看来,应该做的事情不应只是对自己来说是正确的东西,而应是对人类来说正确的东西。应该经常地、持续地保持一颗追求真理之心。事实证明,第二电电公司在创建初期所确立的为社会、为国民作贡献的经营哲学思想,在全体员工内达成了共识,形成了企业内共有的经营理念。所以经过企业员工的共同努力,使得原本被媒体认为失败可能性极大的第二电电公司在不利的境遇中取得了年销售额达到一兆两万亿日元,税前利润648亿日元的非凡成绩。可见,企业员工之间互相信任,同舟共济，则无论任何困难都是可以战胜的。

另外，稻盛先生还认为人心是易变的，要想使全体员工具有良好的奋发向上的精神，对工作充满热情与活力，保持一种稳定的状态，就要经常通过经营者自己的良好的"心性"去影响部下，充分调动和发挥部下"心性"的主观能动性，使他们能够自觉地遵守道德行为规范，遵守企业的经营理念，为实现企业的经营目标，自觉自愿地去努力工作。他还认为单纯地依靠教育是不能提高人心的，因为教育只是教给人如何去理性思考，然而当自己一旦采取实际行动时，往往理性会从头脑中跑得无影无踪，仍是以本能行事。因此，更为重要的是让他们以在受教育过程中所掌握的内容为基础，不断地反省自己，修正自己，这样才能作出准确的判断，采取正确的行动，取得成功。

二、利他的经营思想

稻盛先生在他的经营哲学思想中还提出了"利他经营"哲学思想。他认为："人心大致可以分为两种，即利己之心和利他之心。所谓利己之心是指一切为了自身利益；所谓利他之心是指为了帮助别人可以牺牲自己的利益。以事业为例，如果企业家只想增加自己公司的利润，想过更加奢侈的生活，以这种利己的私欲为动机来经营企业，起初经营也许会很顺利，但是决不会长久持续下去，终有一天会破产。""利他经营"思想正如稻盛先生所说的，就是在谋求企业自身赢利的同时，也要尽量考虑牺牲自己的某些利益，让利于他人。一个企业如果总是以牺牲他人利益为代价来赢得本企业的发展，其寿命是短暂的，终不会长久。因为企业经营的目的就是要获取利润，谋求发展。如果你方一味单纯地考虑自己的切身利益，而剥夺对方的利益，不给他人以发展的机会，长久下去，企业就会丧失很多的合作伙伴与发展机会，实际上这是一种目光短浅的短期行为。眼前利益上虽然得到了一定的实惠，但是一旦失去了人心，失去了他人的信任与尊重，失去了市场与机遇，那才是一种最大的损失。

"利他经营"思想，对于稻盛先生来说决不单纯是一种理论的提出，更是一种身体力行的实践。例如，在京瓷集团公司收购美国电子部件生产商 AVX 公司时，本应以在按估价每股 20 美元的价格之上再增加 50%，即以每股 30 美元的价格进行交换，但对方还是提出了提高股价的要求。当时，京瓷公司的律师及公司内的人员都认为 30 美元以上的价格太高了，不应该答应他们的条件。但是，稻盛先生还是答应了他们的要求，最终以大大超出预计，总额为 6 亿美元的价格收购了 AVX 公司。他认为，光是以便宜的价格收购并不是一件好事，今后大家还要在一起干事业，相互之间要在内心感到喜悦，才能更好地推进工作。正因为稻盛先生的这种做法，才使得原来 AVX 的股东们都感到了一种归属于京瓷公司门下的喜悦，而且这种喜悦之情也感染了双方企业的广大员工，使得双方的关系极为融洽。因此，企业的经营业绩取得了长足的发展，12 年间其销售额提高到 13 亿美元，税前利润增加到 2 亿美元。稻盛先生认为这次国际上企业间收购成功的重要原因就在于多考虑对方的利益，持关爱之心决定收购价格。

可见，京瓷集团公司成功收购美国 AVX 公司，是稻盛经营哲学思想中"利他经营"思想的一次具体体现。对于"利他经营"思想，稻盛先生还认为："利他不仅是一种方便的手段，而本身就应是目的，为了集团，让大家都能幸福的目的。利他这样一个目的，才具有普遍性，才能得到大家的共识。而任何利己的目的，最多只能引起少数人的共识，利他才有普遍性，才能引起大家的共鸣。在这个意义上，要想搞好经营，就必须是利他的经营。"京瓷集团公司在当前激烈的市场竞争中，之所以能够持续地取得好的业绩，与稻盛先生这种独特的经营哲学思想是分不开的。

另外，一个经营者如果自己没有一种高尚的道德情操和优秀的品质修养，没有一种既坚持原则又宽容待人的容人之心，不是深明事理，识大体顾大局，常怀一颗关爱他人、支持和帮助别人的爱心，而是沉湎于那种金钱至上，个人利益、小集体利益高于一切的风潮之中，是不能树立这种"利他经营"思想的。作为一个企业的经营者能够顾全大局而不顾本企业的一己私利，在谋求企业发展的同时，注重与合作伙伴之间的互惠互利，甘愿为他人经营上的发展牺牲自己某些利益的做法，可以说是一种崇高思想境界的具体体现。也是经营决策人能够高瞻远瞩、审时度势地在客观分析问题、认识问题之后所作出的具有前瞻性的英明决策。利他经营，看似企业眼前的某些利益受到了损失，但是由于你方的诚信与友好已经为企业树立了良好的形象。企业的良好形象与良好信誉，将是一笔无法估算的无形资产，在企业未来的发展中将会逐渐显现出来，成为企业的一笔巨大的财富。

　　总之，稻盛和夫先生的经营哲学思想的确有其过人的独到之处。日本京瓷集团公司的长足发展，既证明了其哲学思想理论的可行性，也是稻盛先生经营哲学思想实践成功的一个典范。这个成功经验对于我们中国企业及企业管理者来讲具有一定的借鉴意义，尤其是稻盛先生的"以心为本""利他经营"哲学思想更值得我们学习和实践。一个企业在谋求发展时切勿忘记"当以仁义道德、公正之理为本，舍此，所求之富则不可能持久"之言。提高企业家自身的道德素质，树立高尚的道德人格，这既是发展我国市场经济的当务之急，也是应对我国加入 WTO 之后所面临的新环境、新机遇、新挑战的必行之路。

　　（本文选自 2002 年 5 月在南京举办的"第二届中日企业经营哲学国际研讨会"论文集）

锻造优秀的经营理念助企业成功
——对稻盛和夫成功经营京瓷公司的思考

天津企业管理培训中心　魏爱琴副教授

在经济全球化进程不断加速、企业间竞争日趋激烈的条件下，中外企业无不在寻求生存与发展的良好生长环境和灵验制胜的"秘诀"。从著名成功企业的经营实践中探究其至挂的招法、经验及其规律，已是企业间竞争的需要与发展的驱使。日本著名企业家稻盛和夫成功经营日本京瓷公司的实践，正是其中一典型范例，给人以启迪、警示。

一、用于锻造正确的经营理念比经营京瓷公司的产品、技术，投入更大的精力

1. 稻盛和夫——日本著名企业家

与日本索尼公司的盛田昭夫、本田公司的本田宗一郎、松下公司的松下幸之助并称为日本的"经营四圣"。稻盛和夫1959年以300万日元、28名员工起家，创建了"京都陶瓷株式会社"。40多年后的今天，稻盛和夫经营的京瓷集团已经成为享誉

日本，跻身世界500强的跨国企业集团。以2000年为例，京瓷公司营业收入为116亿美元，赢利20亿美元，净利润率高达17%。与日本五大电子巨头——日本东芝、NEC、三菱电机和富士通相比，京瓷公司显得"年轻"，规模也小，但它的增长速度却最为神速，且赢利能力最好。例如，与京瓷公司靠得最近的五大巨头中的三菱电机，其营业收入为373亿美元，赢利仅为11亿美元，净利润率只有3%。

1984年，稻盛和夫又创办了长途电话公司DDI，近年来经过成功的资本运作，兼并组建成KDDI，2000年收入达200亿美元。在全球企业经营史上，唯有稻盛和夫是创立了两家"财富500强"公司（京瓷公司与日本第二大电话公司KDDI）的企业家。

2. 稻盛和夫如此成功经营企业的奥秘到底在哪里

稻盛和夫为此对自己以及京瓷公司成功的原因作过如下的说明：

"世间都认为京瓷公司是靠技术而发展起来的所谓风险企业的代表，其实并非如此。到现在为止，我从来是花在培养心性上的时间，要比花在搞技术上的时间多上一倍。而我认为，京瓷成功的原因正在这里，关于培养心性，我用一句话来说，就是指的'以心为本'的经营。""为何必须重视人心？这是因为，无论是在人生上，还是在事业上，要产生最佳效果，对事物的思考方法和心态都是起着决定性的作用。事业和人生成功的秘诀在人心。"

稻盛和夫不仅从人的认知性和思维性上把握和挖掘心性在调动员工积极性方面的动力作用，引导员工端正人生态度，提升事业动机。同时还揭示出心性的道德伦理性意义。他指出："人心确实变得很快，有时也靠不住，但世界上再也没有比人心的结合更加牢固的东西。"为什么人心有牢固的一面，又有不牢固的一面？稻盛和夫解释道："在人的心中，有变化之心和不变之心。变化之心是近似于本能的心，而不变之心是接近于灵魂的心。"每个人不变的灵魂之心都充满着慈爱与同情并互相吸引。这就是说，人心都有追求真、善、美的共同性的一面。企业经营者只要以"爱""诚""利他"之心为共同性基础，经营企业，关爱员工，造福社会，是没有不能建立起人与人之间无比牢固的信赖关系的，"任何困难都是可以克服的"。

3. 稻盛和夫为什么在培养"以心为本，利他经营"的经营理念上投入了多倍的精力

经营理念是经营企业的根本观点和看法。松下幸之助认为，对于一个企业来说，技术力量、销售力量、资金力量以及人才等，虽然都是重要因素，但是最根本的还是正确的经营理念：经营理念是经营企业的人，基于自己的人生观和世界观而形成的为什么要经营企业、怎样经营企业的根本观点和根本看法，而这些根本观点和看法是与经营者的人生体验、人生哲学、根本立场息息相关的。只有在正确的经营理念的基础上，才能使企业经营者、管理者、广大员工明确我们为什么工作？我们应该怎样工作才能真正有效地整合资源，统一共识，正义地经营，使人员、技术和资金发挥最佳作用。假如一个企业没有长期的经营理念作为支撑的灵魂，一旦遇到变故或外在的诱惑力，则容易游离于经营企业的根本宗旨之外，随波逐流。即使有的企业红火一时，但由于根基不深，把持不住，其结果也只能是昙花一现。

经营理念以精神文化的形态作用于企业经营及其经营效益之中。它是一种无形的投入，是在长时期的经营过程中形成的一种主张、原则、价值观念，或者说是一种怎样求生存图发展的精神气质。它缓慢地起作用，但时时都能使企业经营者和员工获得正义经营的感觉和力量，逐渐建筑起自觉经营的意识基础。经营理念确立起来，是一个长期并且是艰难反复的过程，但是一旦确立起来，取得的效果将变得比企业产品及其价格更为重要。

二、对稻盛和夫注重锻造优秀经营理念取得企业成功的思考

1. 优秀的经营理念具有精神惯性的特点，易于传承

美国 19 世纪以来的 500 强、日本战后的 100 强企业，现在绝大部分都没有了。那么应该在成长企业中建设什么样的一种东西使企业生命常青呢？事实证明：经营企业的根本观点和看法一旦在人们的头脑中确立起来，将铭刻在人们的意识中。人们感知过的事物并不随着事物的消失而立即消失，而是以某种形式在大脑中保留一段或长或短的时间，在适宜的时机，还可使贮存在大脑中的信息复活。而能够传三代的东西就能成为传统。一旦成为传统，就积淀为集体无意识。无意识在深层次上

支配着人的行为，使人的行为不假思索立即决定，立即发生。即使企业领导人更迭，他们也都将自觉不自觉地形成与此种意识相适应的经营理念、精神文化。美国 GE 公司并没有因为原总裁韦尔奇的退休离任，中断了 GE 公司"永争第一，不当第二"的价值追求；日本京瓷公司也没有因为稻盛和夫退出了经营第一线，而放弃了"以心为本，利他经营"的经营理念。环顾中外成功企业和百年持续发展的常青企业都具有优秀的文化，他们靠的是以优秀经营理念为核心的企业文化的传承，正义精神的追求与延续。这些非技术、非经济的因素延长了企业生命。优秀经营理念的精神惯性要远远大于企业产品的物质惯性。

2. 优秀经营理念反映的是正直经营的正义精神，易于凝聚人心

企业人有两种追求，一是凭着劳动，获取物质资料，维持生存和延续；二是在劳动中追求精神的慰藉和升华。只要有人的生命存在，不管是否意识到，都离不开精神信仰，尤其越来越知识化的员工往往能够通过公司"以心为本，利他经营"的理念体验到所从事的工作很有意义，对工作更加负责任，并能知道努力工作的结果，更加敬业爱岗。他们觉得企业有前途，工作再累也是有价值的。企业需要一种优秀的经营理念的引导，使员工知道企业的目标、使命、远景是什么。企业规模小时，往往靠的是企业经营者的能力；而企业做大之后，还有多少潜力可挖掘，往往取决于员工的心性和精神境界。企业经营者用优秀的经营理念，去发动和凝聚企业员工心中的精神追求和人格信仰，是工作中的关键职责，不然就是失职。

优秀的经营理念，可以跨越地域和时空，凝聚海内外员工。稻盛和夫创建京都制陶企业时，仅有28名员工。现在已扩展为海内外数万人。如何让这些员工有同样的奋战和服务客户的精神，这就是文化的作用。京瓷公司海内外几万名员工未必也不可能人人直接接受稻盛和夫的领导，但凡是来到京瓷公司工作的人，尽管岗位、工种不同，他们选择京瓷公司的同时，也选择了从精神追求上接受和认同稻盛和夫"以心为本，利他经营"的经营理念。因为这一理念明确地写进《京瓷员工行为守则》，悬挂在公司大门口，昭示到全社会。京瓷公司海内外员工可能未见过稻盛和夫先生本人，但没有一个人不了解京瓷公司经营理念的。

优秀的经营理念，像一面旗帜昭示着企业经营者的事业追求、人生追求即价值追求。在这面旗帜下可以凝集起经营企业的人力、物力资源；可以赢得来自消费者的信任、认可和拥护爱戴；可以提升企业的形象，扩大企业的知名度。京瓷公司原工会主席福井诚先生说道："京瓷公司成功的头两条理由是：①有了稻盛和夫这么一个难得的哲学家。②公司中形成了对这个难得的哲学家坚信不疑的风气。"

"以心为本，利他经营"的经营理念反映的是正直经营的正义精神，体现了企业内部人与人之间、企业外部人与社会、企业与社会之间的道德的、伦理的协调与互动关系。20世纪90年代中期，在《财富》杂志排名的前500家企业中，有90%以上的企业通过成文的伦理守规来规范企业员工的行为。稻盛和夫创建的京瓷公司也坚持了这一特色。

企业员工不仅是生产者，同时还是消费者。企业中有没有优秀的经营理念，对员工的生产和消费心态以及人格追求都是一个重要的影响。"利他经营"其实就是一个人的同情心、同理心。你以这样的道德良心对待你的产品、质量，对待你的同事、朋友，对待你的客户，最后扩散到社会。爱和共存，企业没有不成功的。具有同情心、同理心对一个企业很重要。它是启迪人们真、善、美的良知，建立人与人之间无比坚固信赖关系的凝聚剂。

3. 优秀的经营理念具有心性相通性，易于共鸣、张扬，开放、合作

稻盛和夫所主张的"以心为本，利他经营"的京瓷公司经营哲学体现了企业自身利益与社会利益的有效结合，体现了员工自我主体性与忠诚观念的有效结合，体现了经营企业与经营人生的有效结合。

稻盛和夫说："我到现在所搞的经营，是以心为本的经营，换句话说，我的经营哲学，就是以'作为人什么是正确的'为出发点，在任何情况下都不失去对正义、公正的追求，把奋斗和勇气、谦逊和为他人的精神作为价值去推荐，去实践。我以'作为人什么是正确的'为最基本的判断基准，开始了我的经营活动。"追求正义和公正事业的企业经营者、员工，不论来自东方还是来自西方，无不为稻盛和夫的经营理念所亲和，所感染；凡是心中有真诚、良知，无不为此心心相通又心动。许多经营

企业和准备经营企业的人，苦于不知道如何经营好企业？更不知怎样才能使企业壮大？稻盛和夫将这一复杂艰巨的问题透彻简明揭示出来——用经营人生的道理和热情去经营企业，企业与人同样具有生命力，同样具有是与非，爱与憎，功与过。以"作为人什么是正确的"为出发点，作为经营企业的同一原点，把企业作为追求人生的场所和过程。如果把人生赋予企业，使企业具有人的生命意义，社会生产力将有新发展。尤其是今天，正义、诚信、人文关怀，正在成为新经济时代企业生存、企业做大做强的最重要法则。

人与企业共出同一原点引起了人们在人生观、价值观上的共鸣，引起了东西方管理理念在企业经营观上的共识。

当代美国管理大师彼得·圣吉在其畅销书《第五项修炼》中，多次援引唯一一位来自东方的企业经营者稻盛和夫的实例及观点。书中说："稻盛和夫相信，要开发员工的潜能，必须对'潜意识''意愿'与'服务世界的真诚渴望'等人类心灵活动有新理解，他教导京都制陶的员工在公司'敬天爱人'座右铭的引导下，在为不断追求完美而努力的同时，还要向内反省。身为管理者，他深信提供员工物质的富足和精神的福祉同样重要。"

到目前为止，京瓷公司已在美国、欧洲、巴西、中国香港等国家和地区设立了众多的分公司和工厂，形成了一个跨越全球的国际性集团公司。所不同的是京瓷公司向海外的开放发展，更重要的是通过公司经营理念的传播和张扬，或者说合作双方更多的是在经营理念上的共识或共鸣，并且仰慕稻盛和夫本人的人格魅力，促进了企业间的相互了解、认识，进而推动了经营合作。一旦经济合作达成之始，也是企业经营理念相互学习借鉴的新开端。每年稻盛和夫在全球京瓷分厂发表讲演做报告，宣扬公司经营哲学。在盛行个人主义文化的美国京瓷工厂，在聆听了稻盛和夫演讲后，美国员工众口喊出"真棒"。他们说："您从人心的角度给我们讲经营，我们非常理解。您是这样的企业家，我们信赖您。"

京瓷经营理念的传播张扬速度及广度，远远优于企业物质产品推广的速度和广度。这也是稻盛和夫与其他企业家不同的资本运作和经营之道。京瓷公司的产品，例如照相机、复印机、手机等产品在世界上并不具有如雷贯耳的知名度，但是稻盛和夫"以心为本，利他经营"的经营理念享誉海内外。

4. 优秀的经营理念，具有学习推荐性，易于交流、借鉴、弘扬

稻盛和夫经营事业上的巨大成功，经营哲学的感召力以及出类拔萃的人格魅力使许多日本中青年企业家为之仰慕和倾倒，自发地聚集在他的周围，建立了企业经营者学习性民间组织"盛和塾"，"学习、领会稻盛和夫的人生哲学、经营哲学以及企业家精神之精髓。并通过塾生间的相互切磋、交流以追求事业的隆盛和人德的和合，争取成为下一代经济界的肩负者和国际社会中通用的模范企业家"。

盛和塾是由企业经营的决策者和创业者组成的学习性民间组织，而一般管理者还不具备塾生的资格。这为大家在一起研究共同关心的问题、交流共同的经验体会，打下了坚实的组织基础。并且只有连续赢利的企业经营者、创业者才能加入盛和塾中来，大家互相激励、鼓舞，充满信心。这也是盛和塾从1983年建立至今不断发展的原因之一。

盛和塾学习交流的根本内容，明显区别于一般学习型组织，它并不在于学习有关经营管理技术或技巧，而在于去"思考和学习作为一个企业家应有的经营哲学、人生观、价值观，并将之化为己有，以应用到实践中去。"集中学习交流经营企业与经营人生的共有经验、理念、成就，使得塾生们从中受教育得以培养心性，提升人生追求。在繁荣的事业拼搏中给自己的精神世界以动力补充和心理慰藉，这是盛和塾组织得以兴旺壮大的根本原因。

在优秀的经营理念和共同追求的人生哲学指引下，盛和塾塾生之间，聚在一起相互交流、切磋，相互合作、帮助。逐渐建立起跨行业、跨国际的广泛交往网络。截止到现在已有3 000多名日本企业家和巴西、中国内地和台湾地区的众多企业经营者学习借鉴稻盛和夫的经营哲学，体悟经营企业与经营人生的内在规律，将企业经营得像人生一样灿烂，将人生开拓出辉煌的经营业绩。

优秀的经营理念越来越变得比企业的产品和价格更重要。锻炼优秀的经营理念才能助企业成功。

（本文选自2002年5月在南京举办的"第二届中日企业经营哲学国际研讨会"论文集）

浅识稻盛和夫的经营哲学和人生哲学
——日本经营之圣稻盛和夫新疆行

新疆维吾尔自治区人民政府外事办公室　朱俊

　　世纪之交，经济全球化、知识产业化、信息网络化正以一日千里的势头迅猛发展，使全球宏观经济格局和微观经济环境发生了前所未有的变化。这种变化酝酿和催生着经营领域的一场革命和经营理念、经营哲学的深刻变革与创新。在这种情况下，研究企业经营管理如何与日益发展变化着的先进生产力相适应，就要求我们在探索生产力自身发展变化规律的同时，还必须探索社会、经济、文化诸因素对企业经营的影响，并寻找相应的出路和对策。只有这样，我们才能摆脱传统生产方式、思维方式和企业经营与管理方式的桎梏，摸索和建立具有全新概念和内涵的企业经营哲学及其相应的成功管理制度和模式。

　　企业经营管理与社会经济的发展一样，有其内在的特定规律，我们应大力吸收人类文明的一切成果，为我国的经济建设服务。在企业经营管理方面，日本企业创造了有益经验，尤其是日本著名企业家稻盛和夫先生创造的稻盛经营哲学，坚持"以人为本""以心为本"的宗旨，在企业经营管理上取得了极大的成功，堪称中国企业学习借鉴的成功典范。

稻盛和夫是一位从挫折中奋起的日本企业家。他 27 岁时与 28 个伙伴白手起家创立了"京瓷株式会社"。后来，他又以惊人的魄力，创建了日本第一家从事电话服务的民营企业——第二电电（KDDl）。目前这两大企业的年销售额已达到 4 万亿日元，税前利润达 2 千亿日元。稻盛和夫赤手空拳创业至今，仅用了 40 年的时间，在日本被誉为日本平成年代的"经营之圣"，可与"经营之神"松下幸之助相媲美，美国媒体称他为日本最有威信的管理者。稻盛和夫的经营哲学和精神，不仅感染了企业的员工，推动了企业的发展，还在日本很多企业家，特别是中青年企业家中产生了极大的影响。那些敬慕稻盛和夫的企业家们，自发地聚集在一起，拜稻盛和夫为经营之师，学习他的经营哲学和精神的真髓，并成立了称之为"盛和塾"的组织。这些都应当归自于稻盛和夫独特的经营哲学和实践。

现在，盛和塾的影响已经扩展到了中国，在我国有很多企业家在不断学习稻盛和夫的著作，研究其经济哲学。在很多大学的讲座中，也发表了有关稻盛和夫经营哲学的论文。以"学习借鉴稻盛和夫经营理念和经营哲学，不断提高我国企业经营水平和经营者素养，在学习研究日本企业经营哲学的同时致力于促进中日企业之间的交流与合作"为宗旨的"中日企业管理交叉借鉴国际研讨会"自 1997 年始，已在我国成功地举办了三届。在日本将来世代财团董事长矢琦胜彦先生的带动和影响下，伴随着国家西部大开发战略的实施，稻盛和夫先生的目光被新疆这块美丽而神奇的地方深深地吸引着。经过半年多紧张而有序的准备，"第四届中日企业管理交叉借鉴国际研讨会"如期在乌鲁木齐召开。

稻盛和夫先生率领以日本将来世代财团董事长矢琦胜彦为团长的 75 位日本著名企业家于 8 月 9 日来到西北边城——乌鲁木齐。第二天，在大会开幕式上，稻盛和夫先生激动地说："自古，新疆就作为丝绸之路的重镇，促进了东西方文化的交流，繁荣了东西方贸易的往来，今后她的作用将更加得到人们的重视。今天新疆又作为中亚经济的中心，我们期待着她有更大的发展。日本能够成为世界第二经济大国，实现经济上的发展，那都是仰仗从贵国传来的儒家思想以及玄奘经新疆取经，后传入日本的佛教思想的引导，再加上日本人民的勤奋和努力而得到的。这次我来到了可以称作日本思想文化渊源的新疆，令我感到无限感慨。"

8 月 11 日，稻盛和夫先生冒着大雨来到新疆第一学府——新疆大学。在新疆大学党委书记王桐代表新疆大学授予稻盛和夫先生新疆大学名誉教授之后，稻盛和夫先生为新疆大学的师生做了题为《为什么经营企业需要哲学》的专题演讲。稻盛和夫先生从他自己的经历谈起，谈到了人生的追求，谈到了他"保持光明正大谦虚的工作态度，崇敬自然、热爱人类、热爱工作、热爱企业、热爱祖国"的"敬天爱人"的哲学思想。会场外大雨滂沱，会场内气氛热烈。新疆大学的师生屏息聆听着他饱含热情的演讲，不时报以热烈的掌声。

把一位企业经营家尊称为哲学家，把他所经营的企业的成功归因于一种经营哲学，这似乎让人们一时觉得有点难以理解。

但这恰恰是稻盛和夫得以成功的最大奥秘。稻盛和夫对自己以及京瓷公司成功的原因作过如下说明："世间都认为京瓷是靠技术而发展起来的所谓风险企业的代表，其实并非如此。到现在为止，我从来是花在培养心性上的时间，要比花在搞技术上的时间多一倍。京瓷成功的原因就在于此。关于培养心性，就是指'以心为本'的经营。其根本就是，企业必须是相互信任的伙伴所结成的团体。同时它还必须是我们每个人去追求'人生中什么是最重要的，这个世上什么是正确的'这样一个场所。"从上面这段话中我们可以看到稻盛和夫哲学的基本特点。不管是"培养心性"，还是伙伴间的"相互信任"，以及对人生中最重要的东西，世上正确的东西的"追求"，实际上讲的都是一种人生的哲学、人生的追求。而把这种人生的哲学、人生的追求放到企业的经营中去，同企业经营结合起来，这就是"以心为本"的经营。对于稻盛和夫和京瓷公司来讲，经营一个企业，就是去追求、去实践一个人生的哲理。由此可以看出，稻盛和夫的经营哲学已经不再是单纯地局限在企业经营管理方面了，他实际上已经上升到了追求一种人的根本性、社会的根本性的层面上了。

稻盛和夫经营哲学中的企业是"相互信任的同志的共同体"，这是一个企业经营的基础。这个共同体的目标有二，一是通过企业的发展、追求全体职工物心两方面的幸福；二是为人类社会的进步与发展做贡献。关于后者，一般人也许会想，把企业的目的说成是这样，是不是有点太玄太高了。稻盛和夫则认为，经营的目的应该放在一个尽可能高的层次上，人在社会是需要大义名分的，有了这样一个可以堂堂正正公言于众的目标，才可以将大家的能量发挥到最高水平。企业的经营必须以"利他"为目的，这就是说，如果把经营的目的提高到这样一个层次，有了一个"为职工，为大家"的精神，就有了大义名分，就能紧拉着大家跟你走。这里所说的利他并不仅是一种方便的手段，而本身就应该是目的。有了利他这样一个目的，才具有普遍的号召力，才能引起大家的共鸣。从他的经营目的和利他的理念看，我们会发现这些与我们一贯提倡和实践的"两个文明（物质文明和精神文明）一起抓""全心全意为人民服务"竟然有着惊人的相似之处。而现在许多中国企业的经营思想也与之不谋而合，例如，中国联想集团的"以用户效益求公司的效益"的用户观，也可以说是稻盛经营思想的中国版吧。

在研讨会上，来自国内外的 41 位企业家利用整整两天的时间宣讲了论文。围绕着新世纪企业经营理念这一主题，从借鉴稻盛和夫经营哲学到中日企业管理的比较；从"新经济"中企业管理变革到西部大开发与环境保护等各个方面展开了广泛而深入的交流研讨。

8 月 13 日，稻盛和夫先生和中日企业家一起前往石河子参观访问。在参观军垦博物馆时，稻盛和夫先生欣喜地看到，在这里有许许多多的精神事例，与他的哲学思想都有相似之处，参观结束时，他激动地在留言本上写下"敬天爱人"四个大字，表达了他对新疆人民的敬爱，也表示了他对新疆广大企业提高心性、拓展经营的美好祝愿。

我们为什么要学习稻盛哲学

2001 年 10 月 28 日在天津，我初次见到稻盛先生，聆听了他的"经营为何需要哲学"的讲演。当时我心里一阵惊喜，我觉得遇到了一位亲切而又伟大的人物，他手中握有我一直想追求的真理。一个月后我即赴日拜访京瓷公司，购买并认真阅读了稻盛先生的全部著作，包括至今为止 75 册《盛和塾》杂志中所有的"塾长讲话"，内心禁不住产生强烈而深刻的感动。

40 多年前，在京瓷公司成立后不久，稻盛先生就把自己在经营以及生活实践中一点一滴的感悟记录下来，汇编成"京瓷哲学"，后又被称为"稻盛哲学"的小册子，发给员工学习，并与员工一起在实践中贯彻。在实践和理论之间、经营和哲学之间，稻盛先生把"稻盛哲学"忠实地贯彻于经营实践，它不但是稻盛先生各项事业高速、顺利发展的思想基础，使事业获得巨大发展，更是在新的实践中进一步丰富了"稻盛哲学"。它的思想代表着人类的良知和睿智，在信仰混乱的现实世界中闪烁着耀眼的光芒。

　　从企业规模讲，美国有盖茨，日本有丰田等，稻盛先生虽然赤手空拳38年创建了两家世界500强企业，毕竟不是顶大，不是最有名，但从企业经营和经营哲学乃至人生哲学综合来看，稻盛先生站到了世界和时代的高峰。不仅日本，也不仅中国，在全世界的企业家中，至今还没有出现可以超越他的人物。季羡林先生说得中肯："根据我七八十年来的观察，既是企业家又是哲学家，一身而二任的人，简直如凤毛麟角。有之自稻盛和夫先生始。"二十多年前就有许多日本企业家追随稻盛先生，现在日本、巴西、美国共有4 100多名企业家参加"盛和塾"，学习稻盛哲学，把稻盛先生作为自己经营和人生的楷模，这种现象，当今世界独一无二。

　　稻盛先生是通过光明大道到达巨大成功的典范，是纯粹的理想主义和彻底的现实主义优美结合的典范。稻盛哲学中包含了许多中国古代文化的精华，为了回报中国，为了帮助中国企业家通过提升理念来拓展经营，为了中日世世代代友好，多年来稻盛先生一直想把他成功的经验和理念无偿地传授给中国的企业家。十多年来，稻盛先生应邀在北京、天津、新疆、江苏、贵州、上海等地讲演，2004年4月5日中日友好协会授予稻盛先生"中日友好使者"的称号，同年4月6日应中共中央党校的邀请，稻盛先生又做了"致新时代的中国领导人"的精彩讲演。

　　学习过稻盛哲学的经营者们都对稻盛先生的经营哲学产生了共鸣。江苏无锡的部分企业经营者于2007年3月10日正式成立了"无锡市盛和企业经营哲学研究会"。7月2日—7月4日稻盛先生亲率 130 多位日本盛和塾的企业家和京瓷公司的干部来无锡参加"无锡盛和企业经营哲学研究会开讲式"，无锡和江苏各地有近 180 位经营者和学者等参加了大会。稻盛先生作了《经营为何需要哲学》的精彩讲演，给全体参会者留下了深刻印象。

用什么思想、哲学、价值观来经营企业，来度过人生，每个企业家都有选择的自由，但这种选择将决定着我们经营和人生的结果。比如，我们选择了利己主义的思想、哲学、价值观，无论什么事都只考虑对自己是否有利，甚至损人利己，损公肥私，那么我们的经营和人生虽然可能取得一时的成功，但这种成功却很难长期持续。为了企业的持续发展，为了获得幸福的人生，我们就有必要认真学习并选择优秀的思想、哲学、价值观，用它来指导我们的经营和人生。

学习领会稻盛哲学的精髓，并在实践中贯彻，有利于在追求企业员工物质和精神两方面幸福的同时，对社会的进步发展作出贡献。

曹岫云

2009 年后记

为学习优秀经营哲学，弘扬先进企业文化，我们编撰了这本专集。

稻盛和夫先生是世界著名企业家、当代日本经营之圣，既是两个世界 500 强企业的创业者，也是稻盛经营哲学的创立者和传播者。他所倡导的经营哲学受到了日本数以万计的企业家的认真学用，并指导着 5 千多家企业成功地经营。他的经营哲学在指导企业持续健康发展、推动企业与社会和谐共进等方面有着特别的意义。

稻盛先生自 1985 年向兰州农村赠送太阳能发电设备、1995 年在北京人民大会堂首次以《为什么企业经营需要哲学》为题进行演讲、2004 年应邀在中共中央党校作高层演讲，至今与我国各界已有 20 多年的友好交往，受到胡锦涛、江泽民、李鹏、曾庆红等国家领导人的亲切会见。他所倡导的经营哲学与人生哲学，在我国企业界和学术界具有重要影响。

自从 1999 年 10 月在天津召开的第三届中日企业管理交叉借鉴国际研讨会上有幸认识稻盛和夫以来，已有 9 年时间。在这 9 年里我多次有机会在日本、中国两地聆听稻盛先生的演讲，亲身感受稻盛先生高尚的风范和中日企业家对他所倡导的经营哲学的学习热情，尤其是 2002 年 5 月我在南京主持召开第二届中日企业经营哲学国际研讨会期间，陪同稻盛先生在玄武湖植树、去栖霞寺访问、到南京博物院参观……时时处处铭感到稻盛先生谦逊的为人和非凡的人格魅力，并成为勉励自己编写本书的内在动力。

本书收编了稻盛和夫先生在中国、日本、美国等地的演讲稿 9 篇，每篇都经认真校译，力求做到原汁原味，以使读者能充分领会原作精神. 同时选登了 15 位中日企业家学习稻盛哲学的心得体会，以及 9 位专家学者对稻盛哲学的研究专论。通过这 33 篇文章，可以使我国的企业家和广大经营者从不同角度去深入了解稻盛经营哲学由和谐而致共生、由利他而达共赢的真谛，从而深刻认识到惟敬天爱人始能天人合一、依厚德载物方可心物两荣。由此，从根本上理解稻盛哲学对促进企业持续健康发展的意义所在，进而提升自己的经营理念，更好地经营企业、善度人生。

借本书编撰出版的机会，向 10 多年来一直以十分真诚、友好之心热情地向中国企业家传授经营哲学的稻盛和夫先生致以崇高的敬意。本书的出版，得到了稻盛和夫先生的关心和支持，应本人恳请，稻盛和夫先生百忙中在京瓷公司秘书室今日子先生的协助下，对演讲稿和在华活动年表进行了全面审核，诚致衷心的谢意；本书的出版，得到了江苏省政协原副主席、省工经联/企联会长吴冬华先生，省发改委原主任、省工经联/企联高级顾问钱志新教授，南京大学商学院院长赵曙明教授等领导专家的热忱关心和亲切指导；无锡市盛和经营哲学研究会会长

德是业之基

曹岫云先生、天津市日本企业经营哲学研究会会长林永宁先生、新疆维吾尔自治区外办副主任刘宇生先生以及江苏黑松林黏合剂有限公司刘鹏凯总经理等各位友人对本书的编撰出版提供了帮助；同时还得到了江苏信诚交通有限公司、泰兴市浩通七圩汽渡有限公司、天润建筑安装工程有限公司、港华船业有限公司、三迪摩托车有限公司的热情支持，在此一并表示衷心的感谢。

陈华蔚

二〇〇八年十一月十八日

再版后记

　　《敬天爱人　以德经营》是一本由我与曹岫云、张世平等友人在稻盛和夫先生亲自关心支持下共同策划，由本人编著，在国内较早正式出版的传播稻盛哲学的专著。该书自 2009 年由南京大学出版社出版以来已十年有余，今在东方出版社的倡议和主持下以《德是业之基》为书名再版，是一件既有历史回顾意义又有现实指导作用的幸事。

　　从 1995 年中国投资发展促进会会长马洪邀请稻盛和夫在北京人民大会堂首次作《为什么企业经营需要哲学》演讲至今的26 年中，学习应用稻盛哲学自天津、南京起步引进传播，直至现今在全国弘扬光大，广大经营者经历了从不甚了解到至诚至信自觉践行的较长过程，这是因为经营理念和人生理念乃人类经济社会中一个极其严肃而又重大的课题，需要人们从内心真实地去领悟，去接受，才能自觉地付之实践。在这知行合一的前进过程中，首先需要做好稻盛哲学基本理念、主要观点及成功经验的正确传播。正是出于这样的需要，十几年前在省市有关领导的关心和南京大学出版社的支持下，我历时一年半收集整理了九十年代后期以来的各类资料，以"学习原作　领悟真谛""借鉴交流　贵在应用"及"深入研究　升华理念"三个篇章加上历史性照片著成本书，在全国公开出版发行，为我国传播稻盛哲学发挥了积极的前导作用。回想当年的编著过程，令人感动难忘的是，稻盛先生在京瓷秘书室翻译的协助下百忙中对全书中文稿亲自进行了审定，并在审毕后亲笔为本书题了词，使载入书中的 9 篇演讲稿、多张记录稻盛先生与我国企业家亲切交流的照片以及 1974—2008 年在华活动年表等历史印记具有传播的真实性和可靠性。

近十多年来，在中国盛和塾的引领下国内广大经营者掀起了学习应用稻盛哲学的热潮，迎来了遍及全国的上万名企业家同心同德踏实践行稻盛哲学的宏大场面，尤其感人的是，在去年疫情带来重重困难的意外情况下，各地塾生们依然认真学习并联系自身工作实际，遵照稻盛先生教导战胜了艰难困苦，力保企业稳定发展，涌现了一大批真心实意地为员工物质和精神两方面谋幸福、共建温馨企业大家庭的优秀范例，从而有力地验证了稻盛经营哲学和人生哲学是超越地域时空，与我们国家倡导的社会主义核心价值观本质一致的科学真理。每当参加南京盛和塾经营成果发表会和看到来自各地报告会的感人信息时，我作为稻盛哲学的早期引进传播者，深感欣慰、深受鼓舞。

借本书再版的机会，向多年来为中国盛和塾事业辛勤开拓忘我工作的曹岫云、赵君豪、朴大勇等先生以及全国各地盛和塾的朋友们致以诚挚的敬意，愿大家神聚在学习稻盛哲学的大学校里一起提高心性、修炼美好人生。深信，由于学用稻盛哲学的核心价值在于获得人生理念的正确指引，所以这样的学习和修炼不仅适合于企业经营者，也普遍适用于各行各业所有人群。让我们从学用稻盛哲学的实际行动中获得正确的思想方法和不竭动力，为创建人类命运共同体的伟大事业做出自己的更多贡献。

值此再版之际，衷心感谢曹岫云先生和张世平先生百忙之中为本书再版撰写了精彩的感言，向支持本书再版的南京大学商学院名誉院长赵曙明教授、南京大学出版社金鑫荣社长和东方出版社致以诚挚敬意，向关心再版的南京盛和塾袁兰珍、崔勇两位理事长和为整理修订散落多年的再版电子稿，百忙中付出辛勤努力的查宝兴副理事长表示最衷心的感谢！

陈华蔚

2021 年 10 月

稻盛和夫在华活动年表

1974 年 3 月	香港	创立首家亚洲销售公司 KHL
1975 年 6 月	上海	为出席展销会出差上海一周（首次访华）
1984 年 3 月		以京都商工会议所经济访华代表成员身份访华
1984 年 11 月	北京	为出席日中经济研讨会访华
1985 年 10 月	兰州	向兰州郊区农村赠送太阳能发电设备
1987 年 12 月	石龙	在中国开始照相机的来料加工（1983 年 10 月与雅西卡合并）
1990 年 11 月	石龙	被授予"石龙镇荣誉镇民"称号
1994 年 3 月	石龙	开始京瓷连接器的来料加工
1994 年 10 月	上海	成立京瓷株式会社上海代表处
1995 年 4 月	杭州	同梅原猛一同视察良渚遗迹
1995 年 9 月		组建日中长江文明学术调查团

1995 年 10 月	北京	受中国投资发展促进会会长马洪邀请，在人民大会堂做题为《为什么企业经营需要哲学》的讲演
1995 年 11 月	大阪	受到时任国家主席江泽民的会见
1995 年 12 月	上海	设立上海京瓷电子有限公司
1996 年 1 月		《回归哲学》和《经营之圣》出版
1996 年 7 月	石龙	设立东莞石龙京瓷光学有限公司
1996 年 10 月		被授予"东莞市荣誉市民"称号
1996 年 10 月		访问龙马古城遗迹
1997 年 1 月		《追求成功的热情》出版
1997 年 10 月		为参加 NHK《我憧憬的世界之旅》节目，访问中国临济寺—石家庄—黄山—景德镇—良渚遗迹
1997 年 7 月		开始实施日中友好亲善海外研修旅行活动
1997 年 11 月	大阪	受到时任国务院总理李鹏接见
1998 年 4 月	京都	时任国家副主席胡锦涛视察京瓷总公司
1998 年 5 月		《企业家成功之道》出版
1998 年 11 月		投资大富公司（投资额为 4800 万日元）
1998 年 12 月	北京	与中国政府高层领导丁关根、齐怀远、宋健举行会谈
1999 年 10 月	天津	在第三届中日企业经营国际研讨会

		上做题为《何以经营中需要哲学》的讲演
1999 年 10 月	天津	在南开大学作题为《共生、循环思想与 21 世纪日中友好关系》的讲演，并被该大学授予"南开大学客座教授"称号
2000 年 3 月	北京	受中日友好协会邀请拜访中国政府要人
2000 年 4 月		时任中共中央组织部部长曾庆红访问京瓷总公司
2000 年 11 月	上海	在上海浦东建设大型新电子工厂
2000 年 8 月	新疆	出席第四届中日企业经营国际研讨会和新疆大学举办的报告会，进行讲演：《经营十二条》（企业经营国际研讨会）《何以经营中需要哲学》（新疆大学）
		被新疆大学授予"新疆大学名誉教授"称号；
		在新疆乌鲁木齐与全国政协副主席宋健和新疆自治区主席阿不来提会见；率日本企业家代表团访问石河子、吐鲁番
2000 年 9 月	广州	在中山大学做题为《人生的意义》的讲演，被该大学授予"中山大学

客座教授"称号

2000 年 10 月		与访问京瓷总公司的北京大学林钧敬校长会见
2001 年 2 月		举行稻盛和夫京瓷西部开发奖学基金捐赠仪式（人民大会堂），受到李鹏总理接见（接见场面在中央电视台新闻联播中播放）
2001 年 5 月	北京	出席中国友好和平发展基金会理事会，被聘为基金会（稻盛京瓷西部开发奖学基金）高级顾问
		与全国人大副委员长王光英、全国政协副主席经叔平会见
2001 年 10 月	长春	在东北师范大学设立"稻盛和夫经营哲学研究中心"；被该大学授予"东北师范大学名誉教授"称号
		做题为《何以经营中需要哲学》纪念讲演
2001 年 10 月	天津	在天津市市长国际研讨会上做题为《中国的经济发展》的讲演
		被聘为"天津市（人民政府）经济顾问"
		在首届中日企业经营哲学国际研讨会上做题为《何以经营中需要哲学》的讲演

2001 年 10 月	西安	出席首届稻盛京瓷西部开发奖学基金授奖仪式
2001 年 1 月	上海	设立京瓷信息系统（上海）有限公司 设立 SKTC（上海京瓷贸易有限公司）
2001 年 12 月	石龙	设立京瓷美达办公设备（东莞）有限公司 出席东莞石龙京瓷光学有限公司新工厂竣工仪式 在公司内做题为《何以经营中需要哲学》的讲演
2001 年 12 月	贵阳	为贵州省政府干部作题为《何以经营中需要哲学》的讲演，被授予"贵阳市荣誉市民"称号
2001 年 12 月	天津	设立安旭电子（天津）有限公司
2002 年 5 月	南京	在南京大学主办的第四届企业跨国经营国际研讨会上作题为《经营 7 条》的讲演，被南京大学授予"南京大学客座教授"称号，并在授予仪式上发言 在江苏省企业家协会主办的第二届中日企业经营哲学国际研讨会上作题为《人生的意义》的讲演

		与江苏省副省长吴瑞林、省政协副主席吴冬华、南京市副市长奚永明等省、市领导会见
		率日本企业家代表团参观访问南京博物院、台城、栖霞寺等；与中方企业家在玄武湖冒雨共植"中日企业家友好之林"
2002年5月	上海	受上海企业经营管理协会邀请作题为《经营为何需要哲学》的讲演
2002年5月	北京	在世界50强企业CEO、中国大企业领导人研讨会上作题为《从企业经营角度分析中国的经济发展》的讲演
2003年1月	北京/天津	设立京瓷（天津）商贸有限公司
2003年5月	天津	设立京瓷（天津）太阳能有限公司
2003年9月	京都	时任全国政协副主席、中日友好协会会长宋健与夫人访问京瓷总公司
2003年9月		《京瓷的成功轨迹》出版
2004年4月	北京	由中日友好协会宋健会长授予稻盛和夫"中日友好使者"荣誉称号
2004年4月	北京	应邀在中共中央党校作题为《致新世纪的中国领导人》的讲演，在人民大会堂与时任国家副主席曾庆红座谈

2004 年 4 月	天津	到天津开发区考察刚建成的日本京瓷太阳能发电系统，与时任天津市市长戴相龙会见
2004 年 6 月		荣获光明日报社"光明公益奖最佳个人奖"
2004 年 10 月	景德镇	出席第一届景德镇国际陶瓷器博览会 在景德镇陶瓷学院做题为《陶瓷领域的革命》的讲演
2004 年 11 月	京都	中日友好协会宋健会长、景德镇市汪天行副市长出席京都奖，被授予"景德镇陶瓷学院名誉院长、名誉教授"称号
2004 年 12 月	京都	时任国务院新闻办公室主任赵启正访问京瓷总公司
2005 年 4 月	景德镇	被授予"景德镇荣誉市民"称号，被聘为"景德镇市人民政府高级经济顾问"
2005 年 4 月		《活法》出版
2005 年 7 月	京都	时任中华人民共和国驻日本大使王毅非公式访问京瓷总公司
2005 年 9 月	长春	在东北师范大学主办的"日本战后60 周年国际学术研讨会"上做题为《战后日本经济的发展历程》

2005 年 9 月	兰州	出席第五届"稻盛京瓷西部开发奖学基金"授奖仪式
2005 年 12 月		《稻盛和夫的实学》出版
2006 年 9 月	上海	出席上海京瓷电子有限公司设立 10 周年纪念节
	东莞	访问东莞石龙京瓷光学有限公司 在公司内做题为《人生方程式》的讲演
2006 年 10 月	北京	由中国友好和平发展基金会授予稻盛和京瓷"和平发展贡献奖"
2007 年 6 月	上海	在上海浦东干部管理学院作题为《经营为何需要哲学》的讲演
2007 年 7 月	无锡	参加第三届中日企业经营哲学国际研讨会暨无锡市盛和企业经营哲学研究会开讲式并作讲演 与无锡市常务副市长贡培兴会见座谈
2007 年 7 月	天津	在天津中日经营者交流论坛作题为《以德为本的经营》的讲演 与天津市市长戴相龙会见
2008 年 3 月	北京	应中央电视台邀请，在 CCTV2 频道《对话》栏目，作为主嘉宾参与"中国制造和日本制造"节目录制，于同年 5 月多次播出（国务院发展研

究中心副主任陈清泰作同台嘉宾参与"对话")

（本活动年表由陈华蔚根据有关资料收集整理后撰写，并经稻盛和夫先生和京瓷公司秘书室审核确认）

稻盛和夫在华活动年表资料来源：

（1）《新疆外事》杂志 2000 年第 4 期（总第 116 期）P22～P24，新疆维吾尔自治区外办主办

（2）日本京瓷株式会社的公司简介资料（中文版）P37

2000—2001 年

（3）《企业家之友》会刊（第 6 期），江苏省企业家协会主办

2002 年 6 月

（4）《京瓷的成功轨迹》P172～P175，中国友谊出版公司

2003 年 9 月

（5）中国中央电视台 CCTV2 频道《对话》特别节目

2008 年 5 月

（6）《稻盛和夫的成功方程式》，东方出版社　　2006 年 6 月

（7）其他有关方面的资料